BASICS OF AMERICAN LAW

【アメリカ法ベーシックス】……9

佐藤智晶

American Products Liability Law

アメリカ製造物責任法

弘文堂

は し が き

　本書は、オリヴァー・ウェンデル・ホームズ（Oliver Wendell Holmes, Jr.）裁判官のアメリカ法の一般原則に関する言明を、製造物責任法で再度問い直すものである。すなわち、ホームズ裁判官は、「事故から生じた損害は、被害者のもとにとどまるのがアメリカ法の原則だ」と述べた。では、本当にたとえ製品事故の場合であっても、それが降りかかったところにとどまるべきなのか。一般的にいえば、製品事故の被害者は、通常の不法行為の被害者よりも手厚く救済されるべきだと考えられがちである。製品メーカーは、ある製品について事故の被害者よりも専門的な知識を持っているのが普通であり、自らの製品を販売して利益を上げている。逆に被害者は、製品を購入して使用することはあっても、製品メーカーに対して危険な行為をするわけではない。製品メーカーと被害者は、同じような危険を相互に生み出す関係にはないということである。それでは、製品事故の被害者は、アメリカにおいて果たして手厚く救済されるべきだと考えられているのかどうか。本書では、この問いを検討するにあたって、アメリカ製造物責任法の展開のなかでも、特に不法行為法第3次リステイトメント（製造物責任）が公表された1998年以降の動向を、リコールの促進と全米統一的な規制の試みという新しい切り口で扱うことにした。

　本書の特色は、不法行為法や契約法の枠内で発展してきた製造物責任法ばかりでなく、行政規制的な側面や憲法論まで対象に含めて、アメリカ製造物責任法の全体像を描くことを目的としている点にある。わが国はもちろん、アメリカ合衆国でも製品の安全性を促進するために行政的な規制が重要な役割を果たしている。しかしながら、アメリカ合衆国では、それだけでなく私法的規制と公法的規制の関係について、合衆国憲法上の論点まで提示されているのである。そこでは、国民を危険な製品から守るための手段（より安全で優れた製品を販売させるための手段）として、私法であり主に州の判例法からなる製造物責任法と、州をまたいで流通する製品を規制する連邦制定法およびその行政規則について、どうやって利用するのが

望ましいか、場合によっては連邦の行政機関による規制だけでなく訴訟によってさらに製品メーカーに事故防止を促すべきではないか、逆に訴訟が規制として適切に機能しない場合には、連邦の行政機関にすべての規制を委ねるべきではないか、そして連邦の行政機関に規制を任せる場合には、私法上の救済を一切否定してもやむを得ないのではないか、という発想が根底にある。わが国では連邦制が採用されておらず、しかも私法が十分に機能しないという前提に立って、どうしても公法的な規制が強化されやすい。そのため、わが国ではアメリカにおける訴訟と行政機関の規制を並べて、その効果を競わせるような考え方には、なじみがないだろう。本書では、製品の安全性確保と推進のために、州レベルの製造物責任法と連邦政府による行政規制とが、互いに競争し協調するというアメリカ法のもとでのダイナミズムを伝えたい。

　本書では、アメリカ製造物責任法では事故防止こそが最重要課題であり、被害者の救済は二次的なものにとどまるということが示される。やや驚かれるかもしれないが、アメリカ製造物責任法において、被害者の救済は重要と考えられているものの、決して不可侵のものではない。本書は、そのような日本とは大きく異なるアメリカ製造物責任法の本質について、理論だけではなく具体的な事件を素材にして迫ることにする。

　最後に、本書は、私法的側面にとどまらないアメリカ製造物責任法の全体の姿を、比較的容易に把握する助けとなり、日本の製品安全のあり方を問い直すきっかけになるものと信じている。製造物責任法の私法的な側面については、アメリカ法ベーシックスの樋口範雄『アメリカ不法行為法』（弘文堂・2009）第9章を、本書と合わせて参照していただきたい。徹底した自己責任の原則と自由の保障からなるアメリカ不法行為法の全容と対応させる形で、アメリカ製造物責任法の姿を示すことができるとすれば、本書の著者としてこれ以上の幸せはない。そして本書が、有用な製品をいち早く国民の手に届けて、販売後に危険だと判明した製品から国民を守る方法について、再考していただくきっかけとなることを切に希望する。

　　　2011年3月

　　　　　　　　　　　　　　　　　　　　　　　　　佐藤　智晶

目　　次

はしがき　iii

はじめに ………………………………………………………………… *1*

第1章　製造物責任法の性質 ………………………………………… *5*

第1節　製造物責任法の基礎 ………………………………………… *5*
Ⅰ　はじめに ……………………………………………………… *5*
Ⅱ　判例法による製造物責任法の形成 ………………………… *7*
　　製造物責任法の法源と請求原因(7)／製造物責任法の誕生(9)
Ⅲ　不法行為法上の厳格責任の確立 …………………………… *15*
　　402A条の公表とその内容(15)／裁判所による欠陥の類型化(18)／402A条の意義(21)
Ⅳ　不法行為法上の厳格責任の補強 …………………………… *25*
　　厳格責任を理由とする抗弁の制約(25)／あと知恵の利用による厳格責任の補強(27)
Ⅴ　まとめ ………………………………………………………… *33*

第2節　連邦法の規制との違い ……………………………………… *34*
Ⅰ　はじめに ……………………………………………………… *34*
Ⅱ　法　　源 ……………………………………………………… *34*
Ⅲ　タイミングと詳細さ ………………………………………… *36*
Ⅳ　法の執行方法と救済の有無 ………………………………… *39*
Ⅴ　まとめ ………………………………………………………… *43*

第3節　問題点 ………………………………………………………… *45*
Ⅰ　はじめに ……………………………………………………… *45*
Ⅱ　「あと知恵」の利用による訴訟の誘発 …………………… *45*
Ⅲ　全米で統一的な規制の妨げ ………………………………… *48*

第2章　製造物責任におけるあと知恵の利用の制限……51

第1節　あと知恵の利用の影響……52
Ⅰ　はじめに……52
Ⅱ　学者からの批判とそれに伴う理論の修正……53
ベシャダ事件に対する学者からの批判(53)／あと知恵テストの修正(54)
Ⅲ　まとめ……55

第2節　裁判所によるあと知恵テストの放棄……56
Ⅰ　テストの放棄を裏づける3つの州の裁判例……56
ニュー・ジャージー州の例(56)／カリフォルニア州の例(58)／マサチューセッツ州の例(60)
Ⅱ　例外的な州……62
モンタナ州の例(62)／ウィスコンシン州の例(64)
Ⅲ　まとめ……65

第3節　あと知恵の利用を制限する法理の拡大……66
Ⅰ　設計上の欠陥における技術水準の証拠の許容……66
Ⅱ　要件としての技術水準……68
設計上の欠陥を判断するための主要なテスト──リスク効用基準(68)／より安全で実際に利用可能な代替設計の証明(70)／考慮すべき一要素としての代替設計の利用可能性(73)
Ⅲ　事後的な是正措置に関連する証拠の排除……74
沿革と連邦証拠規則の改正(75)／連邦裁判所における事後的な是正措置に関連する証拠の扱い(76)／州裁判所における法理の適用をめぐる対立(79)
Ⅳ　州議会によるその他の改革……84
立法の類型(85)／技術水準の基準時をめぐる争い(86)
Ⅴ　まとめ……86

第4節　第3次リステイトメントの見解と関連する裁判例……88
Ⅰ　製造物責任法第3次リステイトメントの見解……88
一般原則と欠陥の種類(88)／設計上の欠陥と警告上の欠陥における責任の限定(90)
Ⅱ　あと知恵の利用が制限されていることを示す裁判例……92
警告上の欠陥(92)／設計上の欠陥(98)

Ⅲ　まとめ………………………………………………………………… 103
　第5節　おわりに…………………………………………………………… 104

第3章　あと知恵に代わる製品販売後の義務の発展……… 105
　第1節　製品販売後の義務の展開………………………………………… 107
　　Ⅰ　はじめに………………………………………………………………… 107
　　Ⅱ　警告義務の形成……………………………………………………… 107
　　　　製品販売後の義務の誕生(107)／裁判例の蓄積(109)／州議
　　　　会の立法(115)
　　Ⅲ　第3次リステイトメントにおける扱い………………………… 117
　　　　義務の性質──欠陥の有無にかかわらない義務(117)／義
　　　　務の具体的内容(118)／義務が生じるための要件(120)
　　Ⅳ　義務をめぐる対立………………………………………………… 125
　　　　対立点とその構造(126)／対立の原因(128)
　　Ⅴ　販売後の義務に対する批判……………………………………… 131
　　　　過失原理導入への懸念(131)／より安全な製品の開発に悪
　　　　影響が及ぶことへの懸念(133)
　　Ⅵ　まとめ………………………………………………………………… 134
　第2節　連邦法の規制による製品の回収・修繕の促進………… 135
　　Ⅰ　製品の回収・修繕義務と警告義務との違い………………… 135
　　Ⅱ　製品の回収・修繕義務なしという原則………………………… 136
　　Ⅲ　例　　外……………………………………………………………… 140
　　　　欠陥製品の販売(140)／製造業者による義務の引受け(141)
　　Ⅳ　裁判所と連邦の行政機関の役割分担…………………………… 143
　　　　道路交通安全局が規制する自動車のリコール(144)／食品
　　　　医薬品局が規制するリコール(146)
　　Ⅴ　第3次リステイトメントにおける扱い………………………… 150
　　Ⅵ　まとめ………………………………………………………………… 152
　第3節　製品販売後の義務を補強する懲罰的賠償…………………… 153
　　Ⅰ　懲罰的賠償とは……………………………………………………… 153
　　Ⅱ　販売後の義務違反と懲罰的賠償………………………………… 155
　第4節　おわりに…………………………………………………………… 158

第4章　製造物責任と連邦法の規制との不整合……………… *159*

第1節　訴訟における州の法令と業界の自主基準の役割………… *160*
- Ⅰ　はじめに……………………………………………………… *160*
- Ⅱ　州の法令……………………………………………………… *160*
  法令違反と過失との関係(160)／法令の遵守と過失との間の関係(170)
- Ⅲ　業界の自主基準……………………………………………… *175*
- Ⅳ　まとめ………………………………………………………… *181*

第2節　製造物責任訴訟における連邦法の役割………………… *183*
- Ⅰ　連邦法違反と製品の欠陥…………………………………… *183*
  法令違反それ自体で当然に過失ありと評価する法理の援用(183)／法理の修正(185)
- Ⅱ　連邦法の遵守と製品の欠陥………………………………… *188*
  連邦法の遵守それ自体で安全な製品とは評価されないという原則(188)／原則をめぐる州の間の見解の相違(193)／例外(194)
- Ⅲ　まとめ………………………………………………………… *198*

第3節　医薬品の製造物責任と連邦法の規制…………………… *199*
- Ⅰ　警告上の欠陥をめぐる争い………………………………… *199*
  連邦法の遵守それ自体で安全な製品とは評価されないという原則(199)／原則が支持される3つの理由(203)
- Ⅱ　製造物責任法と連邦法の規制とが整合しない構造……… *208*

第4節　おわりに……………………………………………………… *210*

第5章　全米における統一的な規制の試み………………………… *211*

第1節　専占という法理の基礎……………………………………… *212*
- Ⅰ　はじめに……………………………………………………… *212*
- Ⅱ　専占法理とは………………………………………………… *213*
  専占の根拠──合衆国憲法と連邦法の最高法規性(213)／専占法理の判断基準(217)
- Ⅲ　専占の種類…………………………………………………… *220*
  連邦議会の明白な意思を中心とする3分類(220)／黙示の

　　　　専占その1：抵触を理由とする専占(222)／黙示の専占その2：分野を理由とする専占(224)
　　Ⅳ　不法行為・製造物責任訴訟における専占……………………226
　　Ⅴ　まとめ…………………………………………………………229
　第2節　合衆国最高裁における専占法理の展開………………………230
　　Ⅰ　シボロン事件による新法理の誕生…………………………231
　　　　連邦法の規制による州法に基づく損害賠償責任の専占(231)／シボロン事件の意義(233)
　　Ⅱ　新法理の形成…………………………………………………235
　　　　シボロン事件後の状況(235)／合衆国最高裁の判断枠組み(237)
　　Ⅲ　裁判例の整理…………………………………………………247
　　Ⅳ　医薬品の規制からみえる法理の限界………………………257
　　Ⅴ　まとめ…………………………………………………………268
　第3節　連邦の専占を妨げる4つの要因………………………………269
　　Ⅰ　各事件の性質…………………………………………………269
　　Ⅱ　連邦の政府機関に関連する3つの要因……………………271
　　　　連邦議会の機能不全(271)／連邦の行政機関の能力不足(280)／大統領の方針(283)
　第4節　おわりに…………………………………………………………286

結びにかえて……………………………………………………………287

　第1節　州と連邦における法改革………………………………………289
　　Ⅰ　製品販売後の是正措置………………………………………289
　　Ⅱ　全米で統一的な規制の試み…………………………………290
　第2節　アメリカ製造物責任法の本質…………………………………292
　第3節　製造物責任法の将来とわが国における課題…………………294
　　Ⅰ　製造物責任法の将来…………………………………………294
　　Ⅱ　わが国における課題…………………………………………296

あとがき……………………………………………………………… *299*
事項・人名索引（和文・欧文）……………………………………… *303*
判例・法令索引……………………………………………………… *308*

はじめに

　本書は、現代アメリカ製造物責任法の特色を概説することを目的とする。これまで、アメリカ製造物責任法に関する書物はいくつか刊行されているが[1]、それらは主に私法的側面を扱うものである。しかしながら、アメリカ製造物責任法の全体を知るには、私法的側面だけでは十分でない。製品の安全性を促進するために行政的な規制も重要な役割を果たしており、さらに、私法的規制と公法的規制の関係について、合衆国憲法上の論点まで提示されている。本書は、不法行為法や契約法の枠内で発展してきた製造物責任法ばかりでなく、行政規制的な側面や憲法論まで対象に含めて、アメリカ製造物責任法の全体像を描くことを目的とする[2]。

　現代アメリカ製造物責任法の特色を説明する好例の1つに、「製品のリコール」がある。2009年秋ごろから2010年にかけて、アメリカでは日本車の大規模なリコール（製品の回収・修繕等の是正措置）が話題となった[3]。報道によれば、リコールの対象車数は少なくとも380万台にのぼり[4]、その後24の州で、280件の製造物責任訴訟が提起されているという[5]。また、

---

1) たとえば、平野晋『アメリカ製造物責任法の新展開——無過失責任の死』（成文堂・1995）；ジェリー・J・フィリップス（内藤篤訳）『アメリカ製造物責任法』（木鐸社・1995）；小林秀之『製造物責任法』（新世社・1995）；中村弘『製造物責任の基礎的研究』（同文舘出版・1995）；小林秀之責任編集・東京海上研究所編『新製造物責任法体系Ⅰ［海外篇］』（弘文堂・1998）；アメリカ法律協会編（森島昭夫監修・山口正久訳）『米国第3次不法行為法リステイトメント　製造物責任法』（木鐸社・2001）。
2) 本書と直接関係する先行研究には、野田友恵「米国における製品販売後の警告・回収義務——第3次不法行為法リステイトメント刊行後の判例を中心に」消費生活研究10巻1号（2008）59頁、山口正久「米国製造物責任訴訟における preemption の理論——Geier 判決とその後の動向」名古屋大学法政論集201号（2004）543頁、牧野和夫「連邦最高裁による連邦法専占の法理の見直し——最近の医療機器製造者責任訴訟のケースを中心に」国際商事法務25巻4号（1997）411頁などがある。
3) *See, e.g.,* Joseph B. White, Cars Are Getting Scary Again, Wall St. J., Feb. 9, 2010; Bruce E. Aronson, Learning from Toyota's Troubles : Board Oversight and the Debate on Board Structure and Director Independence in Japan, Journal of Japanese Law (forthcoming), available at SSRN : http://ssrn.com/abstract=1636557.
4) Nick Bunkley, Toyota Recalls 3.8 Million Vehicles, N.Y. Times, Sep. 30, 2009.
5) Dana Hedgpeth, Two Washington area drivers sue Toyota, alleging acceleration problems

今回の自動車のリコールは、メーカーの格付けに悪影響を及ぼすだけでなく、行政機関の調査と取り締まりを招いた。たとえば、自動車の安全性に関する規制を担当する行政機関（NHTSA: National Highway Traffic Safety Administration）は、重大事故の報告が遅れたことを理由に、自動車メーカーに約1640万ドルの支払いを命じた。加えて、連邦政府の検察官は、重大事故について調査を開始したという。

　製品のリコールは、実はアメリカの製造物責任訴訟が抱えている２つのディレンマを明らかにする。製品販売後に何らかの問題が発見されリコールを行うと、アメリカではそれに関連した多数の訴訟が提起されることが少なくない。リコール後に訴訟を提起されるのは、日本の自動車メーカーだけの問題ではない。そして、リコールを実施しただけで多数の訴訟を提起されるとすれば、それはリコールをしようとするメーカーにとって、ディスインセンティヴ（障害）となるおそれがある。アメリカの製造物責任訴訟は何よりも製品の安全確保のためのものであったはずなのに、その訴訟が何らかの問題を有する製品から市民を守るためのリコールを妨げる可能性がある、というディレンマが生ずる。

　もう１つのディレンマは、アメリカ特有の連邦制に関係するものである。多くの製品は、アメリカ全体を市場とする状況であるにもかかわらず、連邦制度のもとでは規制主体も多元化されているために、全米で統一的な規制を実現することは容易でない。アメリカでは、連邦政府による規制と各州の判例法を中心とする製造物責任法との間で矛盾した規制が行われることもある。アメリカは、州と連邦の２種類の政府（50州あることを考えれば51の政府）からなる合衆国であるが、製造物責任法は主に各州の判例法からなる。他方、連邦政府は、各州の製造物責任法とは別に、連邦法に基づいて製品の安全性確保のために規制を行っている。州法である製造物責任法と連邦法による規制との間で整合が図られなければ、メーカーとして

---

in cars, Wash. Post, Mar. 16, 2010 at A16.
6) Bettina Wassener, Moody's Cuts Toyota Credit Rating, N.Y. Times, Apr. 22, 2010.
7) Peter Whoriskey, Toyota agrees to pay $16.4 million fine for notification delay, Wash. Post, Apr. 19, 2010 at A12.
8) Kazuhiro Shimamura & Dionne Searcey, Toyota Subpoenaed Again by U.S. Grand Jury, Wall St. J., July 21, 2010.

は結局のところ最も厳しい法に合わせて製品を販売することになり、ある州法の規制が実質的に全米の標準となる。それでは、連邦政府による全米統一的な規制は妨げられてしまう。要するに、アメリカでは、連邦政府のもとで一元的な規制を実施するのを妨げる制度的要因があり、また、州法の主要な部分が私法であり判例法であるために、ここでも一方に訴訟、他方にそれと内容を異にする可能性のある行政規制、それも連邦政府による行政規制が存在するというディレンマが生じる。

　本書では、これら2つのディレンマを踏まえて、現代アメリカ製造物責任法の特色を概説する。具体的に言えば、アメリカ法における製品安全を促進する制度として、製造物責任法とリコールという制度が、アメリカ特有の連邦制度のなかでどのような役割分担を行っているのかを描き出す。それによって、製品の安全性確保と推進のために、州レベルの製造物責任法と連邦政府による行政規制とが、互いに競争し協調するというアメリカ法のもとでのダイナミズムを伝えたい。2つのディレンマは、それぞれ互いに足を引っ張り合うだけの消極的な機能を果たしているわけではない。むしろ、多元的な役割分担と相互介入のなかで、製品安全のためのダイナミックな仕組みが作られ機能しているのである。

　本書の構成は、以下のとおりである。第1章では、アメリカにおける製造物責任法の基本的な性格について、連邦法の規制と比較することによって分析する。そこでは、主に州の判例法からなる製造物責任法の性質が連邦法の規制とは異なること、訴訟の提起が製造業者による製品販売後の是正措置を妨げるおそれがあること、さらに連邦法の規制を妨げる要因となる可能性があることが示される。

　第2章では、製造業者による製品販売後の是正措置を妨げないために、裁判所と州議会でどのような法改革が行われたのかを検討する。裁判所と州議会が、販売後のより優れた科学技術の水準で製品の安全性を判断することをやめ、製造または販売時の水準で製品の安全性を判断するようになるまでの過程が明らかにされる。

　第3章では、製造業者による製品販売後の是正措置を促すために新たに生み出された法制度を分析する。裁判所が販売後のより高い水準で製品の安全性を判断することをやめるだけでは、製品の安全性促進にはつながら

ない。そこで、製造業者に製品販売後の警告義務を課すようになったことを示す。また、第3章では、是正措置のうち製品の回収と修繕については州の判例法では義務づけられることはなく、むしろ連邦法に基づいて連邦の行政機関が規制していること、他方で、州の判例法では、製造業者に製品販売後の是正措置を促すために懲罰的賠償も機能していることを明らかにする。

　第4章では、各州の製造物責任法と連邦法の規制との間の不整合を明らかにする。ある製品について連邦法の規制が存在する場合でも、製造物責任法上の製品の安全基準は州ごとに異なっており、製品の安全性と製造物責任は、陪審や裁判官によって事件ごとに判断されてきた。そして、連邦法を含めて法令の遵守それ自体が、必ずしも州法上の責任の抗弁にはならない、という原則があり、それはなぜかが分析される。州の裁判所は、連邦法を州法上の製品の安全基準としては認めていないのである。

　第5章では、全米で統一的な規制を実現するために、州法に基づく製造物責任を排除する、という試みについて分析する。そこでは、合衆国最高裁判所が合衆国憲法に基づいて連邦法と抵触する州法を無効にしたこと、それによって州の判例法からなる製造物責任も無効にされる場合があったことが注目される。ただし、それなら製品の安全について連邦政府の規制があれば、州における製造物責任訴訟はすべてなくなるかといえばそうではない。合衆国最高裁は、連邦法と州法との間に実際の抵触があるかないかで微妙な判断を下してきた。要するに、州法に基づく製造物責任を連邦法の規制で代替することは合衆国憲法に基づいて理論上可能でも、現実には極めて難しいし、また完全に望ましいともされていない。

　最後に結論として、製造業者に製品販売後の是正措置を促し、全米で統一的な規制を実現するために進められた法改革の内容について整理する。そこでは、製品の安全性確保と推進のために、州レベルの製造物責任法と連邦政府による行政規制とが、互いに競争し協調するというアメリカ法のもとでのダイナミズムが明らかにされる。

第1章　製造物責任法の性質

第1節　製造物責任法の基礎

I　はじめに

　わが国の製造物責任法は、製品の欠陥によって生命、身体または財産に損害を被ったことを証明した場合に、被害者が製造業者などに対して損害賠償を求めることができる、という法である。製造物責任法は、製品関連事故における被害者の円滑かつ適切な救済を図るために立法された。製造物責任法では、製品が高度化、複雑化し、消費者と製造業者との間で情報や危険回避能力の格差が拡大しているという前提に基づいて、被害者の立証負担が軽減されている。これによって被害者は、製造業者などの過失を証明しなくても製品の欠陥を証明すれば救済を受けられるようになった。

　2010年で施行から15年を迎えた製造物責任法は、社会に影響を及ぼしはじめている。たとえば、1995年7月1日に施行された製造物責任法に基づく訴訟の数は、119件を数える（2008年9月末まで）。また、国民生活センターおよび消費生活センターは、毎年8000件以上の消費生活相談（製品事故関連）を受け付けるようになった。さらに、多くの製造業者は、

---

1) 製造物責任法（平成6年7月1日法律第85号）第3条を参照。
2) 第14次国民生活審議会・消費者政策部会報告「製造物責任制度を中心とした総合的な消費者被害防止・救済の在り方について」(1994) 第1章。
3) 国民生活センター「製品関連事故に係る消費生活相談の概要と主な訴訟事案」(2009年10月21日) 1頁。
4) 国民生活センター・前掲注3) によれば、2003年度の相談件数は8661件、2004年度は8064件、2005年度は9134件、2006年度は1万319件、2007年度は1万2771件、2008年度は1万2109件となっている。

製造物責任法施行後に消費者意識の変化を感じており、企業のなかには製品に不具合が見つかった場合には、法律や各種ガイドラインに準拠した社内のリコール・マニュアルに基づいて販売後の是正措置を実施するところもある。このように、日本では国会によって製造物責任法という法律が制定され、ようやく製造業者の行動や消費者の意識に変化の兆しがみられるようになった。

では、アメリカの製造物責任法はどのように形成され、どのように発展したのか。驚くべきことに、アメリカにおいて1年間に提起される製造物責任訴訟の数は、約7万9000件と推計されている（2006年度）。連邦地裁に提起される製造物責任訴訟だけでも、2009年度は約5万9000件、2008年度は約5万3000件、2006年度は約4万9000件に上る。すなわち、アメリカでは少なくとも毎年約5万件もの製造物責任訴訟が提起されていることになる。このように、訴訟の数だけで比較しても、日本とアメリカとの製造物責任法の性格は大きく異なる。

以下では、アメリカ製造物責任法の基礎を明らかにし、その性質から生ずる問題点を2つ指摘する。それは、製造物責任法が訴訟を誘発するという問題と、連邦法の規制を妨げるという問題である。それらの問題を理解するために、まず、アメリカ製造物責任法の誕生から発展までの過程について検討する。次に、連邦法の規制と対比することで、製造物責任の性質を示す。それによって、製造物責任訴訟の新たな問題点が出てきた理由を

---

5) 消費者庁による法律施行後の調査結果（「製造物責任法施行後の状況について」資料2、http://www.consumer.go.jp/kankeihourei/seizoubutsu/jyokyou.html）を参照した。
6) A. Mitchell Polinsky & Steven Shavell, The Uneasy Case for Product Liability, 123 Harv. L. Rev. 1437, 1439 (2010). 9つの州の州裁判所に提起された訴訟の数6454件から、人口統計データに基づいて州裁判所に提起された訴訟の総数を2万9163件と推計している。これに連邦地裁に提起された訴訟の数4万9743件を加えると、2006年度に全米で提起された製造物責任訴訟の数、7万8906件がはじき出される。
7) James C. Duff, Judicial Business of the United States Courts 2009: Annual Report of the Director James C. Duff 53 (2009); James C. Duff, Judicial Business of the United States Courts 2007: Annual Report of the Director James C. Duff 55 (2008); James C. Duff, Judicial Business of the United States Courts 2006: Annual Report of the Director James C. Duff 63 (2006).
8) 日米で厳密な比較は不可能であるが、アメリカでは、1950年度から2007年度までの賠償責任保険からの支払額に基づく費用（tort costs）の増加率の平均値（9％）が、国内総生産の増加率の平均値（7％）を上回っているという驚くべき調査結果がある。Towers Perrin, 2008 Update on U. S. Tort Cost Trends (2008).

II 判例法による製造物責任法の形成

アメリカの製造物責任法は、各州の判例法によって誕生し、判例法によって発展を遂げた。現代の製造物責任法を形成したものとして特に有名なのは、1916年のマクファーソン対ビュイック・モーター社事件、1960年のヘニングセン対ブルームフィールド・モーターズ事件、そして1963年のグリーンマン対ユバ・パワー・プロダクツ社事件の3つの判例である。以下では、3つの判例を中心に製造物責任法が形成されるまでの過程を明らかにする。[9]

【製造物責任法の法源と請求原因】
アメリカの製造物責任法は、主に各州の不法行為法と契約法からなる。[10] 製造物責任は、ロー・スクールの科目で言えば不法行為法のなかで扱われるのが一般的である。しかしながら、製造物責任は、実は不法行為法上の責任と契約法上の責任の両方から構成されている。そして、アメリカにおける不法行為法と契約法は、州の判例法を中心としていて、部分的に各州の議会が関連する立法を行うこともある。契約法分野については、各州の議会による統一商事法典（Uniform Commercial Code, UCC）の採択がよく知られている。統一法というのは、統一州法委員全国会議（National Conference of Commissioners on Uniform State Laws, NCCUSL）によって起草されたモデル法案に過ぎず、各州の議会で採択されてはじめて法となる。[11]

---

9) 以下の分析について、次の文献を参照した。Owen §1.2；Kiely & Ottley §§1.02-04.
10) Owen §1.2. 製造物責任法の法源と請求原因の部分については、樋口範雄『アメリカ不法行為法』（弘文堂・2009）263-64頁を参照した。
11) 統一州法委員全国会議は、約300名の法律家からなる非営利の団体で、アメリカ法律家協会（American Bar Association, ABA）から後援を受けている。この団体は、1892年から州法の統一化のために活動を開始した。*See* National Conference of Commissioners on Uniform State Laws, Introduction to the Organization (2010), at http://www.nccusl.org/Update/DesktopDefault.aspx?tabindex=0&tabid=11

他方、連邦議会が制定した法律で製造物責任に関するもののなかには、これまで主要な役割を果たしていなかったものの、被告の責任を制限するものがある[12]。たとえば、銃製造業者（販売業者を含む）の製造物責任を制限する法律（Protection of Lawful Commerce in Arms Act, PLCAA）、ワクチン製造業者の製造物責任を制限する法律（National Childhood Vaccination Injury Act, NCVIA）、医療機器向けインプラント生体材料の供給業者（biomaterial suppliers）の製造物責任を制限する法律（Biomaterials Access Assurance Act of 1998）を挙げることができる。

要約すると、一般的に製造物責任法の法源として重要なものは、以下の順になる。

①州法、とりわけ判例法
②各州の議会が制定した法律で製造物責任に関するもの
③連邦議会が制定した法律で製造物責任に関するもの

製造物責任法が不法行為法と契約法という2つの法から構成されているため、請求原因も単一ではない。原告は、いくつかの請求原因に基づいて損害賠償を求める訴えを提起できる。具体的に言えば、アメリカ法上の製造物責任を基礎づける請求原因は次の4つである。

（i）　不法行為法上の過失責任（negligence）
（ii）　不法行為法上の不実表示（tortious misrepresentation）
（iii）　契約法上の保証責任（warranty）
（iv）　不法行為法上の厳格責任（strict liability in tort）

4つの請求原因のなかでは、最後の不法行為法上の厳格責任が最も支配的な請求原因と考えられている[13]。そして、原告はどの請求原因を主張する場合でも、被告の製造物責任を争って損害賠償を受けるためには、少なくとも次の6つをすべて証明しなければならない[14]。

（a）　被告が製品の販売を業としていたこと（in the business of selling

---

12)　医療機器メーカーの製造物責任については、連邦食品・医薬品・化粧品の規制に関する法律を修正する法律（Medical Device Amendments）と合衆国最高裁の判例によって制限されている。製造物責任を制限する連邦法については、第5章で詳しく説明する。
13)　Owen 33.
14)　Dobbs 978.

products）
(b) 被告が製品を販売または譲渡したこと
(c) 製品が実質的に変容することなく原告の手元に届くものと予想され、実際に届いたこと
(d) 製品が被告の手元を離れた時点で、許容されないほど危険であったこと
(e) 製品に不合理な危険性がなければ、原告に物理的な損害が発生しなかったこと（事実的因果関係）
(f) 製品の不合理な危険性と、原告の損害との間に相当の因果関係（法的因果関係）があること

　これらの製造物責任訴訟の要件のなかでは、(d)が最も議論の的とされてきた。製品が許容されないほどに危険である（製品に不合理な危険性がある）、というのはいったいどういうことなのか。原告はそれをどうやって証明すればよいのか、また、逆に被告はどうすれば反証できるのか。技術水準（state of the art）は、当然求められる製品の安全性に影響を与えないのか。[15]これらは、いわゆる「欠陥」（defects）の問題である。製造物責任法を理解する際には、欠陥概念とその証明について理解することが、1つの大きな鍵となる。

【製造物責任法の誕生】
　アメリカの製造物責任法は、1916年のマクファーソン対ビュイック・モーター社事件まで、極めて単純なものであった。そもそも製造物責任法というものは、それまで存在しなかったという論者すらいる。製造物責任法の不存在を説明するのは、主として直接の契約関係（privity of contract）という法理である。[16]直接の契約関係という法理、いわゆるプリヴィティ・

---

15) 第2章の後半で詳しく説明するものの、技術水準は多義的な言葉で、アメリカではいまだ定義が確立されていない。本書では特別の言及がない場合、最も簡潔でバランスがとれていると評されている定義、「ある時点において合理的に利用可能な最高の技術」という意味で、技術水準という言葉を用いる。Owen 712-13. なお、1991年までの議論については、長谷川成海「アメリカ製造物責任法における『技術水準』の概念」早稲田法学66巻2号（1991）83頁を参照のこと。

16) Marshall S. Shapo, Basic Principles of Tort Law 166 (1999).

ルール（privity rule）によれば、製造業者は直接の契約関係にない消費者に対して、不法行為法上の責任を負わない。それは、後述するように原告の訴えを著しく制約するものであった。

(1) 保証責任　アメリカでは20世紀はじめまで、契約法上の責任についても判例法上の黙示の保証責任が採用されなかった[17]。黙示の保証責任とは、明示の約束の有無にかかわらず、販売された製品が買主の通常の利用目的にとって適切な品質を備えていることを売主が保証しなければならない、という契約法上の義務である[18]。すなわち、黙示の保証責任が認められれば、通常の利用目的のために売買された製品から生じた損害については、買主ではなく売主が責任を負うことになる。ところが、それまでアメリカでは買主注意せよ（caveat emptor）の法理が適用されていたために、製品に潜む欠陥から生じた損害については、買主がすべての責任を負担しなければならなかった。裁判所が黙示の保証責任を認めるようになったのは、1906年のことである。各州の議会は、売主が通常の利用目的にとって適切な製品の品質を当然に保証しなければならない、という黙示の保証責任を認めるための立法を行った。各州は、統一売買法（Uniform Sales Act of 1906）というモデル法案を個別に採択したのである[19]。

ところが、黙示の保証責任という法理は、流通市場の拡大と現代化によって機能しなくなった[20]。一足早く産業革命を経験していたイングランドと同様に、アメリカでも1800年代に産業化が進展する過程で、製造業と小売業とが分離していた。小さな町工場や自家製の製品を売る商店から消費者が製品を直接購入する時代は過ぎて、一般的な消費者は、製造業者ではなく小売業者とのみ契約を締結するようになった。製造業者と消費者との

---

[17] Dobbs 973. プリヴィティ・ルールの例外として認められていたのは、製造業者が詐欺、不実表示、または毒薬のように不可避的に危険な製品ラベルの誤表示を認識していた場合である。詐欺や不実表示という請求原因は、契約法上の保証責任や後述する不法行為法上の厳格責任と一部重複する。

[18] Brian A. Blum, Contracts §10.9.2 (3d ed. 2004).

[19] 統一売買法は、各州の裁判所の判例法または州議会の立法によって採用されてはじめて各州の法となる。先に説明したとおり、統一法は、統一州法委員全国会議によって起草されたモデル法案に過ぎない。そのため、各州は、統一法を自州の法律として採用する際には、自由に修正を加えることができる。

[20] Owen 21.

間には、直接の契約関係がない。そのため、製造業者は、消費者との間に直接の契約関係がないという抗弁の恩恵を受けることができた。明示であれ黙示であれ、保証責任が契約に基づく以上、契約の相手方以外に効果が及ぶはずがないという形式論が強調されたからである。

(2) 過失　しかも、イングランドやアメリカでは、不法行為法上の過失（negligence）を請求原因とする訴えも、プリヴィティ・ルールによって妨げられていた。過失の訴えは、過失の証明を必要としない保証責任の訴えとは異なる請求原因である。しかしながら、裁判所は、契約関係の有無という制約をかけないと多数の訴訟が提起されるという懸念から、原告と被告との間に直接の契約関係がなければ過失を請求原因とする訴えを認めなかった。すなわち、消費者は、製造業者と直接の契約関係がなければ、保証責任も過失も争えなかったのである。このようにプリヴィティ・ルールは、たとえ許容されないほどの危険な欠陥状態にある製品のせいで負傷した消費者であっても、その救済の可能性を制限するおそるべき障害であった。このプリヴィティ・ルールを確立したのが、イングランドのウィンターボトム対ライト事件である[21]。

(3) Winterbottom v. Wright（1842）　ウィンターボトム事件は、原告と直接の契約関係にない製造業者を相手とする過失の訴えを否定した先例である。ウィンターボトム事件では、駅馬車の製造・修理業者が、確実な修理（good repair）をするという契約に基づいて、郵政長官（Postmaster General）に駅馬車を提供した。その後、郵便物を配達する業者に雇用され、その馬車を使用していた者が、馬車の故障による横転事故で負傷した。負傷者は、過失を請求原因として駅馬車の製造修理業者に損害の賠償を求めたものの、あえなく敗訴した。原告は、被告が郵政長官との間で締結した契約上の義務を適切に履行せず、その過失によってみずからが損害を受けたと主張した。しかしながら、財務府会議室裁判所（Court of Exchequer Chamber）は、原告と被告との間に直接の契約関係がないことを理由として、原告の請求を認めなかった。

アメリカの裁判所が、イングランドのウィンターボトム事件を先例とし

---

21) Winterbottom v. Wright, 152 Eng. Rep. 402（Ex. 1842）.

て継承したため、製造業者は、過失を理由に損害の賠償を求められたとしても、プリヴィティ・ルールのもとで広く免責されていた。なぜならば、大量生産と市場の拡大とによって、製品が製造業者から直接に購入されることはほとんどなくなっていたからである。[22]

ところが、1916年のマクファーソン事件は、プリヴィティ・ルールの例外を認めることによって、製造業者の免責を限定した。[23] マクファーソン事件では、原告と被告との間には直接の契約関係が存在しなかったものの、ニュー・ヨーク州最高裁は製造業者の責任を認めた。

(4) MacPherson v. Buick Motor Co. (1916)　ビュイック（Buick）という自動車を製造した被告は、販売店を介して製品を売り出していた。被告は、別の製造業者から自動車の木製ホイールを調達していた。そのホイールには欠陥があったものの、被告が検査を怠ったためにこの欠陥は発見されなかった。原告が販売店から購入した自動車を運転していたところ、突然自動車のホイールは粉々になった。原告は、その事故で車外に投げ出されて負傷した。原告は、販売業者ではなく自動車製造業者を相手に、過失を請求原因として損害の賠償を求めた。原告は、合理的な検査によってホイールの欠陥を発見できたのに、被告がその検査を怠ったと主張した。第1審の事実審理裁判所は、原告勝訴、被告に5000ドルの支払いを命じる陪審の評決どおりの判決を下し、中間上訴裁判所も事実審理裁判所の判決を支持した。

被告の上訴を受けた州最高裁のカードウゾ裁判官（Justice Cardozo）は、原告と被告に直接の契約関係がなかったにもかかわらず、中間上訴裁判所の判決を支持している。最高裁は、過失から生ずる予見可能な損害の発生を防止する義務が、製造業者と消費者との間の契約関係の範囲や性質とは関わりなく、むしろ法（the law）から直接に生じる、と判示した。[24] そして最高裁は、誤って製造された製品が生命と身体にとって危険であることを合理的に予見すべきだった場合には、製造業者がその製品によって負傷し

---

22) Kiely & Ottley 6. 製造業者は、誰が製品の購入者なのか、購入者がどのように製品を使用するのかわからなくなっていた。
23) MacPherson v. Buick Motor Co., 110 N. E. 1050 (N.Y. 1916).
24) Id. at 1053.

た直接の契約関係にない買主に責任を負う、と認めた。

　マクファーソン事件では、誤って製造された製品が生命と身体にとって危険であると合理的に予見すべきだった場合に、製造業者の責任が認められた。カードウゾ裁判官は、プリヴィティ・ルールを放棄するのではなく、その適用が除外される場合を拡大することによって製造業者の責任を認めたのである。

　しかしながら、マクファーソン事件以降、プリヴィティ・ルールの例外は、徐々にではあるが拡大されていった。原告は、直接の契約関係のない場合でも、不法行為法上の過失責任に基づいて食品、化粧品、その他の類似する製品の製造業者に賠償を請求できるようになった。[25]

　実際に現代のアメリカ製造物責任法が誕生したのは、製造物責任法の代表的法学者であるオーウェン教授によれば、1960年代である。[26] それを示す重要判決2つを以下に詳しく紹介する。まず、1960年のヘニングセン対ブルームフィールド・モーターズ事件では、直接の契約関係の欠如（absence of privity of contract）と契約上の免責条項にもかかわらず、製品を購入していない原告の保証責任に基づく訴えが認められた。[27] 次に、その3年後の1963年には、カリフォルニア州最高裁が、欠陥製品の製造業者に対する不法行為法上の厳格責任（strict liability in tort）を認める判決を下した。[28] 不法行為法上の厳格責任というのは、直接の契約関係と過失の有無とは関わりなく、製造した欠陥製品によって負傷した者に製造業者が責任を負うことを意味している。最高裁は、グリーンマン対ユバ・パワー・プロダクツ社事件において、製造業者が不法行為法上の厳格責任を負うことを歴史上はじめて認めた。このような判例法の展開を受けて、アメリカ法律協会は、1965年に厳格・製造物責任法理（rule of strict products liability）を不法行為法第2次リステイトメントの402A条に定めた。

（5）　Henningsen v. Bloomfield Motors, Inc. (1960)　ヘニングセン事件が争われたのは、プリヴィティ・ルールの例外が拡大していた時である。

---

25)　Dobbs 974.
26)　Owen 966.
27)　Henningsen v. Bloomfield Motors, Inc., 161 A. 2d 69 (N. J. 1960).
28)　Greenman v. Yuba Power Products, Inc., 377 P. 2d 897 (Cal. 1963).

ヘニングセン事件では、原告の購入した自動車を運転していた原告の妻が、引渡しから10日しか経過していないにもかかわらず、ハンドルの制御不能による事故で負傷した。原告は、過失と黙示の保証責任を請求原因として、製造業者と販売業者に損害の賠償を求めた。原告は、販売業者から自動車を購入しており、製造業者と原告の間に直接の契約関係は存在しなかった。しかも、自動車の売買契約には免責条項が挿入されており、保証責任が「欠陥部分の修理または交換」に限定してあった。それにもかかわらず、ニュー・ジャージー州最高裁は、全員一致で原告勝訴の陪審評決を支持した。

フランシス裁判官（Justice Francis）は、自動車分野では消費者が交渉力の格差に直面していることを指摘し、欠陥製品から生じた損害について賠償を求める権利を奪っている売買契約上の免責条項を無効にした。そして最高裁は、欠陥製品から生じた人身被害の損害について、黙示の保証責任の訴えを認めた。[29]

(6) Greenman v. Yuba Power Products, Inc. (1963)　製造物責任法の発展の最後の総仕上げとなったのは、カリフォルニア州最高裁のグリーンマン事件におけるトレイナー裁判官（Justice Traynor）の意見である。グリーンマン事件では、原告が工作物を回転させ、刃を前後左右に動かして切削する機械を操作中に負傷した。工作機械が激しく振動したために、加工していた木材の一部が飛び散って原告の頭部を直撃したからである。原告は、過失と保証責任を請求原因として、販売業者と製造業者に損害の賠償を求めた。

第1審の事実審理裁判所は、明示の保証責任違反に基づいて原告勝訴、製造業者に6万5000ドルの賠償を命じる陪審の評決どおりの判決を下した。これに対して、上訴した被告は、原告が契約法上の保証責任の前提となる通知義務を果たしていない、と主張した。すなわち、合理的な期間内に売主に保証責任違反を通知しなければ、買主は契約法上の救済を受けられないのに、原告は適時の通知を怠った、というわけである。[30]

州最高裁のトレイナー裁判官は、通知義務は商取引の慣行から正当化さ

---

29) Henningsen v. Bloomfield Motors, Inc., 161 A. 2d 69, 83-87 and 97 (N. J. 1960).
30) See, e.g., Uniform Commercial Code §2-607 (3).

れているものであって、直接の契約関係にない負傷した消費者に迅速な通知を要求するのは不当であるという理由で、原告勝訴とする事実審理裁判所の判決を支持した。

しかも、トレイナー裁判官は、被告に厳格責任を負わせるために原告が明示の保証責任違反を証明する必要はない、とわざわざ付言した[31]。製造業者は、市場に流通させた製品について人を負傷させる欠陥があると証明された場合、不法行為法上の厳格責任を負うという。

要するに、トレイナー裁判官は、責任が契約法上の保証責任に基づくものではなく、不法行為法上の厳格責任であることを認めた。トレイナー裁判官によれば、厳格責任は、もともとは製造業者の明示または黙示の保証責任の法理に基づいていたものの、製造業者と原告との間に直接の契約関係が存在しなければならないという要件はすでに放棄されており、しかも、欠陥のある製品については、製造業者の責任を限定する特約が許されなくなった。そうすると、厳格責任といっても契約法上の責任ではなく、もはや不法行為法上の責任である、ということになる。

以上のように、マクファーソン事件、ヘニングセン事件、そしてグリーンマン事件の3つの判例によって、製造業者が契約上の免責条項、直接の契約関係、および過失の有無に関わりなく責任を負う、という製造物責任法理の基礎が生み出されることになった。その基礎を確立する役割を果たしたのが、不法行為法第2次リステイトメント402A条である[32]。そこで次に、402A条を検討する。

III 不法行為法上の厳格責任の確立

【402A条の公表とその内容】

アメリカ法律協会（ALI: American Law Institute）が1965年に公表した第2次リステイトメント402A条は、合衆国全土で製造物責任訴訟を拡大させるきっかけになった。20世紀後半の製造物責任の拡大は、英米法全

---

31) Greenman v. Yuba Power Products, Inc., 377 P. 2d 897, 900-01 (Cal. 1963).
32) RESTATEMENT (SECOND) OF TORTS §402A (1965).

体でみても最も劇的な変化の1つといわれている。[33]

アメリカ法律協会のリステイトメントのなかで最も頻繁に引用される第2次リステイトメントの402A条は、公表された時点では、グリーンマン事件ただ1つに支持されるだけの規定であった。アメリカ法律協会というのは、卓越した裁判官、弁護士、および学者からなる団体で、20世紀初頭に不明確で複雑な国内法を改革するために設立された。[34] そしてアメリカ法律協会は、不法行為法などの個別法分野で各州に受け入れられている原則を要約し、リステイトメント（Restatement）として公表した。

リステイトメントは、裁判所の判例または州議会の立法によって採用されない限り、いかなる州の法でもないのに、[35] この第2次リステイトメントの402A条は、公表から約30年間でほとんどの州の法として採用された。デラウェア州、マサチューセッツ州、ミシガン州、ノース・カロライナ州、そしてヴァージニア州を除く45州は、402A条の不法行為法上の厳格責任法理を採用している。[36] では、402A条は、いったいどのような内容なのか。402A条は、次のような簡素な規定である。

　402A条（使用者または消費者の人身損害に対する製品販売業者の特別の責任）

　（i）使用者または消費者にとって、許容されないほどに危険な欠陥状態にある製品（any product in defective condition unreasonably dangerous）を販売したすべての者は、以下の場合に最終使用者または消費者の被った人身損害について責任を負う。

　　（a）製品を販売した者が、業としてそのような製品の販売に従事し、かつ

　　（b）販売当時から、製品の状態に重大な変化がないと使用者または

---

33) Douglas A. Kysar, The Expectations of Consumers, 103 Colum. L. Rev. 1700, 1708 (2003). *See also* Shapo, *supra* note 16, at 174（裁判所が不法行為法上の厳格責任を認めたことは、英米法の歴史のなかで最も驚くべき発展である）.
34) American Law Institute, About The American Law Institute (2010), available at http://www.ali.org/doc/thisIsALI.pdf
35) Kiely & Ottley 22.
36) 各州の状況については、Owen 281-83. アラバマ州、アーカンソー州、ジョージア州、インディアナ州、ルイジアナ州、オクラホマ州、そしてワシントン州の計7州は、制定法によって不法行為法上の厳格責任という法理を採用している。

消費者に予想され、実際に使用者または消費者に製品が到達した場合
　(ⅱ) 第1項の規定は、以下の場合でも適用される。
　　(a) 製品を販売した者が、製品の準備と販売について可能な限りすべての注意を払った場合
　　(b) 使用者または消費者が、製品を購入しなかった場合、または、製品を販売した者といかなる契約関係も締結しなかった場合

　402A条には、注目すべき点が2つある。1つは、この責任が厳格責任の性質を有するだけでなく、直接の契約関係の有無を問題にしていない点である。402A条の責任は、売主に過失がなくても、すべての合理的な注意（due care）を払っても負わされる。また、402A条の責任は、売主と原告の間に直接の契約関係がなくても負わされる。そのため、402A条の責任は、まさしく不法行為法上の厳格責任の性質を有するものであった。

　402A条でもう1つ注目すべきは、不法行為法上の厳格責任を負う対象が、許容されないほどに危険な欠陥状態にある製品（any product in defective condition unreasonably dangerous）を販売した業者、とされている点である。402A条の第1項は、販売時（製造業者の支配を離れた時点）に、許容されないほどの危険な欠陥状態が製品にあったことを要件の1つとしている[37]。すなわち、原告は製造業者の過失ではなく、販売された時に製品に欠陥があったことを証明すればよい。そして402A条は、通常の消費者の期待を満たさない危険な製品が「欠陥」のある状態にあり、許容されないほどに危険であると注記していた[38]。402A条の基準は、製造業者の行為ではなく、消費者の期待に基づいて製品の欠陥を判断することから、消費者の期待テスト（consumer expectation test）と呼ばれている[39]。このように、402A条では、製造業者の行為ではなく製品の状態と消費者の期待に基づいて、製造業者の責任が認められることになった。

---

37) Dobbs 978.
38) Restatement (Second) of Torts §402A cmt. g (1965).
39) Dobbs 981.

【裁判所による欠陥の類型化】

402A 条では、欠陥に特別の種類が認められていない。しかしながら、後に裁判所は、製品の欠陥に 3 つの異なる種類を認めるようになった。3 つの欠陥とは、①製造上の欠陥（manufacturing defects）、②設計上の欠陥（design defects）、③警告上の欠陥（information or warning defects）である[40]。以下、それぞれの欠陥について簡単に説明する（詳細な分析については、第 3 章で行う）。

(1) 製造上の欠陥　製品が製造業者の設計仕様を逸脱している場合、その製品には製造上の欠陥がある。たとえば、裁判所は、次のような事件では製造上の欠陥を認める[41]。

「X が A 社製シャンパンのボトルを B 社から購入した。ガラス製のボトル自体は、C 社によって製造されていた。X が栓を開けたところ、ボトルは突然破裂し、X は顔を負傷した。破裂したボトルは、C 社の設計仕様を逸脱しており、そのために破裂した。A、B、そして C 社は、たとえ製品の製造販売に合理的な注意を払っていたとしても、責任を負う。」

製造上の欠陥は、製品が被告の設計仕様を逸脱しているという点で、被告の過失が明白な場合も多い。しかしながら、稀に原告が被告の過失を容易に証明できないこともある。そして、稀にしか過失が誤って認定されないという条件では、すべての事件について原告に過失の証明を求めると、被告が誤って免責される可能性が大きくなってしまう[42]。また、製造過程における過失については、製造業者しか回避できず、同一製品の購入者のなかで原告だけが損害を被るのでは酷である。さらに言えば、被告は、実際に瑕疵ある製品を完全なものと表示して販売しており、原告は誤った情報に基づいて製品を購入している。このように製造上の欠陥では、被害者に事故を防止するための役割を期待することがそもそも難しい。そのため、製造業者にとって事故を防止するインセンティヴを大きくするために厳格責任が認められる、というわけである[43]。

---

40) Id. at 979.
41) Restatement (Third) of Torts: Product Liability §2 illus. 1 (1998).
42) Mark A. Geistfeld, Products Liability, in Tort Law and Economics (1 Encyclopedia of Law & Economics) 287, 311 (Michael Faure ed., 2d ed. 2009).
43) David G. Owen, The Moral Foundations of Product Liability Law: Toward First

(2) 設計上の欠陥　　製品の設計仕様に不合理な危険性がある場合、その製品には設計上の欠陥がある。設計上の欠陥は、製造業者の設計仕様どおりの製品に生じるという点で、製造上の欠陥とは異なる。たとえば、ある自動車が、後部から追突された時に爆発しやすい場所に燃料タンクを配置している設計仕様どおりに製造された場合、設計上の欠陥は、設計仕様どおりに製造されたすべての自動車について認められる[44]。逆に言えば、裁判所は、設計上の欠陥について1つの製品ではなく製品の設計仕様それ自体に不合理な危険性があるかどうかを判断しなければならない。

　当然ながら、無数にある製品設計のなかから選択された製造業者の設計仕様について、不合理な危険性があると判断することは、陪審や裁判官にとって製造上の欠陥を判断するよりも難しい。製造上の欠陥の場合には、ある製品が設計仕様から逸脱しているか否かを問題とするため、比較的線引きがはっきりしている。しかしながら、設計上の欠陥の場合には、結局のところ、別の製品設計と比較しなければ、製造業者の設計仕様に不合理な危険性があるとは評価できない[45]。そのため、製品の設計仕様に不合理な危険性があるか否かを判断するためには、製造業者が製造時に、より安全な代替設計を採用できたかどうかが重要な要素となる。言い換えれば、製造業者が代替設計を採用して、元の設計と同等の性能を持つことはもちろん、より安全な製品を容易に製造できたのであれば、元の設計には不合理な危険性があるということになり、それが設計上の欠陥ありということを意味する。次の事例は、設計上の欠陥の性質をよく示している[46]。

　「Xは、A社製の小型自動車を運転中、自動車が操縦不能になって木に激突し、重傷を負った。Xは、運転していた自動車の設計仕様では通常サイズの自動車よりも衝突時の安全性が劣ると主張して、損害の賠償を求めた。X側の専門家証人（expert witness）によれば、自動車のサイズを小さくすれば、衝突時に乗員が負傷する危険性は不可避的に高まるという。しかしながら、Xは、サイズを大きくすることなく、より安く燃費がよ

　　　Principles, 68 Notre Dame L. Rev. 427, 467-74 (1993).
　44)　Kenneth S. Abraham, The Forms and Functions of Tort Law 195 (2d ed. 2002).
　45)　Id. at 195.
　46)　Restatement (Third) of Torts: Product Liability §2 illus. 6 (1998).

いという優れた特性を実質的に減少させることなく別な設計を採用できた、とは主張できなかった。自動車のサイズを大きくすれば、その分だけ費用がかかる。また、小さなサイズの自動車を市場から追放すれば、消費者の選択肢が制限されるからである。」

このように、設計上の欠陥は、製造時に不合理な危険性を持つ設計を回避できなかったのか、または、より安全な代替設計を採用できなかったのかというように、製造業者によって採用された設計それ自体の合理性を問題にするという点で、製造上の欠陥とは異なっている。原告は、設計上の欠陥の場合にはある製品の設計仕様からの逸脱ではなく、不合理な危険性が設計仕様自体にあることを証明しなければならないが、それは容易なことではない。

(3) **警告上の欠陥**　危険性についての警告、または、製品を安全に使用するために必要な情報が添付されていない製品には、警告上の欠陥がある。たとえば、次の事例は、製造業者が適切な警告なしに製品を販売した場合に責任を負うことを示している[47]。

「Xは、購入したA社製の家庭用接着剤でタイルを張り替えていた。製品の包装には、接着剤が可燃性で有毒であることから、十分な換気を行い火気は厳禁である旨の警告が大きな文字で記載されていた。警告には、ガステーブルの着火ライトを消すようにという特別の文言は含まれていなかった。Xは、キッチンの窓を開けて換気をしたものの、ガステーブルの着火ライトを消し忘れた。そのため、着火ライトは爆発し、Xは重度の火傷を負った。Aの警告が適切でなく、状況に照らして不合理であれば、A社は責任を負う。」

製造業者の警告義務は、402A条において特殊な扱いを受けている。製造物責任が不法行為法上の厳格責任としての性質を持つことを明らかにしたにもかかわらず、402A条には製造業者の行為に照らして警告義務を限定する旨の注記が、わざわざ加えられていたからである[48]。すなわち、食品、医薬品、またはアルコール類などの製品の危険を認識していた、または、専門的な能力と予測によって製品にある危険性を合理的に認識すべきであ

---

47) Restatement (Third) of Torts: Product Liability §2 illus. 11 (1998).
48) Restatement (Second) of Torts §402A cmt. j (1965).

った場合を除けば、製造業者は警告義務を負わない。この注記は、製品の状態だけではなく製造業者の行為に着目するもので、一部の製品については警告義務が、過失責任に相当に近いことを暗示するものである[49]。このように、製造業者の警告義務の一部は、402A条において限定的なものと想定されていた[50]。

【402A条の意義】

（1）支持される5つの理由　　これまで、不法行為法上の厳格責任を支持する理由としては、次の5つが挙げられてきた[51]。

①消費者の正当な期待――製造業者は、明示または黙示に製品が安全であると消費者に対して表示していて、消費者がそれを信頼するのは正当である。

②損害分散を比較的優位にできる企業としての責任――製造業者は、欠陥ある製品から生じた損害の負担を価格転嫁する、または、賠償責任保険に加入して、被害者よりも容易に分散することができる。

③便宜や実務上の理由――消費者と直接の契約関係にある小売業者が、いったん賠償責任を果たした場合には、後に欠陥製品を販売した製造業者に求償することも十分に想定される。そうであるならば、最初から消費者に製造業者を直接訴える道を認めるのが便宜である。また、消費者は、製造業者の過失を必ずしも十分に立証できず、本

---

49) アメリカ不法行為法の第一人者であるドッブズ教授は、製造業者に要求される警告が合理的な警告にとどまることから、警告上の欠陥（警告義務違反）の訴えが通常の過失の訴えと酷似している、と認めている。Dobbs 1004-05. もっとも、402A条の警告義務に関する注記については、危険性を帯びることが避けられない製品のみを想定したもので、その意味は限定されている、という理解が一般的である。Owen 354.

50) 402A条で製造業者の責任が限定されている他の例としては、新薬、臨床試験中の医薬品、または、予防接種のワクチンのように危険性を帯びることが避けられない製品（unavoidably dangerous product）の製造業者の責任を挙げることができる。すなわち、そのような特別の製造業者は、認識されてはいても許容される範囲内の危険性がある有用な製品の供給を引き受けただけでは、使用に伴う結果について厳格責任を負わない。RESTATEMENT (SECOND) OF TORTS §402A cmt. k (1965).

51) 樋口・前掲注10) 293-94頁を参照した。See also Dan B. Dobbs, Paul T. Hayden & Ellen M. Bublick, Torts and Compensation: Personal Accountability and Social Responsibility for Injury 634-38 (6th ed. 2009); James A. Henderson, Jr., Coping with the Time Dimension in Products Liability, 69 Cal. L. Rev. 919, 931-39 (1981).

来責任を負うべき製造業者等であっても責任を免れるおそれがある。厳格責任は、過失責任で生ずるこのような不都合を改善する可能性がある。

④公正の確保──製造業者は、市場に製品を流通させて利益を上げようとしていることから、それによって生ずる損害に対しても責任を負わせるのが公正である。また、製造業者は、欠陥製品を販売することによって消費者を一方的に危険な状態にするのに対し、消費者は製造業者を危険な状態にするわけではない。自動車を運転するドライバー同士のように、相互に危険を生み出す互換性が製造業者と消費者との間にはないことから、製造業者が責任を負うべきである。

⑤事故の抑止──より安全な製品を作るインセンティヴを生み出すことができる。消費者は、より安価で安全な製品を購入することから、必然的に製造業者は、より安全な製品を開発せざるを得ない。それができなければ、製造業者は市場から撤退することになり、不合理な危険性を持つ製品は市場から追放されることになる。

上記5つの理由は網羅的なものであるが、実は402A条の究極的な意義を説明するものではない。たとえば、5つの理由は、消費者の立証の負担を軽減するなどの運用の改善をすれば、過失責任についても当てはまる余地がある。では、何が402A条の究極的な意義なのか。どうして裁判所は、これまでの請求原因に加えて新たに不法行為上の厳格責任を生み出す必要があったのか。経済学的なアプローチによれば、それは主に製品を評価し選択する消費者の能力不足という点から説明されている。以下では、その内容を簡単に説明する。

（2）消費者による製品評価と選択の支援　402A条によって確立された不法行為法上の厳格責任という請求原因は、消費者が十分な情報を得て製品を選択することができないことを前提として、消費者との間に直接の契約関係がない製造業者に対して、より安全な製品を開発し販売するインセンティヴを与える手段の1つ、と考えられる。[52]

---

52) Mark A. Geistfeld, The Value of Consumer Choice in Products Liability, 74 Brook. L. Rev. 1, 6 (2010).

一般的な消費者は、製品のすべてのリスクを簡単には評価できない。[53]十分に多くの消費者が、ある製品の価格についてリスクを適切に反映しているかどうかを評価できる場合には、製造業者は消費者に製品のリスクをすべて開示せざるを得ない。しかしながら、激しい価格競争と製品の複雑化が進むなかで、消費者が製品すべてのリスクを評価するには時間と労力を必要する。そして、製造業者が製品のリスクを適切に反映した価格設定をする、または、製品のすべてのリスクを自発的に開示する場合を除けば、現実には消費者が製品のリスクを評価することは極めて困難である。そうすると、消費者が製品のリスクを過大評価する（ある価格で製品の需要が本来よりも減少する）場合はともかく、逆に消費者が製品のリスクを過小評価してしまい、その結果として製品の需要があるべき値よりも増大する場合には、より多くの製品の消費によって、本来よりも多くの事故が発生するおそれもある。

このように、消費者が十分な情報を得て製品を選択することができない状況で、しかも製造業者が製品事故を防止できる場合には、過失責任よりも厳格責任が望ましい場合がある。[54]具体的にいえば、消費者がすべてのリスクを評価して製品を購入できる能力と製品から生じる事故を回避する能力に比較的乏しく、また、裁判所にとって過失を判断することが難しい一方、製造業者が事故を防止することができた場合には、安全な製品を設計するインセンティヴを生み出すために厳格責任は過失責任よりも望ましい。

しかも過失責任には、別の問題も指摘されている。たとえば、製品のリスクや製品の安全性について適切に評価することができない消費者は、訴訟費用の負担に消極的になる場合がある。そうすると、本来損害賠償責任を負うべき製造業者のなかには、負担を免れる者が出てきてしまう。また、裁判所がそれぞれの事件で過失の基準を適切に適用できない場合にも、許容されないほどの危険性を持つ製品を販売した製造業者は、負担を免れることがある。[55]このように、過失責任だけでは必ずしも、安全な製品を設計させる十分なインセンティヴを生み出せるわけではない。

---

53) Geistfeld, *supra* note 42, at 291-93.
54) *See, e.g.,* Steven Shavell, Foundations of Economic Analysis of Law Ch. 9 (2004).
55) 厳格責任と過失責任の比較については、Geistfeld, *supra* note 42, at 300-01.

402A条で確立されたのは、繰り返しになるが不法行為法上の厳格責任である。先に説明したとおり、契約法上の保証責任も厳格責任の1つであるが、消費者と製造業者との間に直接の契約関係がない場合には、残念ながら十分に機能しない。しかしながら、402A条の不法行為法上の厳格責任には直接の契約関係は必要ないことから、たとえ契約法上の保証責任が機能しない場合であっても、原告の請求原因となる。

(3) その他の考慮要素　もっとも、402A条の意義を検討する際には、保険の影響を無視することができない。[56] 402A条によれば、製造業者は契約上の免責条項、直接の契約関係、そして過失の有無に関わりなく責任を負うことになった。しかしながら、402A条だけでなく保険もまた、製造業者の行動に大きな影響を及ぼしている。第1に、製造業者は一般的に自己保険をかける、または、賠償責任保険を購入することができるが、事故リスクを十分に反映した保険料が設定されないと、安全な製品を開発し販売する製造業者のインセンティヴは、歪められるおそれがある。たとえば、保険料が本来よりも低く設定されれば、製造業者は安全な製品を開発するために十分な投資をしなくなる。

第2に、より重大な点であるが、保険を購入できるのは製造業者だけではない。消費者は、みずからの危険で自由に傷害保険を購入することができる。そして傷害保険には、賠償責任保険よりも望ましい点がある。[57] たとえば、傷害保険のような第一当事者保険（first party insurance）ならば、給付分が保険契約者自身の負担に反映されるのに対し、賠償責任保険のような第三者保険（third party insurance）の場合には、給付を受ける者と保険契約者が異なるため、給付を受ける者にとって金銭的な負担や制約はない。そのため、給付は拡大しやすく、その結果として保険料が上昇してしまう。

また、賠償責任保険の利用が一般的になっている今日、その保険料が上昇すれば、その分だけ製品の価格に転嫁され、多くの消費者は、それまでよりも製品の入手が困難になる。さらに、本来低い保険料の支払いですむ、

---

56) Id. at 291-301.
57) George L. Priest, The Current Insurance Crisis & Modern Tort Law, 96 Yale L. J. 1521, 1538-51 (1987).

比較的安全な製品の製造業者は、高価な保険の購入をためらうようになる。このように、保険といっても製造業者が購入する第三者保険と、消費者が購入する第一当事者保険とでは性質が異なり、製品の流通に与える影響も同じというわけではない。

つまり、402A条によって確立された不法行為法上の厳格責任という請求原因には、保険の影響を考慮しなければならないものの、消費者がすべてのリスクを評価して製品を購入できるように支援する、という極めて大きな意味がある。

以上、製造物責任を全米に拡大するきっかけとなった第2次リステイトメント402A条、欠陥の種類、そしてその意義について検討した。先に説明したとおり、不法行為法上の厳格責任を確立した402A条は、ほとんどの州で採用されている。では、裁判所は、実際には不法行為法上の厳格責任をどのように認めるようになったのか。次に、裁判所が402A条をさらに補強する過程を明らかにする。

IV 不法行為法上の厳格責任の補強

第2次リステイトメント402A条で定義された不法行為法上の厳格責任は、裁判所の判決に大きな影響を及ぼした。そして、いくつかの裁判所は、「あと知恵」を利用して製品の安全性を評価するという形で、不法行為法上の厳格責任を補強した。あと知恵というのは、製品が販売された後の科学技術の水準という意味である。以下、その過程を検討する。

【厳格責任を理由とする抗弁の制約】
不法行為法上の厳格責任は、被告の抗弁を著しく制約するものである。たとえば、最善の努力を払って製品を製造または設計したという被告の抗弁は、訴えが厳格責任を請求原因としていたことを理由に否定された。次のアリゾナ州中間上訴裁判所の事件は、その好例である。[58]

---

58) Wagner v. Coronet Hotel, 458 P. 2d 390 (Ariz. App. Div. 1 1969).

(1) Wagner v. Coronet Hotel (1969)　ワグナー事件では、被告が製造したゴム製の浴室マットの欠陥が問題となった。シャワーを利用したホテルの宿泊者は、浴槽に敷いたマットが足の下で不意に移動したために転倒した。マットの中心部には、粘着性を高めるための突起がなく、危険性に関する警告もまったくなかった。原告は、過失、黙示と明示の保証責任、そして不法行為法上の厳格責任を請求原因として、損害の賠償を求める訴えをマット製造業者とホテルに提起した。

陪審は、不法行為法上の厳格責任についてのみ審理し、原告勝訴、被告らに4万ドルの賠償を命じる評決を下した。しかしながら、第1審の事実審理裁判所は、製品を製造した時の科学技術の水準では製品の危険性を合理的に認識または除去できなかったことを理由に、被告勝訴の評決無視判決（judgement notwithstanding of the verdict）を下した。評決無視判決とは、その名のとおり、陪審によって下された評決を無視する判決のことをいう。

原告の上訴を受けたアリゾナ州中間上訴裁判所は、製品の製造も販売もしていない被告ホテルについて、そもそも厳格・製造物責任の適用が除外されるとして、事実審理裁判所の判決を支持する一方、被告マット製造業者については第1審の判決を破棄した。上訴審では、被告マット製造業者が提出した技術水準を理由とする抗弁が問題となった。その抗弁は、製品を製造した時の科学技術の水準では製品の危険性を合理的に認識または除去できないために被告が責任を負わない、というものである。被告は、正式の検査を省いたものの、従業員がマットを販売する前に自宅で試用して安全性を確かめた、と主張した。しかしながら、裁判所は被告の抗弁を認めなかった。厳格責任という概念には、製造業者が欠陥製品を製造した場合、安全な製品を製造または設計するために最善の努力を尽くしたとしても法的な責任を負うという考えが暗に含まれている、というのが裁判所の理由であった。[59]

ワグナー事件では、製造物責任の訴えが不法行為法上の厳格責任を請求原因とするもので、厳格責任であるから製造業者が安全な製品を製造、または、設計するために最善の努力を尽くしたとしても法的に責任を負う、

---

59) Id. at 392-93.

とされた。このように、不法行為法上の厳格責任を補強する理論的根拠となったのは、製造時に製品の危険性を予見できたか否かにかかわらず、欠陥を有すると判明した製品を販売した者が責任を負うべき、という見解である。この見解は、ウェイド・キートン・あと知恵テスト（Wade-Keeton hindsight or constructive knowledge test）として、後に裁判所に利用されるようになった。

【あと知恵の利用による厳格責任の補強】

　ウェイド・キートン・あと知恵テストは、その名のとおり、ウェイド教授とキートン教授の２人が提唱したテストである。両教授は、厳格責任の場合、製造業者が販売後に判明した製品の危険性をすべて認識していたものと擬制するべきである、と主張した。[60] このテストは、過失という訴訟原因の要件の１つを撤廃するものであり、被告の認識が擬制されるため、原告からすれば「被告は損害が発生する危険性を認識していた、または、認識できたこと」をわざわざ証明する必要がない。[61] そうすると、製造業者は、販売時の科学技術の水準では認識不能な製品の危険性から生じた損害についても、設計や警告上の欠陥を理由として責任を負うことになる。

　いくつかの裁判所は、製品の欠陥を判断するために、ウェイド・キートン・あと知恵テストを利用した。裁判所は、不法行為法上の厳格責任を請求原因とする訴えでは、製造業者が販売時に製品の危険性を認識できない場合であっても、事実審理の証言で明らかになった実際の製品の危険性について認識していたものと擬制し、製造業者に責任を負わせている。

　後ですぐに説明するように、裁判所がその正当化事由として挙げたのは、過失と厳格責任との要件の違いである。過失を請求原因とする訴えの場合、原告は、被告が行為の時点で損害が発生する危険性を認識していた、または、認識すべきであったことを証明しなければならない。しかしながら、不法行為法上の厳格責任を請求原因とする訴えの場合、問題は被告の行為

---

60) W. Page Keeton, Product Liability-Design Hazards and the Meaning of Defect, 10 Cumb. L. Rev. 293, 314-15 (1979); John W. Wade, On the Nature of Strict Liability for Products, 44 Miss. L. J. 825, 834-35 (1973); W. Page Keeton, Product Liability-Liability Without Fault and Requirement of a Defect, 41 Tex. L. Rev. 855, 867-68 (1963).

61) Owen 720.

ではなく製品の状態である。そのため、不法行為法上の厳格責任の訴えでは、被告が製品の危険性を認識していたことは当然に擬制される、というわけである。

以下では、3つの有名な事件から、裁判所がウェイド・キートン・あと知恵テストをどのように利用していたのか、また、このテストがどのような役割を果たしていたのかを検討する。

(1) Phillips v. Kimwood Machine Co. (1974)　オレゴン州最高裁は、不法行為法上の厳格責任について、被告が製品の状態を認識していたと擬制するに等しいもの、と判示している[62]。フィリップス事件では、製材会社の従業員が繊維板を研磨装置に投入したところ、装置から排出された厚い板が腹部に直撃して負傷した。研磨装置の製造業者は、数枚の薄い繊維板が重なって厚い板に変化するという製品の危険性について、装置を購入した原告の雇用者に警告していなかった。原告は、厳格責任（設計上の欠陥）を請求原因として、装置の製造業者に損害の賠償を請求したものの、第1審の事実審理裁判所は被告勝訴の指示評決（directed verdict）を下した。指示評決とは、裁判官が陪審に対して評決の内容を指示する判決のことをいう。原告は上訴したが、被告は製品の欠陥について、原告による証明がないと主張した。

州最高裁のホルマン裁判官（Justice Holman）は、被告勝訴とする事実審理裁判所の判決を破棄、再審理を命じた。最高裁は、陪審が製品に欠陥ありと認めるのに十分な証拠として、事故後に原告の雇用者が装置に安全策を講じても装置の能力が低下しなかったという証拠や、被告がより安全な研磨装置を製造していたという証拠を挙げたうえで、被告の認識が擬制されるという点について次のように説明している[63]。

「製造業者に責任を負わせるためには、製造業者に過失があるかにかかわらず、製品を危険な欠陥状態にする何かが存在しなければならない。……危険な欠陥状態にある製品は、危険な性質を認識していたならば、合理的な人間が市場に流通させないものである。そのため、責任を判断するための基準は、『製品の危険性を認識していたにもかかわらず当該製品を

---

62) Phillips v. Kimwood Machine Co., 525 P. 2d 1033 (Or. 1974).
63) Id. at 1036-38.

販売したならば、売主に過ちがあるといえるのか』ということになる。厳格責任は、製品の状態について［売主の］認識を擬制するものと等しい。……製造業者は、過失の訴えでは合理的に認識すべきであったと評価されない製品の危険性についても、［厳格責任の訴えでは］認識していたと推定されるため、過失の訴えよりも重い義務を負う。」

　フィリップス事件では、不法行為法上の厳格責任は製品の状態について、製造業者の認識を擬制するものに等しいとされた。オレゴン州最高裁は、厳格責任という請求原因が製造業者の行為ではなく製品の欠陥を理由とする責任であることから、厳格責任では製品の危険性について製造業者の認識が推定されるという。要するに、フィリップス事件は、行為に着目する過失と製品の状態に着目する厳格責任との間の形式的な違いから、被告の認識を擬制することを正当化しているのである。次の２つ目の事件は、推定または擬制される製造業者の認識がどのようなものかを明らかにしている。

　(2)　Dart v. Wiebe Mfg., Inc. (1985)　　アリゾナ州最高裁は、不法行為法上の厳格責任という請求原因の場合、事故と事実審理の証言で明らかになった実際の製品の危険性について製造業者が認識していたと擬制される、と判示している[64]。ダート事件では、製紙会社の従業員がシュレッダーの挿入口に挟まった紙を取り出そうとして、腕を負傷した。シュレッダーは製紙会社が購入したもので、従業員は会社の指示に従って作業していたところ負傷した。シュレッダーには、まったく安全装置がなかった。原告は、過失と厳格責任（設計上の欠陥）を請求原因として、シュレッダーの製造業者に損害の賠償を求める訴えを提起した。

　第１審の事実審理裁判所は、陪審の評決どおりに被告勝訴の判決を下した。中間上訴裁判所は、事実審理裁判所の判決を支持したものの、州最高裁のフェルドマン裁判官（Justice Feldman）は、被告勝訴とする事実審理裁判所の判決を破棄、審理を差し戻した。最高裁は、破棄差戻しの理由として、事実審理裁判所が過失と厳格責任とは異なるのに、誤って過失についてのみ陪審説示したことを挙げている。

---

64)　Dart v. Wiebe Mfg., Inc., 709 P. 2d 876 (Ariz. 1985).

最高裁は、過失と厳格責任の違いについては次のように判示した。[65]「過失の訴えは、被告の行為が予見可能な損害発生の危険性に照らして合理的かどうかを問題にするのに対し、厳格責任の訴えは、製品に不合理な危険性があるかを問題にする。……厳格責任の場合、主として争われるのは設計者の行為ではなく、その行為の結果である製品の状態である。製品の状態は、設計時に製造業者が利用できた情報だけでなく、事実審理時に陪審が利用できる情報によって評価される。……厳格責任の場合、事故と事実審理の証言で明らかになった実際の製品の危険性について、製造業者が認識していたと擬制される。」

ダート事件では、事故と事実審理の証言で明らかになった実際の製品の危険性について、製造業者が認識していたと擬制されている。アリゾナ州最高裁は、オレゴン州最高裁と同じように厳格責任では製造業者の行為ではなく製品の状態が争われることを理由に、製造業者の認識を擬制した。このように、フィリップス事件やダート事件を前提にすると、不法行為法上の厳格責任では、販売時に認識できなかった製品の危険性についても製造業者が認識していた、と擬制されることになる。

では、科学技術の限界、いわゆる技術水準によって製品の危険性を製造時に認識できなかった場合でも、製造業者は認識を擬制されて責任を負うことになるのか。3つ目の事件では、科学技術の限界を理由とする場合であっても、製品が安全でないという事実を変えるものではないとして、製造業者の責任が認められた。

(3) Beshada v. Johns Manville Products Co. (1982)　ベシャダ事件では、長年にわたってアスベスト断熱製品を扱った原告らが、被告らの製造したアスベストでアスベスト症に罹患し、このために死亡したと争った。[66] 5つのアスベスト関連訴訟の原告らは、大量のアスベストを吸入する造船所のような場所で従事していたわけではない。それでも原告らは、さまざまな請求原因に基づいて、被告の製造したアスベスト製品に接触したことを理由に損害の賠償を請求した。

請求原因のなかで特に問題となったのは、警告上の欠陥を理由とする厳

---

65) Id. at 880.
66) Beshada v. Johns Manville Products Co., 447 A. 2d 539 (N. J. 1982).

格責任である。原告らは、1930年代から被告の製品に接触していたものの、アスベストの危険性について被告からまったく警告を受けていなかった、と主張した。被告らは、「アメリカの医学界が、アスベストの吸入による健康への悪影響を認識したのは1960年代で、ごく最近になってはじめて少量のアスベストを吸入した場合の危険性が判明した」、と主張した。すなわち、被告らは、製品の販売時には誰もそのような危険性を認識しておらず、認識することもできなかった、という技術水準の抗弁（state of the art defense）を提出した。原告側の弁護士は抗弁を却下するように申し立てたものの、第1審の事実審理裁判所は原告側の申立てを認めなかった。事実審理裁判所は、製造時に製品の危険性を認識できなかったという証明によって、被告が危険性を認識していたという推定は反証される、と判示した。中間上訴裁判所も、事実審理裁判所の判決を支持した。原告の上訴を受けた州最高裁における争点は、医学界がアスベストの危険性を認識していないという推定が、原告らの訴えの抗弁になるか否かである。

州最高裁のパシュマン裁判官（Justice Pashman）は、中間上訴裁判所の判決を破棄し、抗弁の却下を求める原告側の申立てを認めた。最高裁は、ウェイド・キートン・あと知恵テストを支持する理由として、先のフィリップス事件やダート事件と同じように厳格・製造物責任が被告の行為ではなく、製品の状態を問題とする点を挙げている。最高裁は、次のように述べる。[67]

「原告が厳格責任を請求原因として訴えた場合、製造業者が製品の危険な状態を認識していた、または、認識すべきであったことを証明する必要はない。そのような認識は、製造業者に擬制される。……重要なのは、技術水準を理由とする抗弁が過失の場合の抗弁だということである。その抗弁は、なぜ被告が警告を怠っても過失がないかを説明する。被告は、要するに製品が危険だったと認識できなかった、警告がなくても合理的に製品を販売した、と主張している。しかしながら、厳格責任の訴えの場合、過失は関連性がない。製品は安全ではなかった。技術水準によって製品が安全ではないことは、製品が安全でない事実を変えるものではない。厳格責

---

67) Id. at 546.

任は、製造業者の過失ではなく、製品に着目しているのである。」

また、最高裁は、危険の分散（risk spreading）、事故の防止（accident avoidance）、および事実認定手続（fact-finding process）の点からも、結論を正当化している。[68] 第1に、最高裁は厳格責任法理の核心について、負傷の費用を製造者、販売者、そして製品の購入者すべてに分散することが、欠陥製品によって病気や障害に苦しむ無知の被害者に費用を負担させるよりもはるかに望ましい、という点にあると指摘する。そして、この核心は、製造当時の科学的な知識の水準によって変更されないという。

しかも第2に、最高裁は、製品の危険性を発見できないことから生ずる費用を製造業者に課すことで、より積極的に製品の安全性を高める研究に投資するインセンティヴを作り出していると指摘する。ある時点における技術水準は、部分的にはどれだけ多くの産業が製品の安全性を高める研究に投資をするかで判断される、というのが最高裁の見解である。

さらに最高裁は、事実認定手続が複雑になると両当事者に莫大な費用を被らせる、という点にも言及している。事実審理で科学的な認識可能性（scientific knowability）という概念を扱おうとすれば、大きな混乱を事実上避けられない。最高裁によれば、何を認識できたかという証明は複雑になることが避けられず、費用がかかり、混乱を招き、しかも無駄な時間を必要とする。

ベシャダ事件でも、フィリップス事件やダート事件と同じように、厳格責任の訴えの場合には製造業者の行為ではなく製品の状態が争われることが強調されている。しかしながら、ベシャダ事件では過失と厳格責任の要件の違いだけでなく、政策的な正当化事由も付け加えられている点で、これまでに説明した2つの事件とは異なる。ニュー・ジャージー州最高裁は、損害を分散させ、事故を防止し、さらに事実認定手続をより簡便にできることから、警告上の欠陥を理由とする厳格責任の訴えでは被告の抗弁を認めなかった。

以上のように、ウェイド・キートン・あと知恵テストは、不法行為法上の厳格責任の訴えの場合、事故と事実審理の証言で明らかになった実際の

---

68) Id. at 547-48.

製品の危険性について製造業者が認識していた、と擬制するものである。このテストのために、製造業者は、製造時に製品の危険性を認識できたか否かにかかわらず、責任を負うことになった。裁判所は、過失と異なる不法行為法上の厳格責任の法理を突き詰めていくうちに、製品の危険性について製造業者の認識をあと知恵で擬制し、技術水準を理由とする抗弁を否定したのである。[69]

Ⅴ　まとめ

　アメリカの製造物責任法は、各州の裁判所が判例によって生み出し、それによって発展した。製造物責任法の核心は、不法行為法上の厳格責任という請求原因である。この請求原因が生み出されたことによって、被害者は、製造業者と契約関係がなくても、製造業者の過失を証明しなくても救済を受けられるようになった。しかも州のなかには、被告の認識を擬制するウェイド・キートン・あと知恵テストによって不法行為法上の厳格責任という請求原因を補強するところがあった。すなわち、いくつかの州では、製造時における科学技術の限界のために製品の危険性を認識できなくても、製造業者に責任を認めた。アメリカの製造物責任法は、製品関連事故の被害者を救済することで製造業者に製品の安全性を向上させ、事故を防止するインセンティヴを与えるための法として発展したのである。次に、連邦法の規制と対比することによって、製造物責任法の基本的な性質をより明確にする。

---

69)　*See* Owen 724.

第2節　連邦法の規制との違い

I　はじめに

　アメリカの製造物責任法は、わが国の製造物責任法と同じように製造業者に製品の安全性を向上させ、事故を防止するインセンティヴを与えるための法である。では、事故を防止するための連邦法の規制と製造物責任法ではどこが違うのか。製造物責任法と連邦法の規制は、健康を脅かす、許容されないほどの危険な欠陥状態にある製品から市民を守る、という共通の目的を実現するための法的手段であるものの、その性質はまったく異なる。以下、法源、規制のタイミングと内容の詳細さ、そして法の執行方法と救済の有無という3点から[70]、製造物責任法と連邦法の規制の違いを明らかにする。

II　法　　源

　(1)　州の判例法 対 連邦の制定法　製造物責任法の法源が主に州法であるのに対し、連邦法の法源は当然ながら連邦の制定法である。製造物責任法は、先に説明したように主に州法、とりわけ州の判例法によって発展した。他方、連邦法の規制は、まず連邦議会の立法がなければ成立しない。

---

70)　本節は、ドッブズ教授による不法行為法と規制法との間の違いについての分析を基礎にしている。See Dobbs 8-9. ドッブズ教授は、(1)法源、(2)規制のタイミング、(3)詳細さ、そして(4)法の実現方法・救済の有無という4つの点から違いを説明しているが、本書では法源、規制のタイミングと詳細さ、そして法の実現方法・救済の有無の3点にまとめて、製造物責任法と規制法である連邦法との間の違いを分析している。

連邦議会の立法権は、合衆国憲法（U. S. Constitution）第1編8節に規定されている[71]。そして連邦議会は、製品が一般的に州をまたいで流通するため、合衆国憲法第1編8節3項のいわゆる州際通商条項（commerce clause）に基づいて、ほとんどの製品について規制することができる[72]。

　憲法起草者は、連邦議会に一般的な福祉権能（police power）を付与しなかったものの、通商を規制する権限をわざわざ付与した。それは、それぞれの州が自州の製品を保護するために、他州から流入する製品に関税をかけるという事態を懸念していたからである。起草者は、連合規約（合衆国憲法の基礎になった、13の植民地の相互友好条約）のもとで通商を規制できる中央集権が存在しなかったために経済的な無秩序を招いた、という苦い経験から、連邦議会に州際通商を規制する権限を与えた[73]。そのため、連邦議会は、取引行為が2以上の州にまたがって行われる可能性のある製品については、その生産から消費までのすべての段階について、立法で規制できることになった[74]。

　(2) 連邦法の規制における行政規則の重要性　　連邦法の規制では連邦の制定法だけでなく、連邦の行政機関によって制定される行政規則も重要である。連邦議会は、法律によって製品の安全基準を定め、製造業者らにその基準を遵守させるために行政機関を創設している[75]。たとえば、連邦議会は、1906年の連邦食品・医薬品の規制に関する法律（Federal Food and Drugs Act）によって食品医薬品局（FDA: U. S. Food and Drug Administra-

---

71) U.S. Const. art. I, §8; Peter L. Strauss, Administrative Justice in the United States 11 (2d ed. 2002).
72) Christopher N. May & Allan Ides, Constitutional Law: National Power and Federalism §5.3 (3d ed. 2004).
73) Id. at 196-97.
74) 田中英夫『英米法総論(下)』（東京大学出版会・1980）592頁。もっとも、連邦議会があらゆる製品を規制するためにいかなる立法もできる、というわけではない。合衆国最高裁は、合衆国憲法上の州際通商条項に基づく連邦議会の立法権に限界を認めている。*See, e.g.,* United States v. Lopez, 514 U. S. 549 (1995). 文教地区内で銃器の所持を禁ずる連邦の法律が、合衆国憲法上の州際通商条項に基づく連邦議会の立法権を超えて制定されたことを理由に違憲とされた事件である。
75) 以下の記述について、次の文献とウェッブサイトを参照した。Carl Tobias, FDA Regulatory Compliance Reconsidered, 93 Cornell L. Rev. 1003, 1007-10 (2008); Wallace F. Janssen, The Story of the Laws Behind the Labels, http://www.fda.gov/AboutFDA/WhatWeDo/History/Overviews/ucm056044.htm (last visited Aug. 27, 2009).

tion）の前身である連邦農務省化学局（Bureau of Chemistry, Department of Agriculture）に食品と医薬品とを規制する権限をはじめて付与した。それまで、域内で製造販売される食品と医薬品とを主に規制していたのは各州であった。ところが、食品医薬品局の前身は、この法律によって違法の疑いのある製品の押収や有責な当事者に対する刑事罰を手段として、州をまたいで行われる違法な食品と医薬品の輸送を取り締まることになった。

後に連邦議会は、1938年の連邦食品・医薬品・化粧品の規制に関する法律（Federal Food, Drug, and Cosmetic Act）によって、化粧品と医療機器を食品医薬品局の監督下におき、医薬品については安全な使用のために十分な警告と指示を添付するように義務づけた。さらにこの法律は、医薬品について販売前の承認制度を設けている。製造業者は、連邦食品・医薬品・化粧品の規制に関する法律、同年の改正法（New Drug Amendments）、および関連する行政規則によって、食品医薬品局に医薬品の安全性と有効性を証明しなければ、製品を販売できなくなった。

さらに連邦議会は、1976年の法律（Medical Device Amendments）によって医療機器についても、医薬品と同様の規制権限を食品医薬品局に付与した。このように連邦法の規制は、まず連邦議会の立法によって生み出されている。製造物責任法の法源が主に州の判例法であるのに対し、連邦法の法源は当然ながら連邦の制定法と行政規則で、連邦議会と連邦の行政機関とが生み出しているのである。

III　タイミングと詳細さ

製造物責任法では、数々の訴訟を通じて徐々に製造業者の義務の内容が明らかにされていくのに対し、連邦法の規制では事故の前から規制が開始されており、程度の問題はあるものの、義務の内容がより詳細に説明されている[76]。

製造物責任法は、主に州の判例法からなるため、訴訟が蓄積されてはじ

---

76) Dobbs 9.

めて製造業者の義務が明らかになる、という性質を持つ。裁判所は、製造業者の行為が注意義務の水準を満たしているのか、または、製品が一定の水準を満たしているのかを事故の後に判断することによって、製造業者の義務内容を明らかにする。すなわち、注意義務の水準は、これまでの判例すべてによってようやく明らかになる。

ところが、連邦法では、製造業者の義務が制定法と行政規則を通じて事前に具体的に規定されているのである。以下では、医薬品と自動車の販売規制を例に、事前に詳細に定められている製造業者の義務について説明する。

(1) 医薬品の販売規制　アメリカ合衆国で医薬品の販売規制を担当しているのは、連邦保健社会福祉省の食品医薬品局（FDA）という機関である。食品医薬品局は、医薬品などの安全性、有効性、そして品質を確保して国民の健康を守ることを主な責務とし、2008年度には79の医薬品について販売を承認している[77]。

医薬品の審査は、製薬会社の提出するデータに基づいて、食品医薬品局の専門家チームが行っている。製薬会社は、新しい医薬品を販売する場合、食品医薬品局に新規医薬品の承認（NDA: New Drug Application）を申請しなければならない[78]。製薬会社は、230頁を超える大部の、医薬品の承認手続を定める食品・医薬品・化粧品の規制に関する法律（Federal Food, Drug, and Cosmetic Act of 1938）に基づいて、動物実験、薬理試験、そしてヒトに対するすべての臨床試験についての完全な報告書を含む、医薬品の安全性と有効性に関連するすべてのデータを提出しなければならない[79]。それらの全データと医薬品の使用目的を審査するのが、食品医薬品局の医薬品評価研究センター（CDER: Center of Drug Evaluation Research）のスタッ

---

77) Health and Human Services, Fiscal Year 2010 Congressional Justification for the Food and Drug Administration 80 (2009).

78) 以下の記述は、主に次の論文に基づく。David A. Kessler & David C. Vladeck, A Critical Examination of the FDA's Efforts To Preempt Failure-To-Warn Claims, 96 Geo. L. J. 461, 470-76 (2008); Daniel E. Troy, The Case for FDA Preemption in Federal Preemption: States' Powers, National Interests 81, 82-85 (Richard A. Epstein & Michael S. Greve eds., 2007).

79) Lars Noah, The Little Agency that Could (Act with Indifference to Constitutional and Statutory Strictures, 93 Cornell L. Rev. 901 (2008)).

フである。

　医薬品評価研究センターのスタッフの半数は、医学、薬学、そして化学などの科学者から構成されていて、そのなかから審査チームが組織される。そして、審査チームによって医薬品が有効で、かつ、医薬品による健康上の便益が認識されている危険を凌駕すると確認された場合には、連邦保健社会福祉省長官が医薬品の市販を承認することになる。

　医薬品の承認手続を定める食品・医薬品・化粧品の規制に関する法律の内容をさらに具体的なものにしているのは、行政規則とガイドラインである。たとえば、ヒトに対する臨床試験は、一般的に数千件を必要とし、臨床試験における対照実験の条件は注意深く計画されなければならない[80]。しかしながら、重大な、または、生命を脅かす危険性の高い疾病の治療のための新薬については、迅速に承認される可能性がある[81]。この手続は優先審査（fast track review）と呼ばれるもので、通常の承認手続よりも薬の安全性と有効性に関連する証拠提出の要件が緩和されている。

（2）　自動車の販売規制　　連邦運輸省の一組織である国家道路交通安全局（NHTSA: National Highway Traffic Safety Administration）は、1970年の道路交通の安全に関する法律（Highway Safety Act）に基づいて、自動車の安全基準を定めている。この安全基準は、連邦自動車安全基準・規則（Federal Motor Vehicle Safety Standards and Regulations）と呼ばれるもので、製造業者は、この安全基準を満たさない自動車を製造販売することができない。この安全基準は、自動車が備えなければならない最低限の安全性を定めており、自動車の設計、製造、および性能の結果として生じる衝突時の不合理な危険性と、衝突から生ずる死亡または負傷から市民を守るために制定された。

　この安全基準の1つとして有名なのは、衝突時の乗員保護（シートベル

---

80) *See, e.g.,* Tufts Center for Study of Drug Development, Total Cost to Develop a New Prescription Drug, Including Cost of post Approval Research, is $897 Million, May 13, 2003, http://csdd.tufts.edu/NewsEvents/RecentNews.asp ?newsid = 29

81) Regulations for the accelerated approval of new drugs for serious or life-threatening illnesses are at 21 CFR 314 Subpart H, and for biological products at 21 CFR 601 Subpart E. *See also* Susan Thaul, FDA Fast Track and Priority Review Programs, CRS Report for Congress, RS22814, Feb. 21, 2008.

トと前面衝突）に関連する安全基準208である。安全基準208によれば、製造業者は、自動車を販売するためにシートベルトなどの拘束装置を装備し、前面衝突基準を満たす必要がある。[82]

このように、医薬品や自動車の販売については、製造業者の義務が行政規則とガイドラインによって、事前に明らかにされている。連邦法上の義務を履行しない限り、製造業者は医薬品や自動車を販売することができない。要するに、製造物責任法と連邦法では、規制のタイミングに加えて、明らかにされる義務内容の具体性の程度が異なるのである。

IV 法の執行方法と救済の有無

製造物責任法と連邦法の規制では、法の執行方法と救済の有無が異なる。連邦法の規制では連邦の行政機関が違反を取り締まり、さまざまな制裁を違反者に加えることができる。他方、製造物責任法では、被害者が州の判例法に基づいて訴訟を提起し、不合理な危険性を持つ製品を販売した者、または、不合理なほど危険な行為をした者に損害を賠償させることができる。以下、製造物責任法から検討する。[83]

(1) 被害者の損害を塡補する製造物責任法　製造物責任法は、欠陥製品を販売した製造業者に被害者の被った損害を賠償させることによって、製造業者に事故を防止するインセンティヴを与える。救済の内容について判断するのは、行政機関ではなく裁判所である。裁判所は、塡補的損害の賠償、懲罰的賠償、そして損害賠償では十分でない場合には、例外的に販売の差止め（injunction）のような救済を認めることができる。以下、それぞれの救済について説明する。

塡補的損害の賠償は、被害者の被った損害を製造業者に塡補させるという、最も基本的な救済である。損害のなかには、治療費、入院費、休業に

---

82) 連邦運輸省の道路交通安全局の説明については、次の文献を参照した。Catherine M. Sharkey, Preemption By Preamble: Federal Agencies and the Federalization of Tort Law, 56 DePaul L. Rev. 227, 233-37 (2007).

83) 以下の分析について、次の文献を参照した。Thomas O. McGarity, The Preemption War: When Federal Bureaucracies Trump Local Juries 41-43 (2008).

よる損害、身体の障害、精神的苦痛、そしてその他の財産などが含まれる。そして損害額は、陪審審理が開かれる場合には、陪審によって算定されるものの、その額について当事者から異議申立てがある場合には、裁判官が減額や増額を認めることもある。

　懲罰的賠償は、製造業者が極めて悪質な行為を行った場合に、塡補的損害の賠償に加えて認められる救済である。懲罰的賠償は、その名のとおり製造業者に制裁を与えることによって、将来似たような行為が行われないように促すために、特別に認められる。そして、懲罰的賠償が認められる場合、被害者は、本来当事者自身が負担しなければならない弁護士費用についても、例外的に賠償を受けることができる場合もある。[84]

　懲罰的賠償の額についても、陪審審理が開かれる場合にはまず陪審によって算定されるものの、その額について当事者から異議申立てがある場合には、裁判官によって後から変更されることがある。また、州議会のなかには、懲罰的賠償の額に制限を加えるための立法をしている例がある。さらに合衆国最高裁は、合衆国憲法第14修正デュー・プロセス条項（due process clause）を解釈して、懲罰的賠償の利用を制限している。すなわち、事実審理裁判所は、陪審に懲罰的賠償の機能を適切に説示しなければならず、上訴裁判所は、塡補的損害賠償と懲罰的賠償の額の比率が合理的になるように、特別の注意を払って懲罰的賠償の額について審査しなければならない。[85]

　差止めという救済は、裁判所が被告に特定の行為を命じるという点で、これまで説明した金銭的な賠償の救済とは異なる。差止めは、原告はもちろんのこと、他の私人が被る損害の拡大を未然に防ぐために認められる救済である。そして差止めという救済は、伝統的に損害賠償の救済では十分でない場合に例外的に認められるものであった。

　以上のように、製造物責任法では、裁判所が欠陥製品を販売した製造業

---

84) 22 Am. Jur. 2d Damages §434 (2009). 少なくとも制定法の定めがある場合には、弁護士費用の賠償が認められる。

85) デュー・プロセス条項に基づいて懲罰的賠償を審査する法理の発展については、次の論文で詳しく検討されている。会沢恒「懲罰的賠償の終焉!?(1)――私人は法を実現できないのか？」北大法学論集59巻1号 (2008) 522頁。代表的な事件としては、2007年の合衆国最高裁判決がある。Phillip Morris U. S. A. v. Williams, 127 S. Ct. 1057 (2007).

者に損害を賠償させることによって被害者の救済を図り、事故の発生を防止させる。これに対して、連邦法の規制は、原則として被害者の救済を実現するものではない。では、連邦法はどのように執行されているのか。

(2) 行政機関の取り締まりに頼る連邦法の規制　連邦法の規制と製造物責任法との間の決定的な違いは、被害者の損害を塡補するかどうか、という点にある。連邦議会は、連邦法の規制を実効的なものにするために、さまざまな法的手段を行使する権限を連邦の行政機関に認めているものの[86]、どれも被害者の損害を塡補するものではない。そして、連邦の行政機関が実際に行使できる法的手段は、各法律に基づいて規制対象ごとに異なっている。そのため、以下では代表的な手段である、刑事罰、許認可の取消し、差止め、課徴金の徴収、その他の特殊な手段の５つを挙げる。

罰金刑や自由刑のような刑事罰は、連邦のほとんどすべての制定法で設けられている。そして、製造業者が連邦法に違反した場合、司法省（Department of Justice）は刑事訴追をすることができる。刑事訴追の必要性と相当性を判断するのは、法律を所管する連邦の行政機関ではなく司法省である。そのため、法律を所管する連邦の行政機関としては、極めて悪質な違反の場合しか刑事罰に頼ることができない。

許認可の取消しという罰則も、行政機関にとって頼りにくい手段の１つである。許認可は財産に等しく、その剥奪のためには聴聞手続を必要とする。そして連邦の行政機関は、違反があまりにも重大で許認可の要件をすでに欠いている、という証明責任を果たさなければならない。そのため、連邦の行政機関としては、刑事罰と同様に許認可の取消しを利用することが難しい。

連邦の行政機関は、連邦裁判所に差し止めの請求をすることができる。差止めという手段は、いったん連邦の制定法や行政規則に従うように命令が出され、その命令に違反した場合には裁判所侮辱罪（contempt of court）として処罰される、というものである。裁判官は、裁判所の威信を傷つけ、または、裁判所による司法の運営を害する行為に対して、職権で拘禁と制

---

[86] McGarity 27–29.

裁金の支払いを命じることができる[87]。また、裁判所は、過去の行為によって生じた被害を回復させるように命じる場合もある。しかしながら、差止めという手段は、違反者に被害者の被った損害を塡補させるためのものではない。

非常に多くの行政機関が利用しているのが、課徴金（civil penalty）の徴収である。行政機関は、訴訟を提起して違反した製造業者に法律で規定された額の金銭を支払うように請求することができる。この課徴金の徴収は、違反に対して国が課す金銭的制裁であるものの、刑罰的な意味のないものをいう[88]。課徴金の額については、あらかじめ連邦の制定法に規定されている場合が普通であるが、なかには法律違反によって得られた分（不当利得）の金額というように、幅を持たせている制定法もある[89]。

最後のその他の手段としては、聴聞手続後の製品の押収（seizure）、製品の販売や使用停止命令（stop sale order）、そして製品の回収や修繕命令（recall order）などがある。これらの手段は、連邦議会がある規制分野について特別に行政機関に認めている。

以上、連邦の規制を実効的なものにする法的手段のうち、主な5つについて説明した。連邦法の規制には、2つの特徴があることがわかる。第1に、連邦法の規制は、どれも違反者に被害者の損害を塡補させるものではない。これは、製造物責任法と決定的に異なる点である。第2に、連邦法を執行する手段には、連邦の行政機関が利用しやすいものとそうでないものが含まれている。たとえば、2008年度の食品医薬品局の調査によれば、押収が8件（過去5年間の平均は12件）、差止めが5件（過去5年間の平均は12件）、逮捕・刑事訴追がそれぞれ386件と369件（過去5年間の平均は401件と292件）、販売された製品に対する是正措置が2721件（過去5年間の平均は5127件）、罰金・課徴金が総計約8億6860万ドルになっている[90]。

---

87) 17 Am. Jur. 2d Contempt §198 (2009); 伊藤正己「英米に於ける裁判所侮辱について」法曹時報4巻8号（1952）25頁。
88) 田中英夫編集代表『Basic 英米法辞典』（東京大学出版会・1993）31頁；36 Am. Jur. 2d Forfeitures and Penalties §9 (2009).
89) See, e.g., 42 U. S. C. §7420（連邦環境保護局の命令を違反した場合の課徴金）.
90) FDA, The Enforcement Story Fiscal Year 2008 ch. 10, http://www.fda.gov/downloads/ICECI/EnforcementActions/EnforcementStory/UCM129823.pd

V　まとめ

　製造物責任法は、連邦法の規制とは明らかに性質が異なるものである。第1に、製造物責任法は、連邦の制定法ではなく主に州の判例法を法源とする。第2に、製造物責任法では、数多くの訴訟を通じて製造業者の義務が徐々に明らかになる。他方、連邦法の規制では、制定法や行政規則によって製造業者の義務が事前に具体的に明らかにされていて、規制は事故前から開始されている。第3に、製造物責任法では被害者の救済が図られる。製造物責任法は、欠陥製品を販売した製造業者に被害者の損害を填補させることによって、製造業者に事故の発生を防止するインセンティヴを与える。他方、連邦法の規制には、このような製造業者から被害者への富の再配分機能はない。このように性質が異なるため、製造物責任法と連邦法の規制は、それぞれ効果的に機能する場合とそうでない場合がある。以下では、製造物責任法がどのような場合に機能し、どのような場合に機能しないのかについてまとめる。[91]

　製造物責任法は、事故の発生確率が非常に低い場合により効果的である。連邦法は、連邦議会の立法と行政機関による規則の施行のために時間を必要とし、しかも行政機関が法を執行する際に税金などの社会的な費用がかかる。そのため、事故の発生確率が非常に低い場合には、事故の被害者が訴訟を提起したときにだけ働く製造物責任法のほうが望ましい。

　他方、製造物責任法は、損害が小さ過ぎる場合、多数の者に損害が生ずる場合、損害の原因が1つの企業だけでなく産業界全体に及ぶ場合、さらには損害を引き起こした企業が賠償するだけの十分な資力に欠ける場合、連邦法の規制よりも効果的でない。製造物責任法は、事故が発生した後に訴訟が提起されてはじめて機能する。そうすると、損害があまりにも小さい場合、被害者が個人で訴訟を提起するインセンティヴは小さくなる。逆

---

91)　以下の分析について、次の文献を参照した。Susan Rose-Ackerman, Product Safety Regulation and the Law of Torts in Product Liability and Innovation: Managing Risk in an Uncertain Environment 151, 152-54 (Janet R. Hunziker & Trevor O. Jones eds., 1994).

に、クラス・アクション（集合代表訴訟）を認めると、被害者にとって訴訟を提起するインセンティヴが大きくなり過ぎることもある。[92]多数の者に損害が生ずる場合や、損害の原因が産業界全体に及ぶ場合には、事故前に製品の安全基準を一律に定めておいたほうが、事件を個別具体的に解決する訴訟手続よりも社会的な費用は少なくてすむ。しかも、製造物責任法は、資力の乏しい者には事故を防止するインセンティヴを十分に与えることができない。資力の乏しい者は、そもそも被害者の損害を塡補することが不可能だからである。無資力者に対する判決の有効性が乏しい問題は、"judgment proof"と呼ばれる。

このように、製造物責任法は、常に効果的に機能するわけではない。製造物責任法は、単独ではなく連邦法の規制と競合することによって、はじめて機能する場合がある。たとえば、被害者による損害賠償請求訴訟の提起が十分に期待できない場合、または、陪審や裁判官が損害額を過小に算定する場合、製造物責任法だけでは製造業者に事故を防止するインセンティヴを十分に与えることができない。唯一の例外として考えられているのは、製造業者が極めて過大な額の賠償責任を負わされる場合である。このような場合には、製造業者にとって事故を防止するインセンティヴが余計になる可能性がある。そのため、著名な裁判官であり法学者でもあるポズナー裁判官（Judge Posner）は、陪審や裁判官が賠償額を過大に算定する場合には、連邦の行政機関が安全基準について判断を誤らず、違反の取り締まりを十分に履行することを前提に、連邦法の独占的な規制も考慮に値する、と指摘している。[93]

---

92) クラス・アクションとは、同一の事件について利害関係を共通にする複数の人間が、同時に原告側となって起こす民事訴訟の1つで、1名または数名の者が、全員のために原告として訴え、または、被告として訴えられるという訴訟のことをいう。田中英夫編集代表『英米法辞典』（東京大学出版会・1991）150頁参照。
93) Richard A. Posner, Economic Analysis of Law §13.1 (7th ed. 2007). ただし、ポズナー氏は、連邦法による規制についても、適切な規制のために必要となる予算や損害に関連する情報を行政機関が必ずしも保有しているわけではない、という問題を指摘している。

第3節　問題点

I　はじめに

　アメリカの製造物責任法は、製品関連事故の被害者を救済することで製造業者に製品の安全性を向上させ、事故を防止するために発展した。しかしながら、製造物責任法には訴訟を誘発し、連邦法の規制を妨げるおそれがある。

II　「あと知恵」の利用による訴訟の誘発

　あと知恵を利用して製品の安全性を評価すると、訴訟を誘発するおそれがある。裁判所のなかには、製品販売後のより高い科学技術の水準でなければ利用できない情報、いわば「あと知恵（hindsight）」で、製品の欠陥を判断するところがある。そのため、製造物責任法は社会的に最適なレベルよりも過少で、適時よりも遅い製品販売後の是正措置を行うインセンティヴを企業に与えている、と批判されている。このような批判は、ニュー・ヨーク・タイムズの記事にも取り上げられた。ニュー・ヨーク・タイムズは、販売した医薬品を自発的に回収した製薬会社に対して約2万7000件もの訴訟が提起される、という事態に警鐘を鳴らす記事を掲載した。ニュー・ヨーク・タイムズは、次のように製造物責任法の問題を指摘している[94]。

　「多数の不法行為訴訟は、製品の安全性をめぐる争いを解決する、また

---

94) Joe Nocera, Forget Fair ; It's Litigation as Usual, N. Y. Times, Sep. 17, 2007, at C1.

は、企業の不法な行為を正すための正当な手段なのか。……我々は、合衆国において製造物責任訴訟を不法な行為を正す手段として理解しているものの、その見方には多くの問題がある。……製造物責任訴訟という法制度は、医薬品に重大な副作用があるという証拠が見つかっても、企業に是正措置を講じるインセンティヴをまったく与えていない。なぜならば、企業が是正措置を講じるという形で副作用を認めれば、たちまち訴訟を提起されてしまうからである。……多数の不法行為訴訟は、規制としては極めて乱暴なやり方（a rogue form of regulation）で、必ずしも公共の福祉にならない。」

ニュー・ヨーク・タイムズによれば、販売した医薬品を自発的に回収した製薬会社に対して約2万7000件もの訴訟が提起されるというように、製造物責任法は、医薬品に重大な副作用があるという証拠が見つかっても、企業に是正措置を講じるインセンティヴをまったく与えていないという。では、あと知恵を利用して製品の安全性を評価すると、どうして訴訟が誘発されるのか。シカゴ大学ロー・スクールのベン・シャハー教授（Professor Ben-Shahar）は、その過程を分析している。[95]以下、少し長くなるが、ベン・シャハー教授の説明を要約する。

「製品が市場に流通してはじめて、製造業者は製品に潜む危険性に関連する情報を入手する。この情報は、一般的に公表されていない場合もある。製造業者は、たとえこの情報が事実で、製品の危険性が顕在化したとしても、裁判所にとって、製品の使用と被害者の損害との間の因果関係を把握することは困難だと知っている（たとえば、心臓病の原因が医薬品なのか、それとも脂肪分の多いファースト・フードなのかは明らかではない）。陪審にとっても、因果関係の判断は難しい。また、医薬品を服用した被害者は、誰を非難すべきなのかほとんどわかっていない。しかしながら、製造業者は、製品に危険性があると認識した場合、いくらかの賠償責任を負う可能性を予想する。この段階で製品を回収すれば、一方では将来の損害発生をいくらか予防し、その分だけ賠償責任を減らすことができる。

ところが、製品を回収すれば、他方で製品を回収しなければ提起されな

---

95) Omri Ben-Shahar, The Legal Pains of Vioxx: Why Product Liability can Make Products More Dangerous, 3 (6) The Economists' Voice art. 6, at 2-4 (2006).

かったであろう多数の訴訟をかつての顧客から提起される。なぜならば、製品の回収または損害を引き起こした製品設計の大規模な変更は、たとえ、製造業者が認めなくても、製品に危険性があると自白したも同然のことと市民には理解されてしまうからである。そして、すべての当事者は、製品の危険性と訴訟の期待価値を再評価する。被害者は、製品の使用から損害が生じ、製造業者が誤って欠陥製品を販売したと考える。裁判官は、製造業者が結局のところ製品の危険性について販売当初から認識していたのではないかと疑い、開示手続（discovery）を広く認める。そして陪審は、事実審理中に知った情報、製造業者が製品を販売した時には知り得なかった情報（あと知恵）の影響を受けて、製造業者の責任を認める傾向にある。原告側の弁護士は、製品の回収をきっかけに皆で協調して、ターゲットの製造業者に効果的に訴訟を提起する。製品の回収は、弁護士にとっては、提訴するようにと原告に助言する競争のファンファーレであった。」

　ベン・シャハー教授によれば、製造業者による製品の自主回収が被害者に製品の問題を認識させる、すなわち、製品に欠陥ありという自白と受け取られてしまうために、訴訟が誘発されるという。あと知恵を利用して製品の安全性を評価すると、提起されずにすんだ訴訟まで誘発するおそれがある、というわけである。そして、先に挙げた製品の自主回収後に2万7000件もの訴訟を提起された製薬会社の例では、ベン・シャハー教授の分析がまさに現実のものとなった。[96]

　このように、製造物責任法は、不合理な危険性を持つ製品から消費者を守るための法であるはずが、実際には市場に流通している危険な製品を回収する等の是正措置を製造業者に促すどころか、むしろ差し控えるインセンティヴを与える可能性がある。では、どのような法制度を使えば、製造業者に製品販売後の是正措置を促すことができるのか。第2章と第3章では、あと知恵の利用によって訴訟が誘発されるという問題を解決し、製造業者に製品販売後の是正措置を促すための法制度について検討する。

---

[96]　ニュー・ヨーク・タイムズが報じた事例は、唯一無二のものではない。次の新聞記事には、製薬会社が大量の製造物責任訴訟を提起されている他の例について言及がある。*See* Pre-empting Drug Innovation : So much for the 'pro-business Court, Wall St. J., Mar. 5, 2009, at A16.

III 全米で統一的な規制の妨げ

　主に州の判例法からなる製造物責任法は、全米で統一的な安全基準を定める連邦法の執行にとって障害となる可能性がある。大量に生産される製品は州内にとどまらずに流通するのに、製造物責任法の安全基準は50州でばらつきがある。製造物責任法が主に州法に基づく以上、50州で安全基準に差がでるのは、ある意味で仕方ない。しかしながら、ある州の安全基準が連邦法の規制と異なる場合、次の2つの問題が生じる[97]。1つは、製品の安全基準が合理的であるか否かにかかわらず、製造業者が最も安全基準の厳しい州の基準に合わせて製品を設計、製造、販売してしまうという問題。もう1つは、ある州が州内に居住する人の利益を図るために、他州に負担をかけるという問題である。この2つの問題は、それぞれ調整の問題（coordination problem）と波及効果の問題（spillover problem）と呼ばれる。

（1）調整と波及効果の問題　調整の問題は、連邦法の規制を妨げるおそれがある。製造業者からすれば、製造費用が増大するため、それぞれの州の安全基準に合わせて製品を製造するのは合理的でなく、また、それぞれの州の製造物責任法に合わせて製品の価格を変更することも現実には難しい。そうすると結局のところ、製造業者にとっては、最も厳しい安全基準を定める州の基準を、全米の安全基準とみなすことが最も合理的になってしまうのである。連邦法の安全基準が甘すぎる、または、連邦法の規制が不十分ならばともかく、ある州の厳しい安全基準が実際に合理的であるか、または、全米の市民の総意と一致するか否かにかかわらず全米の安全基準とされるのでは、明らかに問題である。

　波及効果の問題で特に重大なのは、ほとんど何の産業もない州が、過剰な規制を他州の企業に課す場合である。ある州が自州の中小企業と弁護士、

97）　以下の分析について、次の論文を参照した。Samuel Issacharoff & Catherine M. Sharkey, Supreme Court Preemption: The Contested Middle Ground of Product Liability 194, 201-02 (Richard A. Epstein & Michael S. Greve eds., 2007).

裁判所の手数料獲得、または被害者の損害賠償のいずれを支援する場合でも、他州の企業は余計な費用を被ることになる。

(2) 医薬品の例　医薬品という製品を例に考えてみよう。ウォール・ストリート・ジャーナルでは、医薬品について製造物責任が連邦法の規制を妨げる、という批判記事が掲載された[98]。この記事によると、連邦法を遵守して医薬品の危険性を警告していた製薬会社が、州法に基づいて損害賠償を請求されることには大きな懸念があるという。食品医薬品局は、連邦の制定法と行政規則に基づいて新薬の安全性と有効性を審査し、その販売を承認している。医薬品に添付する警告文書（添付文書）も、連邦の行政機関によって審査される。そして製薬会社は、1つの医薬品の承認につき、承認の申請料などの手続および研究開発費として平均で約10億ドルの費用を投じなければならず、承認まで数年間も待機しなければならない。それにもかかわらず、連邦法を遵守して承認を得た医薬品を販売したとしても、製薬会社は、製造物責任を追及される危険に晒されている。製造物責任法が主に州法からなり、連邦法の遵守それ自体は必ずしも州法上の責任の抗弁にはならないために、このような事態が生ずる。要するに、州と連邦の法制度が統一的に機能していないため、連邦法による全米で統一的に行われるべき医薬品の規制の根幹が揺らぎ、製薬会社にとって医薬品を開発するインセンティヴが減少する、というわけである。

もし、食品医薬品局から安全性と有効性を認められ、指示どおりに販売された医薬品が、後から陪審や裁判官によって不合理な危険性を持つ製品と判断されたらどうなるか。それは、陪審や裁判官が州法に基づいて、食品医薬品局の判断を覆すのに等しく、全米で統一的な連邦法の規制の根幹を揺るがすことにつながる。

実際のところ、製造物責任訴訟は、新薬開発のための製薬会社の投資、医薬品の使用、医薬品の価格、そして医薬品の処方に悪影響を及ぼすという調査結果がある[99]。製薬会社は、医薬品の安全性を高めるために過剰に投資する、または、そもそも医薬品の開発に投資を控える可能性がある。

---

98) Legal Side Effects: Can Companies be sued, even if they follow FDA instructions?, Wall St. J., Nov. 4, 2008, at A18.

99) Troy, *supra* note 78, at 86-91.

また、製薬会社が医薬品の販売を停止することで、患者にとって医薬品の利用は難しくなる。製造費用と将来の訴訟リスクのために医薬品の価格がより高く設定されることも、医薬品の使用を妨げる要因の1つである。特に予防接種ワクチンは、製造物責任訴訟によって開発、製造販売、使用、そして価格に悪影響が出た好例として知られている。

　さらに、製薬会社が製造物責任をおそれるあまり、医薬品のあらゆる危険性を警告しようとすれば、重大な危険性についての警告の効力が低下する可能性もある。警告される危険性が増えれば増えるほど、医師が1つあたりの警告に対して払う注意は、たとえその警告がどんなに些細なものであっても、その分だけ減ることになる。医薬品を処方する医師の判断は、大量の警告によって歪められてしまうのである。

　では、どのような法制度を使えば、製造物責任法が連邦法の規制を妨げるという問題を克服できるのか。第4章と第5章では、全米で統一的な規制を実現するための法制度について検討する。

第2章　製造物責任におけるあと知恵の利用の制限

　裁判所は、不法行為法上の厳格責任という請求原因を補強するためにウェイド・キートン・あと知恵テストを採用し、製造時の科学技術水準では製品の危険性を認識できない場合でも、製造業者の責任を認めた。あと知恵テストは、事故の被害者にとっては保護に厚いものの、後述するように多数の訴訟が提起され、製造業者の破産や賠償責任保険の保険料が高騰する事態を招いた。では、裁判所や州議会はどのように対応したのだろうか。結論を先取りすれば、裁判所や州議会は、製品の欠陥を判断する際にあと知恵の利用を制限するようになった。

　以下、ウェイド・キートン・あと知恵テストの影響についてまず検討する。次に、あと知恵の利用を制限する法理が拡大してゆく過程を分析する。そして、裁判所によるウェイド・キートン・あと知恵テストの放棄、技術水準の証拠の許容、事後的な是正措置に関連する証拠の排除、州議会による改革という形で、あと知恵の利用が制限されてきたことを示す。

第1節　あと知恵の利用の影響

I　はじめに

　裁判所がウェイド・キートン・あと知恵テストを採用した影響は、非常に大きかった。たとえば、ベシャダ事件で被告だったジョンズ・マンヴィル・セールズ・コーポレーション（Johns Manville Sales Corporation）は、かつて全米の代表的なアスベスト製造業者であったが、1万9000件以上の損害賠償請求訴訟を提起されたせいで、1982年に破産の申請を余儀なくされた。このニュースは、新聞紙で大きく報道された。[1]

　また、賠償責任保険の保険料上昇率は、1984年から86年にかけて14%から68%になった。[2] 金利や再保険市場の影響を無視できないが、保険料を高騰させる要因の1つとして挙げられているのは、あと知恵の利用などに伴う製造物責任の拡大である。このように、あと知恵の利用は、企業の倒産や賠償責任保険の保険料の高騰という形で、市場に大きな影響を及ぼした。[3]

---

1) *See e.g.*, Barnaby J. Feder, Manvile Submit Bankruptcy Filing To Halt Lawsuits, N. Y. Times, Aug. 27, 1982, at A1 ; Merrill Brown & David Hoffman, Conglomerate Facing Asbestos Lawsuits Files for Bankruptcy, Wash. Post, Aug. 27, 1982, at A1 ; Wayne Slater, Bankrupty Filing Brings Call For Gov't Intervention, Associated Press, Aug. 27, 1982.

2) W. Kip Viscusi, Insurance and Catastrophes : The Changing Role of the Liability System, Geneva Papers on Risk & Insurance Theory 177, 179 (1995). 保険会社が保険費用の算定を誤る理由として、アスベストのような製品の危険性を事前に十分に把握できないことと、製造物責任法の不明確性を挙げている。このほか、保険料から費用を差し引いた額（いわゆる正味収入保険料）が3年間で3倍以上に上昇する一方、収益は約25%まで回復していることを示す論文もある。Scott E. Harrington, Insurance Rates and the Insurance Cycle 28, available at http://fic.wharton.upenn.edu/fic/papers/04/Harrington.pdf

3) Trevor O. Jones & Janet R. Hunziker, Overview and Perspectives in Product Liability and Innovation : Managing Risk in an Uncertain Environment 1, 2-8 (Janet R. Hunziker & Trevor

II 学者からの批判とそれに伴う理論の修正

【ベシャダ事件に対する学者からの批判】
　あと知恵を利用して製造業者に責任を負わせた事件の代表例は、前章第1節で説明したニュー・ジャージー州最高裁のベシャダ事件である。ベシャダ事件の判決については、ニュー・ヨーク・タイムズに賛否両論が掲載されたものの[4]、学者らは総じて批判した。たとえば、ヴィクター・シュワーツ教授（Prof. Schwarz）は、次の4つの点からベシャダ事件の理由づけを批判している[5]。第1に、被害者を救済するだけならば、訴訟を介して不法な行為を行った被告に損害を塡補させるのではなく、むしろ公的補償制度のほうが効率的である。第2に、製造時に認識できない製品の危険性について、製造業者や保険会社が保険料を算定できるかは疑わしく、それは結局のところ、製造業者が責任に対して保険をかけられないことを意味する。第3に、製造業者はより安全な製品を開発するために投資するのではなく、製品の危険性について警告できる従来の製品を流通させ続けることで、または、消費者にとって無意味であるにもかかわらず製品に潜むすべての危険性を警告することで、義務違反を免れようとする可能性がある。第4に、製造時に被告が製品の危険性を認識できたかを判断するのが困難だとしても、その努力を拒絶する理由にはならない。このように、シュワーツ教授は、ベシャダ事件で挙げられていた損害の分散、事故の防止、そして事実認定手続の簡素化という政策上の正当化事由について、それぞれ反論した。
　ページ教授（Prof. Page）も、シュワーツ教授と同様にベシャダ事件を批

　O. Jones eds., 1994).もっとも、あと知恵の利用というよりも、第三者保険（賠償責任保険）の利用が一般化したことが保険料高騰の原因である、という見解もある。*See, e.g.,* George L. Priest, The Current Insurance Crisis & Modern Tort Law, 96 Yale L. J. 1521, 1538-51 (1987).

4) Trial Lawyers Reply To Liability Article, N. Y. Times, Jan. 9, 1983, at 26.
5) Victor E. Schwartz, The Post Sale Duty to Warn: Two Unfortunate Forks in the Road to A Reasonable Doctrine, 58 N. Y. U. L. Rev. 892, 901-05 (1983).

判している。競争的な市場で追加的な費用を価格に転嫁することはそもそも難しく、製造時に認識不能であった製品の危険性から生じた損害の費用についての責任を遡及的に負わされても、製造業者は費用を回収することができない。また、製造時にまったく製品の危険性を認識できないならば、製造業者は危険性の調査のためにいくら費用を投じればよいかわからず、結果として製品の安全性を向上させることがない。さらに、設計と警告上の欠陥の場合、一般的に厳格責任の訴えも過失と同じように合理性の基準で判断されるので、厳格責任は過失と異なるという理由で認識不能な製品の危険性を回避、または、警告する義務を正当化するのは難しい。このように、ページ教授は、ベシャダ事件で挙げられていた政策上の正当化事由だけでなく、過失では行為、厳格責任では製品の状態に着目するという形式的な要件の違いについても反論した。ベシャダ事件までの判決では、警告義務違反を理由とする訴えについても過失と厳格責任の違いを強調していた。しかしながら、ページ教授は、設計と警告上の欠陥の場合には過失と厳格責任という請求原因で判断基準に変わりはないことから、もはやベシャダ事件で挙げられていた形式上の理由づけも支持できない、と指摘する[7]。

【あと知恵テストの修正】

ベシャダ事件の判決に対する批判を受けて、ウェイド・キートン・あと知恵テストの生みの親も、みずからの見解を大幅に修正しなければならなかった。ウェイド教授（Prof. Wade）は、設計と警告上の欠陥についてはそもそも合理性の基準で判断される過失責任と同じように扱うべきだが、すでに不法行為法上の厳格責任を認めている裁判所は、製品の危険性を認識するための科学的な知識、判明している製品の危険性を除去する方法の技術的・経済的な利用可能性、そして製品の改変の予見可能性については、製品の「販売時」を基準時として判断すべきである、という見解を明らか

6） Joseph A. Page, Generic Product Risks the Case Against Comment K and For Strict Tort Liability, 58 N. Y. U. Rev. 853, 877-82 (1983).
7） Id. at 882.

にした[8]。要するに、販売時(製品が製造業者の手を離れた時)以降に判明した製品の危険性について、製造業者ではなく消費者が責任を負うということである。これは、あと知恵の利用が実質的に放棄されたことに等しい。また、キートン教授が執筆者を務める教科書の脚注も、ウェイド教授の見解と同じように改められた[9]。

このように、ウェイド・キートン・あと知恵テストは、ベシャダ事件後に修正を余儀なくされた。かつて過失と不法行為法上の厳格責任の峻別を試みたウェイド教授は、みずからの見解を変更した[10]。すなわち、ウェイド教授は、設計と警告上の欠陥について過失責任として扱うべきことを認めた。また、ウェイド教授は、すでに不法行為法上の厳格責任を認めている裁判所に対して、あと知恵の利用を制限して、事実審理時ではなく製品販売時の情報で製品の欠陥を判断するように助言した。

III まとめ

以上のように、ベシャダ事件の判決に対する批判を受けて、被告の認識を擬制するウェイド・キートン・あと知恵テストは改められた。学者らは、過失と厳格責任の違いという理由づけからだけでなく、政策上の正当化事由からもウェイド・キートン・あと知恵テストを支持しなくなった。では、裁判所はこのテストをどのように扱うようになったのか。

---

8) John W. Wade, On the Effect in Product Liability of Knowledge Unavailable Prior to Marketing, 58 N. Y. U. Rev. 734, 761 (1983).
9) Keeton, W. Page, Dobbs, Keeton, & Owen, Prosser & Keeton on The Law of Torts 697-98 n. 21 (5th ed. 1984).
10) Wade, *supra* note 8, at 761.

第2節　裁判所によるあと知恵テストの放棄

I　テストの放棄を裏づける3つの州の裁判例

　ウェイドとキートン両教授が提唱した被告の認識を擬制するテストは、イリノイ州、ウィスコンシン州、モンタナ州、ハワイ州、およびニュー・メキシコ州などの法域の裁判所を除いて、もはや利用されていない。ほとんどの裁判所は、被告が製品の危険性を認識していた、または、認識すべきであった場合に、警告上の欠陥を理由とする厳格責任を限定している。以下では、ウェイド・キートン・あと知恵テストを利用していた州の代表として、ニュー・ジャージー州、カリフォルニア州、そしてマサチューセッツ州の裁判例を順次検討し、裁判所がこのテストをどのように放棄したのかを示す。

【ニュー・ジャージー州の例】
　ニュー・ジャージー州最高裁は、ベシャダ事件の2年後に製造業者の警告義務を限定した。最高裁は、製造業者が販売時に合理的に利用可能な知識に基づいて認識していた、または、認識すべきであった製品の危険性を警告する義務を負う、と判示している。[11]

　(**1**)　Feldman v. Lederle Laboratories Labs. (1984)　フェルドマン事件では、製薬会社の製造した抗生物質を投与された子どもが、不法行為法上の厳格責任（警告上の欠陥）を請求原因として、製薬会社に歯の変色による損害の賠償を求めた。原告は、製品を使用していた1960年から63年にかけて、歯が変色するという副作用が医学界で一般的に認識されるように

---

11)　Feldman v. Lederle Laboratories Labs., 479 A. 2d 374 (N. J. 1984).

なった、と主張した。他方、被告は、原告が製品を使用中に製品の危険性を認識することができなかった、と主張した。第１審の事実審理裁判所は被告勝訴の判決を下し、中間上訴裁判所もその判決を支持した。

　原告の上訴を受けた州最高裁のシュライバー裁判官（Justice Schreiber）は、被告は早ければ1960年に製品の危険性を認識すべきであったこと、1962年には危険性を認識していたことを理由に中間上訴裁判所の判決を破棄、再審理を命じている。しかしながら、最高裁は、次のように被告の警告上の義務を限定した。[12]

　「設計と警告上の欠陥を理由とする厳格責任の問題は、製品の欠陥を製造業者が認識していたと仮定した場合、製造業者が十分慎重に製品を設計、または、警告したかである。それゆえ、厳格責任の判断枠組みは、欠陥に対する被告の認識がいったん擬制されれば、被告の行為の合理性に着目する過失責任の判断枠組みとほとんど同じことになる。……［設計と同様に］警告の場合も、被告の行為は、一般的に製造業者が製品を販売した時の認識によって評価されるべきである。このような基準によれば、過失と厳格責任は、警告上の欠陥の事件では機能的に同等と考えることができる。擬制される被告の認識は、合理的に利用または入手可能であった情報に基づいて認識すべき、もしくは、十分に慎重な者ならば行動を変えるべきだったという認識に等しい。……製品に認識できない危険性があるという警告は、何も警告したことにならない。……ベシャダ事件が一般的に、または、すべての事件について、とりわけ健康に必要不可欠の医薬品を含む本事件のような場合について、警告上の厳格責任の適用を判断する際に製品の危険性を認識できないという状態が無関係だと判示したということならば、当裁判所は支持しない。」

　(2)　フェルドマン事件とベシャダ事件の違い　　フェルドマン事件では、製品の危険性について被告の認識を擬制するという枠組みは維持されたものの、製造業者が販売時に認識できない製品の危険性についてまで警告する義務は否定された。ニュー・ジャージー州最高裁の意見は、被告の認識を一応擬制していることから、ベシャダ事件の時の意見と似ているように

---

12)　Id. at 386-88.

みえる。しかしながら、最高裁の意見は、フェルドマン事件では被告の行為を、ベシャダ事件では製品の状態を問題としており、2つは似て非なるものである[13]。この違いは、2つの事件の技術水準を理由とする抗弁の扱いに、極めて大きな影響を及ぼしている。

フェルドマン事件によれば、被告の行為は製造業者が製品を販売した時の知識で評価されており、そのために擬制される被告の認識も、製品販売時に合理的に利用または入手可能であった情報に基づいて限定されている。これは、少なくとも技術水準を理由とする抗弁の可能性を認めているのに等しい（フェルドマン事件では、抗弁自体は認められなかった）。

他方、ベシャダ事件では、技術水準にかかわらず製品が安全でない事実は変わらないとして、技術水準を理由とする抗弁は認められなかった。被告の行為を問題としないベシャダ事件では、技術水準によって製品の危険性を認識できなかったという被告の抗弁が認められる余地は、ほとんどなかったのである。このように最高裁は、わずか2年の間に警告上の欠陥を理由とする不法行為法上の厳格責任の訴えにつき、意見を大幅に修正した。

【カリフォルニア州の例】

ニュー・ジャージー州最高裁とともにアメリカ製造物責任法の発展を先導したカリフォルニア州最高裁も、製造業者が少なくとも販売時に認識できない製品の危険性については、警告する義務を否定している。1988年に州最高裁は、医薬品に関連するブラウン対州地方裁判所事件で、警告上の欠陥について厳格責任の適用を拒絶した[14]。

(1) その1：Brown v. Superior Court（1988）　ブラウン事件では、流産を防止するために処方されるDESという医薬品について、不法行為法上の厳格責任（設計と警告上の欠陥）が問題となった。第1審の事実審理裁判所は被告勝訴の略式判決を下し、中間上訴裁判所はその判決を支持した。原告からの上訴を受けた最高裁のモスク裁判官（Justice Mosk）は、次のように被告勝訴とする中間上訴裁判所の判決を支持した[15]。

---

13) Owen 728-29.
14) Brown v. Superior Court, 751 P. 2d 470 (Cal. 1988).
15) Id. at 480-81.

「当裁判所は、販売当時に利用可能であった科学的な知識に照らして、医薬品に原告の被った望ましくない副作用があると被告が認識しておらず、認識できた可能性もない場合でさえ、被告製薬会社が厳格責任を負うべき旨の原告の主張を認めない。……現在の人の知見に基づいて、かつては認識できなかった製品の危険性を警告しなかったという理由で製造業者に責任を負わせることは、製造業者を製品の実質的な保険者にしてしまう。科学的な知見が進歩すればするほど製造業者が責任を負うという可能性は、病気を治す医薬品の開発と改善とを一層妨げるだろう。」

このように、カリフォルニア州最高裁は、新薬の開発を妨げることを理由に、医薬品について製造業者の厳格責任を限定した。さらに最高裁は、医薬品以外の製品についても、同じように被告の認識を擬制しなくなった。[16]

(2) その2：Anderson v. Owens-Corning Fiberglas Corp. (1991) 　アンダーソン事件では、造船所で電気工として35年間働いていた原告が、作業中にアスベスト関連製品に触れたせいでアスベスト症等を患ったことを理由に、過失、保証責任、そして不法行為法上の厳格責任を請求原因として、アスベスト製造業者に損害の賠償を求める訴えを提起した。4週間の審理の後、陪審は被告勝訴の評決を下した。しかしながら、事実審理裁判所は、原告の再審理の申立てを認めた。中間上訴裁判所は、事実審理裁判所の再審理決定を支持するだけでなく、アスベストに関連する事件の場合、警告上の欠陥を理由とする厳格責任の訴えについては技術水準に関連する証拠が許容されない、と判示した。

カリフォルニア州最高裁は、被告の上訴を受理した。争点は、警告義務違反に基づく厳格・製造物責任の訴えについて、被告が技術水準に関連する証拠を提出できるかである。最高裁のパネリ裁判官（Justice Panelli）は、再審理を認めた中間上訴裁判所の判決を支持したものの、被告が技術水準に関連する証拠を提出できると認めた。最高裁は、次の4つを理由として挙げている。[17]

第1に、先例によれば、被告が製品の危険性を認識していたことは、明らかに厳格責任の暗黙の要件となっており、この見解は他の過半数の法域

---

16) Anderson v. Owens-Corning Fiberglas Corp., 810 P. 2d 549 (Cal. 1991).
17) Id. at 995-1004.

の判例法と一致している。第2に医薬品については、被告が販売時に認識不能だった製品の危険性まで警告する義務を負わない、とする先例(先に挙げたブラウン事件の判決)がある。製造業者が製造と販売時に認識できない製品の危険性についてまで責任を負うならば、科学的な知識が増大すればするほど責任が拡大するというおそれから、新製品の開発のために十分な投資をしなくなってしまう。第3に、警告上の欠陥を理由とする厳格・製造物責任の訴えは、伝統的な過失をある程度組み入れている。第4に、厳格責任の目的は、被告に製品の安全性を保証させること(被告に絶対的な責任を負わせること)ではない。

アンダーソン事件では、フェルドマン事件と同様に警告上の欠陥を理由とする厳格責任の訴えが、過失の判断枠組みとほとんど同じであると言及されている。そしてカリフォルニア州最高裁は、医薬品以外の製品(少なくともアスベスト製品)についても、製造業者が販売時に認識できない製品の危険性まで警告する義務を否定した。

要するに、警告上の欠陥については、不法行為法上の厳格責任と過失で判断枠組みが変わらないと認識されるようになった、ということである。ウェイド・キートン・あと知恵テストは、かつて過失と不法行為法上の厳格責任との違いを理由として正当化されていたものの、その正当化事由は放棄されたことになる。

【マサチューセッツ州の例】

ニュー・ジャージー州とカリフォルニア州と並んで、ウェイド・キートン・あと知恵テストが人気を失ったことを示す例としてよく知られているのは、マサチューセッツ州である。後述するように、マサチューセッツ州は不法行為法上の厳格責任という請求原因を認めていない珍しい法域の1つであるが、厳格責任のうち黙示の保証責任を判断する際には、ウェイド・キートン・あと知恵テストを利用していた。州最高裁は、被告が製品の危険性を販売時に完全に認識していたと推定し、技術水準に関連する証拠を排除していたのである[18]。ところが、1998年に最高裁は、警告義務違

---

[18] Owen 731. *See also* Hayes v. Ariens Co., 462 N. E. 2d 273, 277-78 (Mass. 1984). 除雪機の欠陥が争われた事件で、最高裁はウェイド・キートン・あと知恵テストを採用している。最

反を理由とする厳格責任について被告の認識の推定をやめ、被告が製品の危険性を認識すべきであった場合に限定する判決を下した。[19]

(**1**) Vassalo v. Baxter Healthcare Corp. (1998)　ヴァッサロ事件では、シリコン製乳房インプラント手術を受けた者が異型の自己免疫疾患になった。マサチューセッツ州は、不法行為法上の厳格責任を認めていない州の1つである。そのため、原告は、過失と商品性の黙示的保証責任を請求原因として、シリコン製乳房インプラントを製造した業者に損害の賠償を求めた。原告は、被告が製品の危険性を認識できたのに警告を怠ったと主張した。第1審の事実審理裁判所は、被告から請求された「認識していた、または、認識可能な製品の危険性を警告する義務に限定する」旨の陪審説示を拒絶し、陪審の評決どおりに原告勝訴の判決を下した。

被告からの上訴を受けた州最高裁は、製造時に医学界が製品と自己免疫疾患との間の関連性を疑いはじめていたことから、結論として原告勝訴の陪審評決を支持したものの、保証責任上の警告義務を改めた。最高裁は、州がウェイド・キートン・あと知恵テストを採用する少数の法域の1つであること、それが重大な批判を受けていること、そして前提としていたニュー・ジャージー州のベシャダ事件がすでに判例変更されたことを指摘している。そして最高裁は、次のように判示した。[20]

「被告は、商品性の黙示的保証責任の訴えでは、販売時に合理的に予見できなかった、または、製品を市場に流通させる前に合理的な試験で発見できなかった製品の危険性について警告、または、指示を怠ったことを理由として責任を負わない。」

このように裁判所は、警告上の欠陥を理由とする厳格責任の訴えが、過失の判断枠組みとほとんど同じことを前提として、ウェイド・キートン・

高裁は、製造業者の設計と警告上の過失を認める一方で、商品性の保証責任に違反していないとする陪審の特別評決を両立しないという理由で破棄したものの、その前提として次のように指摘する。「商品性の保証責任は、売主の行為ではなく製品が許容されないほど危険な欠陥状態にあったかに着目する。……売主は、製品のすべての危険性を販売時に完全に認識しているものと推定される。技術水準は、被告の過失と同様に無関係である。消費者の立場からすれば、売主の過失がなくても十分な警告のない製品は不合理な危険性を持ち、通常の利用目的に適合しない。」

19) Vassalo v. Baxter Healthcare Corp., 696 N. E. 2d 909 (Mass. 1998).
20) Id. at 923.

あと知恵テストを放棄した。製造物責任法の第一人者であるオーウェン教授は、とりわけ医薬品関連の警告義務について、厳格責任法理が適用されなくなった理由を次の3つに要約している[21]。第1に、損害に対する予見可能性がなければ責任を負わないという不法行為の一要件を無視して責任を負わせることは、正義とフェアプレーに反する。第2に、医薬品の警告文書については食品医薬品局という連邦の行政機関から承認を受けなければならないため、厳格責任による追加的な事故防止インセンティヴをそれほど必要としない。第3に、販売前にすでに莫大な費用を投じている企業は、あまりにも過度な事故防止インセンティヴの経済的負担をおそれるあまり、新たな医薬品や医療機器の開発に消極的になる。オーウェン教授によれば、裁判所は厳格責任法理の必要性と影響を考慮してウェイド・キートン・あと知恵テストを放棄し、製造業者の警告義務を限定したことになる。

II 例外的な州

【モンタナ州の例】

しかしながら、少数の州は、ウェイド・キートン・あと知恵テストを利用し続けている。たとえば、モンタナ州最高裁は、少数派の意見であることを認めつつ、警告上の欠陥を理由とする厳格責任の訴えにおいて、技術水準に関連する証拠を排除している[22]。

(1) Sternhagen v. Dow Co. (1997)　スターンハーゲン事件では、ガンで死亡した医師の遺言執行者が、「2, 4-D」という除草剤の製造業者に不法行為法上の厳格責任（警告上の欠陥）を請求原因として、損害の賠償を求めた。この訴えは、異なる州の市民間の争訟（diversity cases）であることを理由として連邦裁判所に提起されたものである。合衆国憲法第3編2節によれば、連邦の司法権は異なる州の市民間の争訟に及ぶとされている。すなわち、異なる州の市民間の争訟は、州裁判所だけでなく連邦裁判所にも提起できる。原告は、医師が十分な警告を受けることなく2年間にわた

---

21) Owen 628-29.
22) Sternhagen v. Dow Co., 935 P. 2d 1139 (Mont. 1997).

って散布した除草剤を浴びたためにがんに罹患した、と主張した。他方、被告は、製品が利用されていた当時に製品にがんを引き起こす性質があるとは認識しておらず、認識すべき理由もなかった、と主張した。

　第1審の連邦地裁は、州最高裁に、次のような法律問題を確認した。法律問題の確認（certification）というのは、連邦裁判所が州の最上級裁判所に対して、係属中の事件で争点となっている州法の内容について意見照会するための制度である[23]。

　「厳格・製造物責任の訴えの場合、被告は製品に潜む危険性を認識していたものと擬制されるのか、それとも、被告が合理的な人間の基準で危険性を認識している、または、認識すべきであったことを証明するために、技術水準に関連する証拠が許容されるのか。」

　州最高裁のネルソン裁判官（Justice Nelson）は、技術水準に関連する証拠を排除した。最高裁は、次のように理由を述べている[24]。

　「認識を擬制する法理は、被告の行為ではなく製品に着目するという厳格責任に基づくものであるが、この法理によれば判明していない、または、発見できない製品の危険性についての認識は、製造業者に擬制されるべきである。……大多数の他の法域では、技術水準を理由とする抗弁が認められているものの、……当裁判所は厳格・製造物責任の核となる原理と、救済という目的に着目する明白な先例を支持する。過失から峻別される厳格責任は、消費者の保護、被害者への損害の塡補、そしてみずから流通させた欠陥のある製品から利益を上げている者に、製品の危険性または危険な製品に付随する費用を負担させる、という公共の福祉を実現する唯一の法理である。」

　スターンハーゲン事件では、ベシャダ事件と同じような理由づけで、技術水準に関連する証拠が排除されている。モンタナ州最高裁は、不法行為

---

23) See 17A Moore's Federal Practice, §124.22 (Matthew Bender 3d ed. 2008). 異なる州の市民間の争訟（diversity of citizenship case）を理由として連邦裁判所に係属した民事事件では、連邦法ではなく主に州法が適用されることになる。そして、連邦裁判所は、まだ確定していない州法については州の最上級裁判所の意見を求めることができる。法律問題の確認手続については、高橋脩一「Certification について――Keystone Land & Development Co. v. Xerox Corp. を手がかりに」GCOE ソフトロー・ディスカッション・ペーパー・シリーズ 2008-3（2009）5 頁を参照。

24) Sternhagen v. Dow Co., 935 P. 2d 1139, 1143, 1147 (Mont. 1997).

法上の厳格責任が過失の訴えとは異なることに加えて、被害者を手厚く救済するという厳格責任の目的から、少数派であるにもかかわらず、ウェイド・キートン・あと知恵テストを利用し続けている。

【ウィスコンシン州の例】

ウィスコンシン州も、ウェイド・キートン・あと知恵テストを支持する州の1つとして有名である。ウィスコンシン州最高裁は、ベシャダ事件やスターンハーゲン事件のように、不法行為法上の厳格責任が製品の状態を問題とすることを強調して、たとえ販売時に製品の危険性を予見できなくても製造業者に責任を認めている[25]。

（1） Green v. Smith & Nephew AHP, Inc. (2001)　グリーン事件では、病院の従業員がラテックス製手袋の製造業者に不法行為法上の厳格責任を請求原因とする損害賠償の訴えを提起した。原告は、十分な警告なしに業務中に使用した手袋のタンパク質に触れたために重度のアレルギー反応を起こした、と主張した。医学界では、原告が手袋を使用していた当時、ヒトがラテックス・アレルギーを患うとは一般的に考えられていなかった。第1審の事実審理裁判所は、損害が発生する製品の危険性を認識していなくても被告が責任を負う旨の陪審説示を行い、陪審の評決どおりに原告勝訴の判決を下した。続いて、中間上訴裁判所が事実審理裁判所の判決を支持したため、被告は上訴した。

州最高裁のウィルコックス裁判官（Justice Wilcox）は、事実審理裁判所の説示に誤りがないとして、原告勝訴とする中間上訴裁判所の判決を支持した。最高裁は、過失の訴えと厳格・製造物責任の訴えとでは要件が異なることに加えて、厳格・製造物責任が製品の安全性を高める手段となること、消費者の期待を保護する必要性、さらには製造業者が不合理な危険性を持つ製品を市場に流通させて利益を上げている場合には費用を負担させることが衡平である、という理由を挙げている[26]。最高裁は、過失の訴えと厳格・製造物責任の訴えの形式的な違いについては、次のように指摘する[27]。

---

25) Green v. Smith & Nephew AHP, Inc., 629 N. W. 2d 727 (Wis. 2001).
26) Id. at 749-51.
27) Id. at 746.

「損害の予見可能性は過失の訴えの要件であり、予見可能な損害が発生する危険な状況において被告の行為を重視するのに対し、厳格・製造物責任は、……被告の製品の性質に着目するものである。……それゆえ、厳格・製造物責任によれば、製造業者が欠陥状態の、不合理な危険性を持つ製品に潜む損害を発生させる危険性を予見できたかにかかわらず、製造業者は製品から生じた損害について責任を負う。」

グリーン事件では、過失責任が被告の行為に、厳格・製造物責任が製品の状態に着目するという形式的な違いが強調されている。ウィスコンシン州最高裁は、厳格・製造物責任では被告の行為を問題としないことから、予見可能性にかかわらず製造業者に責任を負わせた。

しかしながら、これらは少数の例外であり、ほとんどの裁判所は、ベシャダ事件に対する学者らの批判を受けて、警告上の厳格責任で被告の認識を擬制するあと知恵テストを放棄し、技術水準を理由とする抗弁を認めるようになった。[28]

III まとめ

ほとんどの裁判所は、警告上の欠陥の場合、不法行為法上の過失と厳格責任で判断枠組みがほとんど同じだと評価している。ただし、不法行為法上の過失と厳格責任との要件の違いを重視し、被害者の救済に留意する少数の州では、ウェイド・キートン・あと知恵テストが支持されているという状況にある。

---

28) *See* James A. Henderson, Jr. & Aaron D. Twerski, A Fictional Tale of Unintended Consequences: A Response to Professor Wertheimer, 70 Brook. L. Rev. 939, 940-41 (2005).

第3節　あと知恵の利用を制限する法理の拡大

I　設計上の欠陥における技術水準の証拠の許容

　裁判所があと知恵で製品の欠陥を判断しなくなったことは、被告の認識を擬制するウェイド・キートン・あと知恵テストを放棄したこと以外からも裏づけることができる。以下では、裁判所や州議会があと知恵の利用を制限するために利用した他の法制度を検討する。まず、多くの裁判所は、設計上の欠陥を理由とする厳格責任の訴えの場合でも、技術水準に関連する証拠を許容するようになった。有名なテキサス州最高裁の判例は、原告と被告の双方が、設計上の欠陥を理由とする厳格責任の訴えで技術水準に関連する証拠を提出できる、と認めた。[29]

　(1)　Boatland of Houston Inc. v. Bailey (1980)　ボートランド・オブ・ヒューストン社事件では、1973年5月に製造された釣り用ボートの設計上の欠陥が問題となった。ボートの乗員は、切り株に衝突して水中に落下した後、突然切り株に向かって逆走してきた無人のボートのプロペラに巻き込まれて死亡した。乗員の妻と子は、ボートの製造業者に不法行為法上の厳格責任（設計上の欠陥）を請求原因として、損害の賠償を求めた。原告は、席の配置に問題があり、操縦桿とスロットルの設計が安全性を欠き、さらに乗員がボートから落下した際にエンジンを自動停止する安全装置（以下、安全装置とする）もなかったと主張した。原告側の専門家証人は、安全装置が単純なもので、レース用ボートには30年以上前から装備されていることに加えて、席の配置と安全装置の欠如から欠陥がある、と証言した。被告は、1973年の春まで安全装置について知識がなく、1年後の

---

29) Boatland of Houston Inc. v. Bailey, 609 S. W. 2d 743 (Tex. 1980).

1974年にはじめて同装置を販売したと証言した。
　第1審の事実審理裁判所は、陪審の評決どおりに被告勝訴の判決を下したものの、中間上訴裁判所は技術水準に関連する証拠を誤って許容したことを理由に、事実審理裁判所の判決を破棄、再審理を命じた。
　被告の上訴を受けた州最高裁のマギー裁判官（Justice McGee）は、安全装置の概念自体は新しくないとしても、ボートの代替設計としては実際に利用可能ではなかったと合理的に推定できるとして、中間上訴裁判所の判決を破棄、被告勝訴とする事実審理裁判所の判決を支持した。最高裁での主な争点は、ボート製造時の技術水準である。最高裁は、次のように指摘している。[30]
　「ある製品の技術水準とは、製造時の技術を取り巻く社会的な状況を意味する。この製造時の技術を取り巻く社会的な状況は、科学的な知識、［技術の］経済的な利用可能性、そして製造時における実際の利用可能性を含む。このような証拠は、より安全な設計が利用可能であったかを判断するのに重要である。製造時における技術水準の限界は、より安全な設計の利用可能性に影響を及ぼす。設計上の欠陥の事件では、技術水準の証拠の許容性が他の法域でも議論され、認められるようになった。……設計上の欠陥を争う事件では、責任が製品の欠陥状態によって判断され、被告の行為に過失があったことを証明する必要はない。製品の便益と危険性や、より安全な代替設計の利用可能性という考慮すべき事項は、被告の認識ではなく証明されるべき事実によって示されている。そのため、被告が合理的な注意を払った場合でも、製品に欠陥が認められる場合もある。原告が安全装置の利用について証拠を提出した場合、被告は、技術水準の限界で製造時に安全装置を利用できなかったという反証のための証拠を提出できる。このように提出された証拠は、より安全な代替設計が利用可能であるという原告の証拠を反証するためのもので、欠陥の有無と関連性を有する。」
　ボートランド・オブ・ヒューストン社事件からわかるように、設計上の欠陥の場合、製造業者が製品の危険性を認識していた、または、認識すべ

---

30) Id. at 748-49.

きであったかではなく、むしろ製造時の技術水準でより安全な設計を採用できたかが争いである。警告上の欠陥では、被告の認識を擬制するウェイド・キートン・あと知恵テストが問題となったものの、設計上の欠陥では、製造時の技術水準でより安全な設計を採用できたかが問題となっている。そのため、原告と被告の双方は、製造時の技術水準でより安全な代替設計を採用できたかについて証拠を提出した。そして、陪審が製造時により安全な代替設計を採用できないと判断した場合、製造業者は厳格責任を負わないことになる。つまり、警告と設計上の欠陥では提出すべき証拠に違いが認められるものの、結局どちらの場合も、裁判所は技術水準に関連する証拠を許容しているのである。それは、裁判所があと知恵で製品の欠陥を判断しなくなっていることを意味する。

II　要件としての技術水準

　興味深いことに、技術水準は、設計上の欠陥を理由とする不法行為法上の厳格責任の訴えの要件として機能することもある。ボートランド・オブ・ヒューストン社事件では、設計上の欠陥を理由とする厳格責任の場合に、技術水準に関連する証拠が許容されただけであった。しかしながら、いくつかの裁判所は、製造業者が製造時により安全な代替設計を実際に利用できたことについて、原告に証明責任を負わせている。それは、より安全な代替設計の利用可能性が、製品の危険性と効用とを比較して設計上の欠陥を判断する際に、非常に重要な役割を果たすからである。

【設計上の欠陥を判断するための主要なテスト——リスク効用基準】
　技術水準がいくつかの裁判所で要件として機能するようになった背景を説明するためには、設計上の欠陥を判断するためのテストが厳格責任と過失とでほとんど変わらなくなった、という経緯を振り返る必要がある。多くの裁判所は、設計から生ずる製品の危険性が効用を上回るかという基準で、設計上の欠陥を判断するようになった。リスク効用基準（risk utility test）と呼ばれるこのテストは、一般的に過失の判断基準とほとんど変わ

らないものと理解されている。次の事件では、リスク効用基準が過失と同じく合理的な人間を基準とするものであり、全米において主要なテストであると認められた。

(1) Sperry-New Holland v. Prestage (1993)　スペリー・ニュー・ホランド事件では、耕作機械で小麦を収穫していた者が、機械内部に詰まった小麦を除去する際に機械に巻き込まれて足を失った。被害者は、耕作機械の製造業者らに過失と不法行為法上の厳格責任（設計上の欠陥）を請求原因として損害の賠償を求めた。被告製造業者に対する請求についてのみ陪審審理が開かれ、第1審の事実審理裁判官は製品の危険性と効用とを比較して責任を判断するように説示した。陪審が被告勝訴の評決を下したため、原告は上訴した。原告は、事実審理裁判所が適用した製品の欠陥を判断するリスク効用基準に誤りがある、と主張した。

上訴を受けたミシシッピ州最高裁のプレイザー裁判官（Justice Prather）は、陪審説示に誤りがないとして、被告勝訴とする事実審理裁判所の判決を支持した。最高裁は、製品の欠陥を判断するテストについて次のように説明している。

「当裁判所は、リスク効用基準を適用している。……リスク効用基準によれば、[消費者が] 予見できたかにかかわらず、合理的な人間によって実際の危険性が製品の効用を上回ると判断される場合、製品には許容できない危険性がある。原告が製品の危険性を想定していたかは、このテストでは関係ない。……もともとの機能に照らして製品の効用と安全性に着目するのが、全米の傾向である。」

スペリー・ニュー・ホランド事件では、リスク効用基準が全米において主要なテストだと認められた。そして、同事件では特に言及されていないものの、リスク効用基準のもとでは、製造業者が製造時により安全な代替設計を利用できたかを考慮せざるを得ない、とする裁判所もある。

ある設計の危険性と効用とを比較するためには、結局のところ、製造業者が、合理的な代替設計を利用して損害を発生させる製品の危険性を減少、または、除去できたかが重要になる。たとえば、被告の認識を擬制するテ

---

31) Sperry-New Holland v. Prestage, 617 So. 2d 248 (Miss. 1993).
32) Id. at 254-56.

ストの生みの親の1人であるウェイド教授は、代替的な製品の利用可能性や有用性を害することなく製品の危険性を安価に除去できるかを、設計上の欠陥を判断する際に考慮すべき要素の1つとして挙げており、多くの裁判所がその見解に従っていた。[33]

ウェイド教授が列挙した考慮すべき要素は、次の7つである。[34]
　①使用者または社会全体に対する製品の効用の有益性
　②事故を引き起こす製品の安全性や損害の重大性
　③同じ要求を満たす、危険性のない代替的な製品の利用可能性
　④有用性を害することなく製品の危険性を安価に除去できる製造業者の能力
　⑤使用時に合理的な注意を払って、製品の危険性を除去する使用者の能力
　⑥製品に潜んでいる危険性に対する使用者の予測、その知識の利用可能性、適切な警告の存在
　⑦製品価格への転嫁または賠償責任保険によって、製造業者が損害を合理的に分散できるか

【より安全で実際に利用可能な代替設計の証明】

　いくつかの裁判所は、代替的な製品の利用可能性や有用性を害することなく製品の危険性を安価に除去できるか、という要素を単に考慮するのではなく、製造業者が製造時により安全な代替設計を実際に利用できたこと、または、少なくとも利用する可能性はあったことについて、原告に証明責任を負わせている。たとえば、ニュー・ヨーク州はその好例である。[35]

　（1）**Voss v. Black & Decker Mfg. Co. (1983)**　ヴォス事件では、トレーラー・ハウスの木造屋根を製作中に電動のこぎりで手を負傷した者が、のこぎりの製造業者に過失、保証責任、そして不法行為法上の厳格責任

---

33) Douglas A. Kysar, The Expectations of Consumers, 103 Colum. L. Rev. 1700, 1711-12 (2003).
34) John W. Wade, On the Nature of Strict Liability for Products, 44 Miss. L. J. 825, 837-38 (1973).
35) Voss v. Black & Decker Mfg. Co., 450 N. E. 2d 204 (N. Y. 1983).

(設計上の欠陥）を請求原因として、損害の賠償を求めた。原告は、のこぎりが木節に触れた際に空中に舞い、刃の部分を覆う可動式安全装置の大きさが足りないという設計上の欠陥のせいで、のこぎりの落下時に親指を傷つけられたと主張した。のこぎりの安全装置は適切に働いており、親指に接触した際にのこぎりの刃の回転は停止していた。原告側の専門家証人は、可動式安全装置をより大きくすることは容易で、大きくしていればのこぎりはより安全になっていたはずである、と証言した。

第1審の事実審理裁判所は、保証責任と不法行為法上の厳格責任の訴えについて被告勝訴の略式判決を下した。陪審は、過失の訴えについてのみ審理し、被告勝訴の評決を下した。上訴した原告は、事実審理裁判所が不法行為法上の厳格責任について陪審審理を開かなかった点のみを争った。中間上訴裁判所は、事実審理裁判所の判決を支持したものの、上訴を受けたニュー・ヨーク州最高裁のジェイスン裁判官（Justice Jasen）は、原告が設計上の欠陥について陪審審理を開くのに十分な証拠を提出していたとして、中間上訴裁判所の判決を破棄、再審理を命じた。

最高裁は、設計上の欠陥で原告が負う証明責任について、次のように説明する[36]。

「設計上の欠陥を理由とする厳格責任の訴えで、一応有利な事件だと証明するためには、原告は、製造業者が製品を販売した際に十分に安全とはいえない製品を設計し、欠陥のある設計が原告の負傷を引き起こした重要な要素であったことから、製造業者が安全な製品を販売する義務に違反したことを証明しなければならない。原告は、損害発生の十分な蓋然性が存在し、より安全な製品を設計することが可能であったために設計された製品が十分に安全ではない、という証拠を提出する義務を負う。」

このように、ニュー・ヨーク州最高裁は、製造業者がより安全な製品を設計できた可能性について、原告に証明させている。他方、製造業者がより安全な製品を設計できた可能性の証明だけでは不十分であるとして、原告にさらに厳しい証明責任を課している州もある。たとえば、オレゴン州では、原告が製造時に利用可能で、より安全な代替設計が実際に存在した

---

36) Id. at 208.

ことを証明しなければならない[37]。

(2) Wilson v. Piper Aircraft Corp. (1978)　ウィルソン事件では、墜落した小型航空機の乗客2名の遺族が、不法行為法上の厳格責任（設計上の欠陥）を請求原因として、航空機の製造業者に損害の賠償を求めた。原告は、被告の設計上の欠陥により気化器が凍結し、航空機が墜落したと主張した。気化器の凍結は、航空機のエンジンに気化器ではなく燃料噴射装置が備えつけられていれば発生しなかった可能性があった。当時、燃料噴射装置は利用可能であったものの、80～90％の小型航空機は気化器を採用していた。なぜならば、気化器エンジンには連邦航空局（FAA：Federal Aviation Administration）も公式に認めるさまざまな利点が存在したからである。第1審の事実審理裁判所は、陪審の評決どおりに原告勝訴の判決を下した。上訴した被告は、原告の提出した証拠が陪審審理を開くのに十分ではないと主張した。

オレゴン州最高裁のホルマン裁判官（Justice Holman）は、より安全な代替設計の証明が不十分であることを理由に、原告勝訴とする事実審理裁判所の判決を破棄、審理を差し戻した。最高裁によれば、設計上の欠陥の場合には原告が当時に利用可能で、より安全な代替設計が存在したことを証明しなければならない。しかも代替設計とは、費用、実用性、および技術的可能性に照らして実際に利用可能なものとされた。最高裁は、提出された代替設計が技術的に利用可能というだけでなく、費用と製品全体の設計・機能に照らして利用可能だと陪審から認定されるはずがないならば、事実審理裁判所は設計上の欠陥に関連する事件で陪審審理を開くべきではない、と判示した[38]。

このように、ヴォス事件やウィルソン事件は、製造業者が製造時により安全な代替設計を利用できた可能性、または、より安全な代替設計が実際に存在したことについて、原告に証明責任を負わせている。しかしながら、原告に証明責任までも負わせている州ばかりではない[39]。

---

37) Wilson v. Piper Aircraft Corp., 577 P. 2d 1322 (Or. 1978).
38) Id. at 1326.
39) Dobbs 1001-02. ドッブズ教授は、要件が明確にされていない判例に加え、要件が副次的な争点にしかなっていない判例のせいで検証は難しいと認めつつ、非常に多数の判例では合理的な代替設計の利用可能性が考慮されているだけである、と指摘する。

【考慮すべき一要素としての代替設計の利用可能性】

多くの裁判所は、製品の危険性と効用を比較して設計上の欠陥を判断する際に考慮すべき要素の1つとして、製造時により安全な代替設計を実際に利用できたことを挙げている。多くの州では、原告に証明責任を負わせていない。たとえば、ジョージア州最高裁は、設計上の欠陥を判断するためにリスク効用基準を採用し、製品の危険性と効用とを比較する際に製造時におけるより安全な代替設計の利用可能性が核心となることを認める一方、原告に証明責任を負わせることが酷である、と指摘する[40]。

(1) Banks v. ICI Americas, Inc. (1994)　バンクス事件では、9歳の子どもがキャンディと勘違いして殺鼠剤を食べたために死亡した。子どもの両親は、過失と不法行為法上の厳格責任（設計と警告上の欠陥）を請求原因として、殺鼠剤の製造業者らに損害の賠償を求めた。殺鼠剤の包装には、まったく警告表示がなかった。第1審の事実審理裁判所は原告勝訴、塡補的損害賠償に加えて100万ドルの懲罰的賠償を認めた陪審の評決どおりの判決を下した。中間上訴裁判所は、設計については十分な証拠がないことを、警告については連邦法上の積極的抗弁が認められることを理由に、事実審理裁判所の判決を破棄した。

原告の上訴を受けたジョージア州最高裁のジョンストン裁判官（Justice Johnston）は、設計について中間上訴裁判所の判決を一部破棄、審理を差し戻した。最高裁は、設計上の欠陥について多数の裁判所の意見を反映しているという理由で、欠陥を判断するためにリスク効用基準を利用している。そして、設計の効用を確かめるのに必要不可欠な要素の1つとして、代替設計の利用可能性が常に重要であると認めた。しかしながら、最高裁は、原告に証明責任を負わせるのではなく、代替設計が技術的に利用可能であることを証明する証拠を陪審が考慮できる、とわざわざ判示している[41]。最高裁は、製品の危険性、社会にとっての製品の効用、または、合理的な代替設計が製造業者の設計、製造、そして販売時に利用可能であったという証拠を提出する原告の能力を無視することはできないとして、代替設計の利用可能性について原告に証明責任を負わせるのを避けた。

---

40) Banks v. ICI Americas, Inc., 450 S. E. 2d 671 (Ga. 1994).
41) Id. at 674-75.

バンクス事件では、製造時により安全で利用可能な代替設計を証明する原告の負担について言及されている。ジョージア州最高裁は、リスク効用基準のもとで設計上の欠陥を判断する際には、より安全な代替設計の利用可能性が極めて重要であると強調しながら、原告に証明責任を負わせなかった。リスク効用基準を採用している多くの裁判所は、バンクス事件と同じように原告の負担を考慮して、原告に証明責任まで負わせることを避けている。

一般的な製品だけでなく医薬品についても、設計上の欠陥を判断する際に、製造時により安全で利用可能な代替設計を考慮すべき要素の1つとして扱っている裁判所がある。たとえば、カリフォルニア州最高裁は、流産を防止するために処方されるDESという医薬品の設計と警告上の欠陥が問題になったブラウン対地方裁判所事件において、設計上の欠陥を証明するために医薬品の有効性を減少させることなく、その構成要素の一部を除去して安全性を高めることができた、または、流産を防止するためにより危険性の少ない医薬品を利用可能であったという証拠を原告が提出できる、と認めている。[42] ブラウン事件では、DES の有効性と代替的な医薬品の有効性を比較衡量して、DES の製造時に DES に代わるより安全な医薬品を製造できたかが、設計上の欠陥を判断する際に考慮されているのである。

以上のように、裁判所は、設計上の欠陥について判断する際にもあと知恵の利用を制限している。多くの裁判所は、警告上の欠陥だけでなく設計上の欠陥を理由とする厳格責任の場合でも、技術水準に関連する証拠を許容するようになった。具体的に言えば、裁判所は、原告と被告双方から提出される証拠のなかでも、製造業者が製造時により安全な代替設計を採用できたかどうかに関連する証拠を許容した。

III 事後的な是正措置に関連する証拠の排除

事後的な是正措置に関連する証拠が排除されるようになったことも、裁

---

[42]　Brown v. Superior Court, 751 P. 2d 470, 477 (Cal. 1988).

判所があと知恵で製品の欠陥を判断しなくなったことを裏づけるものである。裁判所は、過失だけでなく製品の欠陥を証明するための証拠として、被告が事故後に製品に改善策を講じたという証拠を許容しなくなった。以下では、事後的な是正措置に関連する証拠を排除する法理の沿革とその発展について検討する。

【沿革と連邦証拠規則の改正】
　事後的な是正措置に関連する証拠を排除する法理は、被告が事故後に製品に講じた改善策に関連する証拠について、被告の過失を証明するための証拠から排除するものである。ほとんどの裁判所は、過失の訴えでは製造業者が事故後に製品設計を変更したという証拠を排除してきた[43]。なぜならば、陪審は、事故後に設計が変更されたという事実から、販売前に誤った設計を採用したという製造業者の過失をあまりにも容易に認めてしまうおそれがある。またこのために、製造業者は、証拠が不利に利用されることをおそれて、事故後に製品設計の改善をためらうようになるからである[44]。たとえば、合衆国最高裁は、1982年のコロンビア・アンド・ピュージェット・サウンド・レイル・ロード対ホーソーン事件で、法理の意義を次のように説明している[45]。

　「被告が事故後に講じた改善策に関連する証拠（[post-accident repair] evidence）は、過失を証明する能力がない。なぜならば、将来のためにそのような予防措置を講じることは、過去の責任を認めたものと解することができず、事故以前に被告が過っていたことを証明する正当な能力を持っていないうえ、陪審の心象を真の争点から逸らし、被告に対する偏見を生み出すからである。」

　このように、事後的な是正措置に関連する証拠を排除する法理は、過失の訴えではすでに確立していた。問題は、事後的な是正措置に関連する証拠を排除する法理が厳格責任の訴えにも適用されるのか、また、原告の負

---
43) Owen 411. 唯一の例外として挙げられているのは、ロード・アイランド州である。
44) James A. Henderson, Jr. & Aaron D. Twerski, Product Liability Problems & Process 207 (6th ed. 2008).
45) Columbia & Puget Sound R. R. v. Hawthorne, 144 U. S. 202, 207 (1892).

傷後ではなく販売後・原告の負傷前に講じられた改善策にも適用されるのかである。以下では、まず、この法理が連邦裁判所においてどのように扱われてきたのかを分析する。[46]次に、この法理の適用について、州裁判所の間で見解の相違があることを示す。

【連邦裁判所における事後的な是正措置に関連する証拠の扱い】

事後的な是正措置に関連する証拠を排除する法理は、厳格責任の訴えについても過失の訴えと同じように適用され得るといえる。前述したとおり、設計上の欠陥と警告上の欠陥において、過失と厳格責任とで判断枠組みに変わりがないと考えられるようになった。また、厳格責任の訴えでは、損害発生時ではなく販売時の製品の状態が争われることから、負傷または損害発生後の是正措置に関連する証拠が許容されると、被告は不当に不利になる。なぜならば、陪審は、市場に流通した時の製品の状態ではなく、是正措置後の製品の状態を考慮して責任を認めることになるからである。

実際、連邦裁判所は、厳格責任の訴えにも事後的な是正措置に関連する証拠を排除する法理を適用するようになった。この法理を厳格責任の訴えにも実際に適用した事件として有名なのは、第7巡回区連邦控訴裁判所のフラミニオ対ホンダ・モーターズ・カンパニー社事件である。[47]フラミニオ事件では、連邦証拠規則407条（Federal Rule of Evidence 407）の解釈が問題となった。[48]1975年に制定された連邦証拠規則407条は、被告が事故後に講じた是正措置に関連する証拠を排除するものであったが、過失のみならず厳格責任の訴えにも適用されるのか明らかではなかった。フラミニオ事件は、過失のみならず厳格責任の訴えでも407条の適用を認めた。

（1）Flaminio v. Honda Motor Co., Ltd.（1984）　フラミニオ事件では、二輪車の所有者が、夜間運転中に制御できないほどの振動が起きたことに

---

46)　本節の分析について、次の文献を参照した。Ralph Ruebner & Eugene Goryunov, A Proposal to Amend Rule 407 of the Federal Rules of Evidence to Conform With the Underlying Relevancy Rationale for the Rule in Negligence and Strict Liability Actions, 3 Seton Hall Cir. Rev. 435 (2007).

47)　Flaminio v. Honda Motor Co., Ltd., 733 F. 2d 463 (7th Cir. 1984).

48)　Fed. R. Evid. 407 (1975) (repealed 1997). 連邦証拠規則407条では、厳格責任の訴えにも適用されるのかについて解釈上の争いがあったものの、1997年の改正によって適用される旨が明記された。

よって単独事故を起こした。身体の両側に麻痺を負った所有者は、二輪車の製造業者に過失と厳格責任（設計と警告上の欠陥）を請求原因として、損害の賠償を求めた。この訴えは、異なる州の市民間の争訟であることを理由として連邦裁判所に提起されたものである。原告は、二輪車の先端の振動が製品設計によるもので、被告は振動について警告しなかったと主張した。原告は、被告が事故後にタイヤを挟み込む部分を2mm厚くしていた、という設計仕様書を証拠として提出した。被告は、設計変更したことは争わず、元来の設計が縦揺れと横揺れの危険性を衡量し、高速運転を前提とする本事件の製品では横揺れがより重大な危険性であると判断した、と主張した。

第1審の事実審理裁判所は、設計仕様書を証拠から排除し、陪審評決後に被告勝訴の判決を下した（陪審は被告の責任を認めたものの、原告の過失割合（70％）が被告の過失割合を上回ると認定した。本事件で適用されたウィスコンシン州の比較過失法によれば、原告の過失割合が被告の過失割合を上回る場合、原告は救済を否定される）。上訴した原告は、厳格責任の訴えに連邦証拠規則407条が適用されない、と主張した。

第7巡回区連邦控訴裁判所のポズナー裁判官（Judge Posner）は、被告勝訴とする事実審理裁判所の判決を支持している。裁判所は、以下のように407条が厳格責任にも適用されることを認めた。

「巡回区連邦控訴裁判所の間で見解は分かれているものの、当裁判所は、407条が厳格責任の事件にも適用されるという多数の見解を支持する。407条の主要な目的は、被告が事故後に修繕または他の改善策を講じる意欲を妨げるものを除去することによって、製品の安全性を高めることにある。そして、合理的な費用で欠陥を除去できる場合に407条を適用しなければ、過失と同じように厳格責任の訴えでも事後的な改善策を講じるインセンティヴが減少してしまう。請求原因が過失であるか製品の欠陥（不法行為法上の厳格責任）であるかにかかわらず、被告によって事後的に講じられた改善策の証拠が責任を証明するために許容されるならば（別の事故の発生頻度を低下させられる是正措置に関連する証拠が、本事件で不利に扱われるならば）、改善策を講じる被告のインセンティヴは減少する。」

このように、裁判所は事故が欠陥により生じ、二輪車の軽微な設計変更

によって欠陥を除去でき、実際に事後後に欠陥が除去された本事件では、407 条を適用しなければ事後的な改善策を講じる被告のインセンティヴが減少する、と認めた。ポズナー裁判官は、合理的な費用で欠陥を回避できる場合には、過失と同じように厳格責任の訴えでも事後的な改善策が妨げられる可能性を認めている。すなわち、ポズナー裁判官は、過失と厳格責任の形式的な違いよりも、事故を防止させるインセンティヴが減少するという実際の悪影響を考慮して、厳格責任にも 407 条の適用ありとしたのである。

(2) 連邦証拠規則 407 条の改正　巡回区連邦控訴裁判所の間で解釈が異なっていた連邦証拠規則 407 条は、1997 年にポズナー裁判官の意見を支持するように改正された。改正後の 407 条は、次のような条文である。[49]

「ある事象によって係争中の負傷または損害が発生した後に、もし事前に導入されていたならば負傷または損害の発生を軽減した可能性のある手段が講じられた場合には、事後的に講じられた措置は過失、有責行為 (culpable conduct)、製品の欠陥、製品設計の欠陥、または警告もしくは指示の欠如を証明する証拠として認められない。」

1997 年の改正は、407 条が負傷または損害発生後に講じられた改善策にのみ適用されることを明確にし、過失だけでなく厳格責任にも適用される、という多数の巡回区連邦控訴裁判所の意見を採用した。[50]法改正のための諮問委員会は、1997 年の文言の変更について、407 条が訴えの原因となる損害を発生させた事象後にのみ適用され、事象前に講じられた改善策に適用されないことを明らかにするために必要だった、と解説している。[51]本来、あと知恵で製品の欠陥を判断することを制限するという点からいえば、原告の負傷後だけではなく製品販売後・原告の負傷前に講じられた改善策にも 407 条が適用されて然るべき、という見解も十分に考えられる。[52]しかし

---

49) Fed. R. Evid. 407. なお、連邦証拠規則は 2008 年 12 月に再改正されているものの、407 条はそのままである。
50) 反対の意見を唱えていたのは、第 8 と第 10 巡回区連邦控訴裁判所だけである。See Christopher B. Mueller & Laird C. Kirkpatrick, 2 Federal Evidence §4: 53 (3d ed. 2009); Weinstein's Federal Evidence, §407.08 (Matthew Bender & Co. ed. 2009).
51) Fed. R. Evid. 407 advisory committee's note.
52) See Henderson & Twerski, supra note 44, at 210.

ながら、1997年の改正ではそのような見解は採用されなかった。1997年の改正は、訴えの原因となる損害を発生させた事象前に講じられた改善策に関連する証拠を一律に排除するのではなく、裁判所の裁量によって排除する見解を採用している。[53]

　以上のように、連邦証拠規則407条の改正は、過失だけでなく厳格責任の訴えでも、被告が事故後に講じた是正措置に関連する証拠を排除するという点で、あと知恵の利用を制限するものであった。もっとも、この改正では、407条に基づいて製品販売後・原告の負傷前に講じられた改善策に関連する証拠まで排除することは見送られた。すなわち、407条の改正は、徹底的にあと知恵の利用を制限するものではなかった。

【州裁判所における法理の適用をめぐる対立】

　州裁判所では、厳格責任の訴えで事後的な是正措置に関連する証拠を排除するか否かについて、見解が分かれている。[54] ほとんどの州の証拠規則と判例法は、連邦証拠規則をそのまま採用しているわけではない。これらの州のなかには、厳格責任の訴えでも証拠を排除するところがある一方、証拠規則または判例法で、過失の訴えの場合にのみ証拠を排除する州もある。州の間で見解が分かれているのは、厳格責任の訴えで証拠を排除しない場合の悪影響に対する評価が大きく異なるからである。以下、それぞれについて説明する。

　過失だけでなく厳格責任の訴えでも、事後的な是正措置に関連する証拠を排除する州として知られているのは、サウス・ダコタ州である。州最高裁は判例を変更して、過失だけでなく厳格責任の訴えでもこのような証拠の排除を認めた。[55]

　（1）First Premier Bank v. Kolcraft Enter. (2004)　ファースト・プレミア・バンク事件では、生後10ヶ月の乳児が被告の製造するポリウレタ

---

53) Fed. R. Evid. 407 advisory committee's note. *See also* Ruebner & Goryunov, *supra* note 46, at 447-53. 1997年の法改正までは、連邦裁判所の間で製品販売後・原告の負傷前に講じられた改善策に407条が適用されるかについて、見解が分かれていた。1997年の改正は、それを解決していない。
54) Mueller & Kirkpatrick, *supra* note 50, §4：53.
55) First Premier Bank v. Kolcraft Enter., 686 N. W. 2d 430 (S. D. 2004).

ン・パッドを含むベビー・サークル内で睡眠中に火傷を負った。被告は、防火剤で処理したパッドと未処理パッドを両方製造していたものの、本事故の発生後にすべてのパッドに防火剤による処理を施すようになった。裁判所から選任された乳児の代理人は、厳格責任（設計と警告上の欠陥）を請求原因として、被告に損害の賠償を求めた。第１審の事実審理裁判所が陪審の評決どおりに被告勝訴の判決を下したため、原告は上訴した。

サウス・ダコタ州最高裁のコネンカンプ裁判官（Justice Konenkamp）は、原告との和解に言及した被告の冒頭陳述の方法に誤りがあったとして、事実審理裁判所の判決を一部破棄、再審理を命じた。しかしながら、最高裁は、争われている欠陥製品の責任を判断する時点が製品の販売時であることを理由に、厳格責任の訴えでも事後的な改善策に関連する証拠を排除している。

ファースト・プレミア・バンク事件では、欠陥を判断する時点が製品の販売時であることから、事後的な是正措置に関連する証拠が排除された。製品の欠陥を判断する時点は、過失の訴えと厳格責任の訴えとで異ならない、ということである。州のなかには、同じ理由から、販売後・原告の負傷前に講じられた改善策に関連する証拠も排除するところがある。たとえば、イリノイ州、カンザス州、そしてモンタナ州では、製品の欠陥を判断する時点が販売時であることを理由に、厳格責任の訴えにおいても、販売後・原告の負傷前に講じられた改善策に関連する証拠を排除している。そのなかでも、イリノイ州中間上訴裁判所は、製品の安全性を向上させる製造業者の努力を妨げないように、厳格・製造物責任の訴えにおいても過失の訴えと同じように証拠を排除する、と判示した。[56]

(2) Smith v. Black & Decker, Inc. (1995) スミス事件では、電動のこぎりで幅木を加工中に左手を切断した者が、厳格責任（設計上の欠陥）を請求原因として、のこぎり製造業者に損害の賠償を求めた。[57] むき出しの刃に誤って左手を入れてしまった原告は、右下部に安全カバーのない電動のこぎりの設計には欠陥がある、と主張した。被告は、原告の負傷前に講じられた設計の変更に関連する証拠を排除するように申し立てた。事実審理

---

56) Id. at 449-52.
57) Smith v. Black & Decker, Inc., 650 N. E. 2d 1108 (Ill. 1995).

裁判所は被告の申し立てを認め、陪審の評決どおりに被告勝訴の判決を下した。上訴した原告は、厳格・製造物責任の訴えでは証拠が排除されない、と主張した。

イリノイ州中間上訴裁判所は、被告勝訴とする事実審理裁判所の判決を支持している。裁判所は、安全性を向上させる製造業者の意欲を妨げないようにするために、厳格・製造物責任の訴えでも過失の訴えと同じように証拠を排除する、と判示した。[58] 過失または不法行為法上の厳格責任の訴えであるにかかわらず、事後的な是正措置に関連する証拠が許容されれば、安全策を講じるインセンティヴが減少する。製造業者は、日常的に使用される製品を大量に製造しているため、製造後・原告の負傷前に講じられた改善策に関連する証拠を許容しても、負傷後に講じられた改善策に関連する証拠を許容するのと同じように安全策を講じるインセンティヴが減少してしまう。そのために裁判所は、厳格責任の訴えでも原告の負傷の前後にかかわらず、被告が販売後に講じた改善策に関連する証拠を排除した。

スミス事件では、事後的な是正措置に関連する証拠が許容されれば、安全性を向上させる製造業者の努力を妨げてしまうことが前提とされている。しかしながら、州のなかにはその前提を疑うところもある。たとえば、カリフォルニア州は、事後的な是正措置に関連する証拠を排除する法理の適用を、過失の訴えに限定している州の1つとして有名である。州最高裁は、さらに別の訴訟を提起される危険性や社会的なイメージの低下という悪影響を考慮すれば、被告が改善策を講じざるを得ず、証拠を排除しなければ改善策が講じられないとは想定できない、と指摘した。[59]

(3) Ault v. Int'l. Harvester Co. (1975)　オールト事件では、自動車が暴走、アルミニウム製ギア・ボックスの不良のために渓谷に転落して、運転手は負傷した。原告は、保証責任違反、過失、そして厳格責任（設計上の欠陥）を請求原因として、自動車製造業者に損害の賠償を求めた。原告は、ギア・ボックスの設計に問題があったことを証明するために、被告が原告の負傷後にギア・ボックスの材質をアルミニウムから展性のある鉄に変更したという証拠を提出した。第1審の事実審理裁判所は、陪審の評決

---

58) Id. at 1113-15.
59) Ault v. Int'l. Harvester Co., 528 P. 2d 1148 (Cal. 1975).

どおりに原告勝訴、被告に 70 万ドルの賠償を支払うように命じた。上訴した被告は、適用される州の制定法の規定（証拠法 1151 条）によれば、厳格責任の訴えでも原告の負傷後に講じた改善策に関連する証拠が排除される、と主張した。制定法の条文は、「事後的な是正措置に関連する証拠が過失または有責な行為を証明するために許容されない」というものだった。

カリフォルニア州最高裁のモスク裁判官（Justice Mosk）は、証拠を許容した中間上訴裁判所の判決を支持した。最高裁は、まず厳格責任の訴えでは原告が過失や有責な行為を証明しなくてよいことを確認している。厳格責任の訴えの場合、原告は被告が注意義務に違反したことではなく、製品に欠陥があることを証明すればよい。加えて最高裁は、証拠法 1151 条が安全性を向上させる製造業者の努力を妨げないようにするために証拠を排除しているものの、製造物責任の訴えでは証拠を排除しても大量の製品を製造する業者の行為に悪影響を及ぼすとは想定できない、と指摘する[60]。なぜならば、さらに別の訴訟を提起される危険性や社会的なイメージの低下という悪影響を考慮すれば、被告が改善策を講じざるを得ないからである。そのため、最高裁は、厳格責任の訴えでは原告の負傷後に講じた改善策に関連する証拠を許容した。

オールト事件では、一方では過失と厳格責任の訴えの要件の違いを、他方では過失の訴えであると厳格責任の訴えであるとにかかわらず事後的な是正措置に関連する証拠を排除した場合の影響を理由として、厳格責任の訴えでは事後的な是正措置に関連する証拠が許容された。

証拠を排除した場合の悪影響については、学者のなかにもオールト事件と同じように疑問視する者がいる[61]。将来発生する事故によってさらに重大な責任を負わないために事後的な改善策を講じることは、被告にとって合理的である。そして、証拠を排除して事後的な改善策を講じるインセンティヴを高めることは、被告が不合理な危険性を持つ製品に改善策を講じて

---

60) Id. at 1152.
61) *See, e.g.*, Richard Lempert, Samuel R. Gross & James S. Liebman, A Modern Approach to Evidence 282 (3d ed. 2000). *See also* Mueller & Kirkpatrick, *supra* note 50, §4:53. より優れた製品設計の利用可能性を証明する証拠、または、弾劾証拠としては許容されることから、製造業者にとって証拠排除法理の効果は限定的であるという。

責任を負う可能性よりも、不合理な危険性を持つ製品をそのまま放置して責任を負う可能性を好む、という前提がいる。ところが、欠陥製品をそのまま市場に流通させ続けると、被告は懲罰的賠償の責任を負うこともある。また、被告が証拠排除法理の効果を事前に知っていなければ、証拠を排除して事後的な改善策を講じるインセンティヴを高めることはできないものの、実際には被告が証拠の排除を事前に知っていることは稀である。そうすると、わざわざ証拠を排除する意味があるのか、排除しなくても被告が改善策を講じるのではないか、という疑問が生じることになる。

カリフォルニア州だけでなく、少なくともアラスカ州、ハワイ州、アイオワ州、メイン州、テキサス州、そしてワイオミング各州の証拠規則によれば、過失の訴えでは事後的な是正措置に関連する証拠が排除されているものの、厳格責任の訴えでは許容されている。これらの州では、連邦証拠規則407条が改正された後も、厳格責任の訴えでは原告の負傷後に講じられた改善策に関連する証拠が許容されている[62]。

以上のように、州の間では厳格責任の訴えで事後的な是正措置に関連する証拠を排除するかについて、見解が分かれている。過失の訴えと厳格責任の訴えとの違いや証拠を排除した場合の悪影響に対する評価が異なるため、裁判所のなかには、厳格責任の訴えでも事後的な是正措置に関連する証拠を許容するところがある。

(4) 統一州法委員全国会議の見解　統一州法委員全国会議（NCCUSL: National Conference of Commissioners on Uniform State Laws）は、あと知恵の利用を最も制限する見解を採用している。前述したように、統一州法委員全国会議は、約300名の法律家からなる非営利の団体で、アメリカ法律家協会（ABA: American Bar Association）が後援している。この団体は、1892年から州法の統一化のために活動を続けてきた[63]。

統一州法委員全国会議によって起草された1999年の統一証拠規則（Uniform Rules of Evidence）では、原告の負傷前後にかかわらず、被告が

---

62) Owen 413 n. 169.
63) 以上の説明については、統一州法委員全国会議のウェッブサイトを参照した。About NCCUSL, http://www.nccusl.org/Update/DesktopDefault.aspx?tabindex=0&tabid=11 (last visited Aug. 27, 2009).

販売後に講じた改善策に関連する証拠を排除している。関連する条文は、以下のような内容である[64]。

統一証拠規則407条　事後的な是正措置：

　事前に講じられていれば負傷または損害の発生を妨げる是正措置がある事象後に講じられた場合、事後的な是正措置に関連する証拠は、過失、有責な行為、製品の欠陥、設計上の欠陥、または警告上の欠陥を証明するために許容されない。事後的な是正措置に関連する証拠は、弾劾証拠として、または、争われた際には所有権、支配、もしくは、是正措置の実施可能性の証明のように他の目的のために提出された場合には許容される。事象には、使用者または消費者への製品の販売が含まれる。

統一証拠規則407条では、欠陥を理由とする厳格責任の訴えでも事後的な改善策に関連する証拠が排除される。また、統一証拠規則407条では、販売後・原告の負傷前に被告が改善策を講じた場合でも、証拠が排除されている。これは、原告の負傷前に被告が改善策を講じた場合でも関連する証拠を類型的に排除している点で、改正された連邦証拠規則407条よりも証拠を排除する範囲が広い。このように、統一州法委員全国会議は、請求原因となる負傷または損害が発生する前に、何らかの改善策を講じるインセンティヴを被告に与えようとしている。

IV　州議会によるその他の改革

製品の欠陥を判断するためにあと知恵の利用を制限する改革を行ったのは、裁判所だけでない。州議会も、立法によってあと知恵の利用を制限している[65]。16州は、技術水準を理由として製造業者の責任を限定する立法をしている。

---

64)　Uniform Rules of Evidence Act 407 (amended Mar. 8, 2005), available at http://www.law.upenn.edu/bll/ulc/ure/evid1200.htm (last visited Aug. 27, 2009).
65)　本節の検討については、次の文献を要約した。Owen 733-36.

【立法の類型】

　立法の類型は、①技術水準に照らして責任または積極的抗弁を定めるもの、②製品が技術水準を満たしている場合に欠陥または過失なしという反証可能な推定を定めるもの、③技術水準の証拠の許容性を定めるもの、という3つに分けられる。さらに、少なくとも5つの州は、設計上の欠陥を証明する際により安全な代替設計の証明責任を原告に課している。これらの改革は、先に説明した裁判所の法改革と整合するものである。

　8州（アリゾナ州、アイオワ州、ルイジアナ州、ミシガン州、ミシシッピ州、ミズーリ州、ネブラスカ州、およびニュー・ハンプシャー各州）は、製造または販売時の科学技術の水準を製品が満たしていたかを責任の要件または積極的抗弁としている。たとえば、ミシガン州の制定法によれば、販売時の技術水準に照らして製造業者が損害を発生させる製品の危険性を認識していた、または、認識すべきであったと原告が証明できなければ、警告上の欠陥を理由とする責任は認められない[66]。他方、アイオワ州の制定法によれば、製品が製造時に存在した技術水準を満たしていたと証明すれば、被告は責任を免れることができる[67]。

　3州（コロラド州、インディアナ州、およびケンタッキー州）は、技術水準を満たした製品について「欠陥なし」、そのような製品の製造業者は「過失なし」という反証可能な推定を認めている。

　9州（アリゾナ州、コロラド州、フロリダ州、アイダホ州、カンザス州、ミシガン州、サウス・ダコタ州、テネシー州、およびワシントン各州）は、技術水準の証拠の許容性について制定法で定めている。これらの州の制定法は、被告が製造・販売時に支配的だった科学的知識または技術の証拠を提出できる（may introduce）、または、原告が製品の製造後に進歩した科学的知識または技術の証拠を提出できない（may not introduce）というものである。

　設計上の欠陥の要件について制定法で定める州もある。少なくとも5州（ルイジアナ州、ミシシッピ州、ニュー・ジャージー州、ノース・カロライナ州、テキサス州各州（およびワシントン州））は、製造時により安全な製品を設

---

66) Mich. Comp. Laws Ann. §600.2948 (3) (2009).
67) Iowa Code Ann. §668.12 (2009).

計できた可能性について、原告に証明させている。

【技術水準の基準時をめぐる争い】

　興味深いことに、州の間では技術水準の基準時の扱いについても見解が異なっている[68]。州のなかには、製造業者が製造時の科学技術の水準を満たしていたかを問題とするところがある。また、いくつかの州は、販売時または製品が市場に流通しはじめた時の科学技術の水準を基準としている。たとえば、インディアナ州では製造時を基準としているのに対して、アーカンソー州、ネブラスカ州、ニュー・ジャージー州、テネシー各州では、販売時（製品が市場に流通しはじめた時）を基準時にしている。

　基準時として、製造時と販売時を併記する州もある。たとえば、アイダホ州の制定法によれば、製品の製造・販売後の技術水準の変化に関連した証拠は、設計と警告上の欠陥を証明するために許容されない[69]。また、ニュー・ハンプシャー州の制定法では、製造業者が製品に対する支配を失った時または製品販売時のうち、いずれか後に生じた時点を基準時としている[70]。

　このように州の間で基準時が異なるのは、基準時が製造時に近ければ近いほど製造業者の負担が軽減される一方、消費者の負担は増えることになるからである。製造業者は、基準時以降の科学技術の水準で認識、または、回避できる製品の危険性から生じた損害については、責任を負わない。そして消費者は、その分について責任を負うことになる。そのため、州のなかには製造時ではなく、それ以降を基準時にしているところがある、というわけである。

V　まとめ

　裁判所があと知恵で製品の欠陥を判断しなくなったことは、被告の認識を擬制するウェイド・キートン・あと知恵テストを放棄したこと以外から

---

68)　*See* Am. L. Prod. Liab. 3d §39: 13 (2009).
69)　Idaho Code Ann. §6-1406 (2009).
70)　N. H. Rev. Stat. Ann. §507: 8-g (2009).

も裏づけられる。具体的にいえば、ほとんどの裁判所は、ウェイド・キートン・あと知恵テストを放棄した。また、技術水準の証拠は、ほとんどの裁判所で許容されるようになった。他方、事後的な是正措置に関連する証拠は、州の間で見解が分かれているものの排除される傾向にある。そして、これらの法改革は、裁判所だけでなく州議会によっても進められた。

第4節　第3次リステイトメントの見解と関連する裁判例

　アメリカ法律協会が1998年に公表した製造物責任法第3次リステイトメントは、あと知恵の利用を制限する法理を反映した欠陥概念を採用している。第3次リステイトメントでは、製造上の欠陥については厳格責任が維持されたものの、設計と警告上の欠陥については過失に類似する判断基準が導入され、あと知恵の利用も制限された。そして、警告上の欠陥だけでなく設計上の欠陥を判断する場合も、あと知恵の利用を制限する裁判例が増えている。以下では、まず第3次リステイトメントの見解を説明し、そのあとで関連する裁判例を検討する。

I　製造物責任法第3次リステイトメントの見解

【一般原則と欠陥の種類】
　第3次リステイトメントでは、欠陥製品の販売を理由とする責任について、欠陥には製造上、設計上、そして警告上の欠陥という3つの種類があることが明記され、しかも、3つの欠陥のうち後者2つの設計上と警告上の欠陥と製造上の欠陥とが峻別されている。第3次リステイトメントの1条と2条は、次のような条文である。[71]
　　第1条（欠陥製品によって生じた損害に対する製造業者または卸売業者の責任）
　　　製造または卸売りの業務に従事する者で、欠陥製品を販売または卸売りした者は、その欠陥製品よって生じた人または財産の損害について責任を負う。
　　第2条（製品の欠陥の類型）

---

71) Restatement (Third) of Torts: Product Liability §§ 1 and 2 (1998).

製品が、販売または卸売りの時点で製造上の欠陥、設計上の欠陥、または、不十分な説明もしくは警告がある場合、その製品は欠陥品である。すなわち、

(a)（製造業者が）製品の準備・販売段階ですべての可能な注意を払ったとしても、製品が意図した設計から逸脱している場合、その製品には製造上の欠陥がある。

(b)販売業者、その他の卸売業者、または販売過程の流れの上流にいる者が、製品から予見可能な損害が発生する危険性を、合理的な代替の設計を採用して減少または回避し得た場合で、かつ、合理的な代替の設計を採用しないで製品を合理的な安全性を欠くものにした場合、その製品には設計上の欠陥がある。

(c)販売業者、その他の供給業者、または販売過程の流れの上流にいる者が、製品から予見可能な損害が発生する危険性を、合理的な説明または警告によって減少または回避し得た場合で、かつ、合理的な説明または警告をしないで製品を合理的な安全性を欠くものにした場合、その製品には不十分な説明または警告によって欠陥がある。

　第3次リステイトメント第1条は、原告が契約法と不法行為法のいずれに基づいて訴えても、製造業者または卸売業者が製品に欠陥がなければ製品から生じた損害について責任を負わない、という一般的な原則を表している[72]。

　続く第2条は、製品の欠陥を製造上の欠陥、設計上の欠陥、そして警告上の欠陥の3つに類型化し、設計と警告上の欠陥については製品から予見可能な損害が発生する危険性を合理的に回避できたのにしなかった、という場合にのみ製品に欠陥がある、と規定している。第2次リステイトメント402A条では、製品の欠陥が類型化されていなかった。すなわち、使用者または消費者にとって許容されないほどの危険な欠陥状態にある製品 (any product in defective condition unreasonably dangerous) を販売したすべての者は、最終使用者または消費者の被った人身損害について責任を負う[73]。

---

72) Restatement (Third) of Torts: Product Liability §1 cmt. a (1998).
73) Restatement (Second) of Torts §402A (1965).

しかしながら、後に裁判所は、製品の欠陥に製造上の欠陥、設計上の欠陥、そして警告上の欠陥の３つがあることを認めるようになった。このような裁判例の蓄積を受けて、第３次リステイトメントでは欠陥に３つの種類があると明記された。[74]

【設計上の欠陥と警告上の欠陥における責任の限定】

第３次リステイトメントは、３つの欠陥のなかで設計上の欠陥と警告上の欠陥について、予見可能な損害が発生する危険性を合理的に回避できた場合に、製造業者の責任を限定している[75]。警告上の欠陥の場合、責任が生じるのは予見可能な損害が発生する危険性を合理的に警告・指示できた場合だけである。すなわち、原告は、製造業者が製品から予見可能な損害が発生する危険性を回避できたのに、十分な警告・指示を怠ったことを証明しなければならない。

他方、警告上の欠陥と同様に設計上の欠陥の場合も、責任が生じるのは予見可能な損害が発生する危険性を合理的に回避できた場合だけである。要するに、第３次リステイトメントは、製品から予見可能な損害が発生する危険性を合理的な代替設計で減少できる場合には欠陥がある、という見解を採用した。原告は、リスク効用基準のもとで「合理的な代替設計を採用して、製品から予見可能な損害が発生する危険性を減少または回避し得たこと」を、ほとんどの場合に証明しなければならない。原則は、製造時に合理的な代替設計があったことを原告が証明しなければならない、ということである。

もっとも、第３次リステイトメントによれば、リスク効用基準が利用されるとはいえ、合理的な代替設計以外のさまざまな要素が考慮される[76]。具体的な要素には、予見可能な損害が発生する危険性の大きさと蓋然性、製品に添付されている説明と警告、外観や個人の嗜好を含めた製品に関する消費者の期待の性質と大きさ、代替設計の製品と比較した場合の現存製品の長所と短所、代替設計を採用した場合に予想される製造費用、代替設計

---

74) RESTATEMENT (THIRD) OF TORTS: PRODUCT LIABILITY §2 cmt. a (1998).
75) RESTATEMENT (THIRD) OF TORTS: PRODUCT LIABILITY §2 cmt. a and b (1998).
76) RESTATEMENT (THIRD) OF TORTS: PRODUCT LIABILITY §2 cmt. f (1998).

を採用した場合の製品の耐久性、保全、修理、および芸術性、さらには消費者の期待の大きさ等が含まれる。

また、第3次リステイトメントは、原告がほとんどの場合に合理的な代替設計の利用可能性を証明しなければいけないというルールについて、決して設計上の欠陥を判断するための唯一のテストではない、と注記している[77]。この注記は、欠陥を判断するためにさまざまな要素が考慮されるという、多くの州の見解と整合する。第3次リステイトメントは、原告が合理的な代替設計を証明できない場合でも設計上の欠陥を認める可能性を残しているのである。さらに、第3次リステイトメントは、製品の欠陥から通常生じるような種類の負傷について欠陥を推定し、社会的な効用に乏しく非常に危険な設計についても欠陥が明白であることから、原告に合理的な代替設計の証明を義務づけていない[78]。

このように、第3次リステイトメントは、設計および警告上の欠陥については製造業者が責任を負う場合を限定している。第3次リステイトメントは、製造上の欠陥とそれ以外の欠陥を区別する理由として欠陥の基準が明確であることを挙げる[79]。設計および警告上の欠陥の場合、製造上の欠陥ほどには欠陥の基準が明確でない。製造上の欠陥は、製造業者の意図した設計を逸脱した製品であるから欠陥の基準が明らかで、欠陥を認めるのにそれほど大きな困難を伴わない。他方、設計および警告上の欠陥の場合、製品の欠陥を判断するためには、設計や警告の危険性と便益を評価する必要がある。また、製品から生じる事故の費用は、製品を有用にする製品特性を犠牲にすることでしか回避できない。つまり、裁判官や陪審にとって設計および警告上の欠陥を判断することは製造上の欠陥より難しい、ということである。第3次リステイトメントは、欠陥の基準が明確でなく、製品の効用を維持したままで危険性を除去または軽減することは容易でないことから、設計および警告上の欠陥を製造上の欠陥とは区別した。

以上のように、第3次リステイトメントは、多くの裁判所や州議会の見解と整合するようにあと知恵の利用を制限し、予見可能な損害が発生する

---

77) Id.
78) RESTATEMENT (THIRD) OF TORTS: PRODUCT LIABILITY §2 cmt. e (1998).
79) RESTATEMENT (THIRD) OF TORTS: PRODUCT LIABILITY §2 cmt. a (1998).

危険を合理的に回避できたのに回避しなかった、という場合にのみ設計と警告上の欠陥がある、という見解を採用している。

II　あと知恵の利用が制限されていることを示す裁判例

　裁判所のなかには、第3次リステイトメントの見解を支持するところが出てきている。以下では、警告上の欠陥と設計上の欠陥の具体的内容について、1997年以降の裁判例を中心に分析し、欠陥を判断するためにあと知恵の利用が制限されている傾向を明らかにする。

【警告上の欠陥】

　警告上の欠陥については、多くの裁判所が第3次リステイトメントの見解を支持している。ほとんどの州では、認識可能で重要なすべての製品の危険性について、製造業者が適切に警告・指示する義務を負うと認めている。「適切に」というのは、「合理的に」というのと同じ意味である。製品の危険性と効用に関連する完全な情報を提供することは不可能であるから、製造業者は、製品から予見可能な損害が発生する危険性を合理的に警告・指示することで足りる。すなわち、製造業者の警告・指示は、予見不能な製品の危険性には及ばず、完璧でなくてもよい。たとえば、アラバマ州最高裁は、マクグロー対フロン・カンパニー事件において、製造業者の警告義務が、予見可能な製品の危険性を合理的に警告するという範囲に限定される、と認めた。[80]

　また、州のなかには、警告上の欠陥の判断基準について厳格責任と過失の訴えで異ならない、と認める裁判所さえ出てきた。たとえば、有名な判例の1つにアイオワ州最高裁のオルソン対プロソコ社事件がある。[81]

　(1)　Olson v. Prosoco, Inc.（1994）　　原告は、モルタル洗浄剤の凍結を

---

80)　McGraw v. Furon Co., 812 So. 2d 273 (Ala. 2001). ゴム加工機の材料投入口の危険についての警告が争われたものの、被告勝訴の略式判決が支持された事例。被告は、そもそも恒常的に製造業に従事しておらず、認識すべき製品の危険性については適切に警告していた。

81)　Olson v. Prosoco, Inc., 522 N. W. 2d 284 (Iowa 1994).

回避するためにドラム缶を運搬しようと荷台に載せたとたんに、液化水素を目に浴びて負傷した。ドラム缶の栓が破裂したからである。原告は、ドラム缶の製造業者に過失と厳格責任（警告上の欠陥）を請求原因として、損害の賠償を求める訴えを提起した。被告は技術水準の抗弁を申し立てたものの、第１審の事実審理裁判所が原告勝訴、約73万5000ドルの賠償を命じる陪審評決どおりの判決を下したため、被告は上訴した。

州最高裁のスネル裁判官（Justice Snell）は、原告勝訴とする事実審理裁判所の判決を支持している。最高裁は、警告上の欠陥の陪審説示について次のように説明している。[82]

「当裁判所は、警告義務違反を理由とする損害賠償に関連する正しい説示の提示が過失法理に基づくもので、厳格責任の理論として提示されるべきではないと考える。……そのため、重要な争点は、一般的に認識され、支配的な最高の科学知識（the generally recognized and prevailing best scientific knowledge）に照らして、合理的な製造業者が製品の危険性を認識していた、または、認識すべきであったか、それにもかかわらず製造業者が、使用者または消費者に適切な警告を怠ったかである。」

このように、製造業者の警告・指示は、予見可能な製品の危険性を適切に警告・指示することで足り、完璧なものでなくてよい。前述したように、製造業者は、予見不能な製品の危険性まで警告・指示する必要はない。問題は、「一般的に認識され、支配的な最高の科学知識」とは何なのかという点と、どのような警告・指示ならば適切または合理的なものと認められるのか、という点である。以下、順に説明する。

(2) 一般的に認識され、支配的な最高の科学知識とは　　一般的に認識され、支配的な科学知識とは何かという問題は、実は、技術水準とは何か、技術水準をどうやって証明すればよいか、という問題に等しい。残念ながら、アメリカでは技術水準の法的な定義がいまだに確立されていない。本書では、これまで数多くの裁判例のなかで「技術水準」という言葉に言及したが、各州の判例法と制定法において、その定義は微妙に異なっている。各州で技術水準の定義が異なるのは、その内容次第で消費者と製造業者の

---

82) Id. at 289-90.

負担を増大させるおそれがあるからである。

　技術水準と欠陥概念との間には、密接な関係がある。前述したとおり、技術水準は、製品に設計上の欠陥と警告上の欠陥があるかどうかを決定づける。そして、技術水準の抗弁が認められる場合には、製造業者ではなく消費者が、不合理な危険性を持つ製品から生じた損害を負担しなければならない。技術水準は、被害者の救済を大きく左右する、ということである。問題は、製造業者が遵守しなければならない技術水準の程度というのが業界慣行なのか、世界最高の科学技術なのか、それともその間のどこかなのか、2つの間だとすればどうやって遵守したことを証明するのか、である。

　結論からいえば、技術水準の程度は、業界の慣行でも世界最高の科学技術でもなく、その間のどこかにあるものと考えられている[83]。遵守しなければならない技術水準が業界慣行だとすれば、製品に潜む未知の危険性については消費者が負担することになる。他方、世界最高の科学技術の水準で製品の設計開発を求められるとすれば、製造業者の負担があまりにも大きくなって、多くの製品が市場から追放されてしまいかねない[84]。そのため、ほとんどの裁判所と州議会は、業界慣行でも世界最高の科学技術でもなく、その間を技術水準としているのである。そうすると、技術水準の具体的内容は、裁判官と陪審の判断が蓄積されることによって明らかにされることになる[85]。

　技術水準の定義の仕方は、州によって微妙に異なっている[86]。最も簡潔でバランスがとれていると評されているのは、ネブラスカ州制定法の「ある時点において合理的に利用可能な最高の技術」(the best technology reasonably available at the time)である[87]。他方、逆の方向から定義しているのは、

---

83) Owen 710-11. *See also* Am. L. Prod. Liab. 3d §34 : 29 (2010)（技術水準に関連する各州の制定法の規定について説明している）.
84) 業界によって影響は異なる。業界ごとの影響と対応については、次の文献が参考になる。Jones & Hunziker, *supra* note 3, at 8-18.
85) *See* Terrence F. Kiely, Science And Litigation : Product Liability in Theory and Practice 242 (2002).
86) Id. at 711-13. ネブラスカ州、ミズーリ州、そしてアリゾナ州の制定法を例示し、ネブラスカ州の定義を最も簡潔でバランスがとれたもの、と評する。
87) Neb. Rev. Stat. §25-21, 182 (1995). *See also* 1 Neb. Prac., NJI 2d Civ. §11.31 (2009-10 ed.).

ミズーリ州である。ミズーリ州制定法によれば、技術水準は、「製品が市場で流通しはじめた当時において、製品の危険性を認識できなかった、または、合理的に認識できなかったであろうこと」(the dangerous nature of the product was not known and could not reasonably be discovered at the time the product was placed into the stream of commerce)と定義されている[88]。

技術水準の定義について、より詳しい表現を採用しているのがアリゾナ州である。アリゾナ州制定法では、「製造時に実際に存在し、合理的に利用可能であった、製造、設計、または表示のための技術的、機械的、および科学的な知識」(the technical, mechanical and scientific knowledge of manufacturing, designing, testing or labeling the same or similar products that was in existence and reasonably feasible for use at the time of manufacture)というのが技術水準とされている[89]。

(3) 実務における技術水準の扱い　法的な定義が確立されていないといっても、製造業者は、現実的には技術水準を把握することなしに製品を開発することはできない。また、製造業者は、いったん製品を市場に流通させた後も技術水準に関連する情報を入手し続け、その動向を注視しなければならない。技術水準は、時間の経過とともに向上するのが一般的である。では、製造業者は、変容する技術水準をどうやって把握しているのか。技術水準は、大きく分けると次の３つから知ることができる、と考えられている[90]。

①権威のある科学文献
②行政機関による規制とデータ収集
③業界の慣行と産業界向けの文献

技術水準に関連する情報は、さまざまな機関から公表されていることから、その把握には多大な労力を必要とする。ある時点において合理的に利用可能な最高の技術を把握するためには、数多くの優れた機関から公表される報告書、統計データ、技術標準、さらには設計の比較分析などの膨大な資料を入手しなければならない。

---

88) Mo. Ann. Stat. §537.764 (2008).
89) Ariz. Rev. Stat. §12-681 (10) (2008).
90) Kiely, *supra* note 85, at 242 and 251-58.

具体的な情報源としては、たとえば、関連書籍、消費者向けの雑誌や広告、科学・専門雑誌、研究者や専門家向けのカンファレンス、業界団体や専門家団体、博士号・修士号取得論文、政府の関連資料、現在の研究動向、研究補助金、保険業界の出版物、統計資料、業界団体の自主基準や国際規格、消費者団体の出版物などがある。

このような技術水準に関連する情報は、時系列ごとに整理して利用されることになる。たとえば、製造業者は、いつの時点の情報に基づいて製品を設計・開発したのか、販売時にどのような情報を入手していたのか、製品の不具合を販売後に認識した場合、いかなる情報に基づいてどのような対応をしたのかについて、いつでも十分に説明できるような体制を整える必要がある。他方、製品によって被害を受けた者としては、製造業者がいつの時点でどのような情報を得ていたのか、実は製造・販売当時すでに技術水準がより高くなっていることを示す情報を入手していて、より安全で利用可能な設計の存在に気づいていたのではないか、または、少なくとも技術水準がより高いことを示す情報を入手できたのではないかという視点から、関連する情報を探索して利用することになる。

(4) 警告・指示の合理性　　技術水準を前提として、製造業者は予見可能な製品の危険性をどのように警告・指示すればよいのか。ネヴァダ州最高裁は、警告の適切さについて警告の場所、認識可能性や公正さ、そして強調の仕方から説明している。

(5) Lewis v. Sea Ray Boats, Inc. (2003)　　ルイス事件では、原告らが中古のプレジャーボートの製造業者に不法行為法上の厳格責任(警告上の欠陥)を請求原因として、損害の賠償を求める訴えを提起した[91]。原告は、夜通しプレジャーボート内で過ごしていた際、エアコンの一酸化炭素中毒によって重傷を負った。原告のなかには死亡した者もいた。

第1審の事実審理裁判所は、被告勝訴の陪審の評決どおりの判決を下したため、原告らは上訴した。原告らは、エアコン・システムの利用に伴う二次的な一酸化炭素中毒の危険に関連する警告が十分ではなかった、という陪審説示を認めるべきだと主張した。原告側の専門家は、睡眠中にエア

---

91) Lewis v. Sea Ray Boats, Inc., 65 P. 3d 245 (Nev. 2003).

コンを運転させたままにしておく危険性と、エアコンを運転させた場合に中毒を予防する措置の必要性について詳細に証言した。ボートの取り扱い説明書には、そのような警告・指示が記載されていなかった。

州最高裁のモーピン裁判官（Justice Maupin）は、警告の適切さに関連する陪審説示が不十分であったことを認め、被告勝訴とする事実審理裁判所の判決を破棄、審理を差し戻した。最高裁は、警告上の欠陥を理由とする製造物責任の訴えについて、州の事実審理裁判所が次の3点を陪審に助言すべきであると述べている。[92]

(i) 警告が消費者の関心を惹く場所に、合理的に配置されていなければならない

(ii) 言語が認識可能で、かつ、製品の使用に伴う危険性を公正に表示しなければならない

(iii) 警告は危険性の大きさに合わせて、十分に強調されなければならない

ルイス事件によれば、製造業者は、少なくとも警告の場所、警告の認識可能性や公正さ、そして警告の強調の仕方について合理的な注意を払わなければならない。それは、警告・指示の受け手が警告を実際に読み、警告を理解できなければ、事故を回避することなど不可能だからである。そのため、裁判所は、警告・指示の受け手が事故を回避するために必要な情報を読むことができたのかを判断材料にしている。たとえば、第5巡回区連邦控訴裁判所は、ミシシッピ州法における警告の適切さを検討する際に、通常の消費者の認識を考慮に入れている。[93]

(6) Austin v. Will-Burt Co. (2004)　オースティン事件では、テレビの放送車で仕事に従事していた原告の子どもの感電死が問題となった。原告の子どもは、自動車のテレビアンテナが送電線に接触したために感電死した。原告は、厳格責任（設計と警告上の欠陥）などを請求原因として、アンテナの製造業者に損害の賠償を求める訴えを提起した。この訴えは、異なる州の市民間の争訟であることを理由として連邦裁判所に提起されたものである。アンテナとその取扱説明書には、黄色のラベルに赤色と黒色の

---

92) Id. at 250.
93) Austin v. Will-Burt Co., 361 F. 3d 862 (5th Cir. 2004) (Miss. law).

文字で「危険。電線に注意せよ。本製品が送電線に接近すると、あなたは死亡するおそれがあります。」という警告が記載されていた。

第1審の事実審理裁判所が被告勝訴の略式判決を下したため、原告は上訴した。第5巡回区連邦控訴裁判所のガーウッド裁判官 (Judge Garwood) は、中間上訴裁判所の判決を支持している。裁判所は、ミシシッピ州の制定法を参照し、製品を購入した通常の消費者の通常の認識を考慮すれば、アンテナの取扱いに関する警告は明らかに適切であると認めた。[94]

以上のように、製造業者は、消費者が事故を回避できるように、認識可能で重要なすべての危険性について適切に警告・指示すれば足りる。逆に言えば、製造業者は、厳格責任の訴えでも販売時に予見不能な製品の危険性まで警告・指示する必要はない。

【設計上の欠陥】

裁判所の間では、製品設計の危険性と効用を比較することなしに設計上の欠陥を判断できない、という点で争いはほとんどなく、全米では、リスク効用基準が主要なテストであると認識されている。しかしながら、裁判所の間では、どのようにリスク効用基準を適用すべきか、また、あと知恵の利用をどこまで制限すべきかについては見解が分かれている。以下、4つの裁判例を示す。

リスク効用基準を厳格に適用すべきとする見解の最たるものは、第3次リステイトメントである。第3次リステイトメントは、製造業者が製造時により安全な代替設計を利用できたことについて、原則として原告に証明責任を負わせている。[95] すなわち、第3次リステイトメントのもとでは、製造業者は製造後のより優れた科学技術の水準ではなく、製造時の水準で製品の危険性を合理的に除去または減少できる場合でなければ、責任を負わない。第3次リステイトメントの見解をそのまま採用している州は少ないものの、2002年にアイオワ州最高裁は、原告が合理的な代替設計を証明しなければならないと認めた。[96]

---

94) Id. at 869.
95) Restatement (Third) of Torts: Product Liability § 2 cmt. a (1998).
96) Wright v. Brooke Group Ltd., 652 N. W. 2d 159, 169–71 (Iowa 2002).

(1) Wright v. Brooke Group Ltd.（2002）　ライト事件では、喫煙者とその妻がタバコの設計上の欠陥を争った。この訴えは、異なる州の市民間の争訟であることを理由として連邦裁判所に提起されたものである。第1審のアイオワ地区連邦地裁は、州最高裁にアイオワ州法の確認を求めた。

最高裁のターナス裁判官（Justice Ternus）は、設計上の欠陥に基づく訴えの場合、消費者の期待テストでは不十分であるとして、製造物責任の事件について不法行為法第3次リステイトメント（製造物責任）1条および2条を採用する立場を明らかにし、原告が合理的な代替設計を証明しなければならないと認めた。アイオワ州の他に第3次リステイトメントの見解を採用している州としては、ミシガン州などの計8州が知られている。[97]

また、州のなかには第3次リステイトメントを採用するのではなく、暗黙に原告に証明責任を負わせているところがある。たとえば、ケンタッキー州最高裁は、第3次リステイトメントの採用を避けているものの、合理的な代替設計の証明を原告に要求する陪審説示を有効と認めた。[98]

(2) Toyota Motor Corp. v. Gregory（2004）　トヨタ・モーター社事件では、衝突事故で骨折とⅡ度の火傷を負った運転手が、自動車のエアバックの設計上の欠陥を主張して、自動車製造業者に損害の賠償を求めた。第1審の事実審理裁判所は被告勝訴の略式判決を下したものの、中間上訴裁判所は合理的な代替設計の証明を原告に要求している陪審説示が誤っていることを理由に、事実審理裁判所の判決を破棄、再審理を命じた。

被告の上訴を受理したケンタッキー州最高裁のグレイブス裁判官（Justice Graves）は、4対3の僅差ではあったものの、被告勝訴とする事実審理裁判所の判決を支持している。最高裁は、事実審理裁判所が義務づけられていたわけではないものの、原告による合理的な代替設計の証明を認定しなければならないと陪審説示した点で誤っていない、と判示した。[99]

裁判所のなかには、第3次リステイトメントの見解と整合するライト事件やトヨタ・モーター社事件とは異なり、原告に合理的な代替設計を証明

---

97) Kiely & Ottley 150. 8州は、アラスカ州、ニュー・ヨーク州、ミシガン州、イリノイ州、ルイジアナ州、ミシシッピ州、オハイオ州、そしてテキサス州である。
98) Toyota Motor Corp. v. Gregory, 136 S. W. 3d 35 (Ky. 2004).
99) Id. at 42.

する責任を負わせないところもある。裁判所は、製造時に合理的な代替設計が実際に存在したかを考慮するものの、負担が過大になることを懸念して、原告には証明責任を負わせていない。たとえば、ニュー・ハンプシャー州が好例である。州最高裁は、第3次リステイトメントの採用を見送り、合理的な代替設計について原告に証明責任がないことを強調している[100]。

(3) Vautour v. Body Masters Sports Industries, Inc. (2001)　ヴォーター事件では、脚を鍛えるためのウェイト・リフティング・マシーンでトレーニング中に負傷した者が、マシーン製造業者に過失、保証責任、そして厳格責任（設計上の欠陥）を請求原因として、損害の賠償を求めた。このマシーンは、脚からふくらはぎを鍛える運動に移る場合には所定の安全装置を利用する必要があった。原告は、安全装置の利用に関連する警告を無視してふくらはぎを鍛える運動に移ろうとしたところ、金属とみずからの膝で胸を強打して脚を負傷した。原告は、マシーンの大きさが十分でなく、安全装置が危険な位置に設計されていると主張した。原告側の専門家証人は、特定しなかったものの、より安全な製品設計が利用可能であったと証言した。

第1審の事実審理裁判所は、合理的な代替設計の証明がないことを理由に、厳格責任と過失の訴えについて被告勝訴の指示評決を下した。上訴した原告は、原告に合理的な代替設計を証明する責任を負わせている点で事実審理裁判所の判断に誤りがある、と主張した。他方、被告は、合理的な代替設計について、原則として原告の証明責任とする第3次リステイトメント2条の採用を求めた。

上訴を受けた州最高裁のダッガン裁判官（Justice Duggan）は、被告勝訴とする事実審理裁判所の判決を破棄、審理を差し戻している。最高裁は、不当な負担を負わせて原告の救済を妨げるおそれがあり、陪審による適用が困難であると認め、第3次リステイトメントの採用を見送った。そして最高裁は、次のように原告の証明責任を限定した[101]。

「製品が通常の消費者の期待を超えて不合理な危険性を持つかは、リスク効用基準を利用して陪審が判断する。……陪審は、製品設計の危険性が

---

100) Vautour v. Body Masters Sports Industries, Inc., 784 A. 2d 1178 (N. H. 2001).
101) Id. at 1182-84.

効用を凌駕するかを判断する際に、一般市民にとっての製品の有用性、製品の有用性または製造費用に著しい影響を及ぼすことなく危険性を減少できるか、そして顕在化していない、または、予見可能な製品使用から生ずる許容範囲を超える危険性から身を守る警告があるかどうか、さらには警告の適切さを含む多くの要素を評価しなければならない。……原告の証明責任は、製品の危険性と効用の諸要素に関連する証拠の提出であって、原告はより安全な代替設計を証明する義務を負っていない。……本事件の原告は、リスク効用基準のもとでマシーンが不合理に危険だという十分な証拠を提出した。」

　ヴォーター事件では、より安全な代替設計の証明を原告に求める第3次リステイトメントの新ルールを採用できないとされた。ニュー・ハンプシャー州最高裁は、消費者の期待を超えて製品に不合理な危険性があるかを判断する際に、製品の危険性と効用を衡量するという判例法を踏襲しつつ、製造時に合理的な代替設計が存在したという証明については訴えの要件ではない、と強調している。それは、原告の立証の負担を軽減したいという最高裁の態度の表れである。ヴォーター事件の原告は、製造時に利用できた合理的な代替設計を特定できなかったものの、その存在可能性を主張しており、最高裁はこれをもって設計上の欠陥を示す十分な証拠として認めた。

　イリノイ州最高裁も、2007年にニュー・ハンプシャー州最高裁のヴォーター事件と同じような見解を明らかにした。イリノイ州最高裁は、リスク効用基準のもとで合理的な代替設計の証明責任を負っているわけではないものの、原告が製品の危険性と効用を衡量して、設計が許容できないほど危険な状態であったことまでは証明しなければならない、と判示している。[102]

(4) Calles v. Scripto Tokai Corp. (2007)　コールズ事件では、母親が火災で負傷した子どもに代わって、ライター製造業者らに損害の賠償を求めた。母親は、ライターに子どもの誤使用を想定した安全装置が装着されていないことから、ライターに設計上の欠陥があると主張した。第1審の

---

102)　Calles v. Scripto Tokai Corp., 864 N. E. 2d 249 (Ill. 2007).

事実審理裁判所は被告勝訴の判決を下したものの、中間上訴裁判所は厳格責任の訴えについて、例外的にリスク効用基準が適用されない単純な設計の製品であるかを陪審に判断させるために、事実審理裁判所の判決を一部破棄した。被告は上訴した。

　州最高裁のバーク裁判官（Justice Burke）は中間上訴裁判所の判決を支持し、リスク効用基準のもとでは原告が合理的な代替設計の存在を証明する必要はない、と認めた。[103] イリノイ州は、カリフォルニア州最高裁のバーカー事件テスト（Barker test）を採用している。バーカー事件テストとは、消費者の期待テストとリスク効用テストのいずれかによって、欠陥を認定できるというものである。すなわち、陪審は、通常の使用状況で通常の消費者の期待どおりに製品が安全に機能しないという証明、または、製品設計に内在する危険性が設計で得られる効用を上回るという証明があれば、設計上の欠陥を認定してもよい。

　最高裁は、まず合理的な消費者が期待するとおりに着火しており、いかなる陪審もライターに製品に不合理な危険性があると認めるはずがない、と判断した。そのうえで最高裁は、リスク効用基準のもとで考慮されるべき合理的な代替設計の存在等の項目リストに制限がなく、原告がそれぞれの項目をすべて証明しなければならないわけではない、と指摘している。原告が製品の事故発生頻度や、損害の重大性に関連する証拠を提出していたため、最高裁は陪審の間で製品の危険性と効用について見解が分かれる可能性があると認め、中間上訴裁判所の判決を支持した。

　コールズ事件では、リスク効用基準のもとで考慮されるべき合理的な代替設計の存在等の項目リストに制限がなく、原告がそれぞれの項目をすべて証明しなければならないわけではない、とされた。イリノイ州最高裁は、原告が項目リストのうちたった1つしか関連する証拠を提出できなくても、事実審理を開くのに十分であると認めている。要するに、イリノイ州最高裁も、ニュー・ハンプシャー州最高裁と同じように原告の立証の負担を軽減するために、製造業者が製造時により安全な代替設計を利用できたことについて、原告に証明責任を負わせなかった。

---

103)　Id. at 265-66.

III　まとめ

　以上のように、裁判所の間では、どこまでリスク効用基準を厳格に適用すべきか、あと知恵の利用を制限すべきかについて見解が一致していない。裁判所の間では、製造時に合理的な代替設計が存在したことの証明責任を原告に負わせるかについて、見解の相違がある。しかしながら、ほとんどの裁判所は、製品設計の危険性と効用とを比較することなしに（製造・販売時の合理的な代替設計の存在を考慮することなしに）設計上の欠陥を判断できない、という点で争っておらず、欠陥を判断するためにあと知恵の利用を制限している。

第5節　おわりに

　裁判所や州議会は、製品の欠陥を判断する際にあと知恵の利用を制限するようになった。裁判所が販売時よりも優れた科学技術水準で製品の欠陥を判断するテスト（ウェイド・キートン・あと知恵テスト）を採用したことによって、企業の破綻や賠償保険料の高騰を招いたからである。

　その後にアメリカでは、あと知恵の利用を制限する法理が拡大した。まず、ウェイド・キートン・あと知恵テストが放棄され、技術水準の証拠が許容されるようになった。どちらの改革も、販売時の科学技術水準で製品の欠陥を判断するために、裁判所と州議会によって進められたものである。

　また、裁判所のなかには、事後的な是正措置に関連する証拠を排除するところが出てきた。これは、原告の負傷後に講じられた是正措置の証拠を排除することによって、製造業者が製造物責任をおそれることなく、製品販売後に是正措置を講じることができるようにするための改革であった。

　州の間では、消費者保護の必要性やあと知恵の利用を制限することの影響を理由にして、あと知恵の利用をどのように、どこまで制限するべきか、という点について見解が分かれている。しかしながら、ほとんどの裁判所は、あと知恵の利用を制限するという点では一致している。

第3章　あと知恵に代わる製品販売後の義務の発展

　裁判所のなかには、不法行為法上の厳格責任の訴えの場合、たとえ製造時に製品の危険性を認識できなかったとしても、事実審理で明らかになった実際の危険性を認識していたと擬制し、製造業者に責任を負わせるところがある。しかしながら、多くの州では、企業の破綻や賠償責任保険の保険料の高騰を受けて、あと知恵で製品の欠陥を判断するのを回避するようになった。その結果、製造業者は、販売時の技術水準で製品の危険性を予見できなかった場合、または、合理的に回避できなかった場合、設計上の欠陥と警告上の欠陥を理由として責任を負わなくなった。言い換えれば、製造業者ではなく消費者が、販売時の技術水準で認識または除去できない製品の危険性から生じた損害については負担する、ということである。このように、あと知恵の利用を制限する法理が発展しただけでは、製造業者の負担が軽減される一方、消費者の負担は増大することになる。[1]

　しかも、あと知恵の利用を制限する法理は、製造業者に製品販売後の是正措置を積極的に促すわけではない。あと知恵の利用を制限する法理は、製造業者が製品に警告を加えた、または、製品を回収したという事実によって、製造物責任訴訟で不利に扱われる可能性を減らすだけである。

　しかしながら、不合理な危険性を持つと現時点で判明している製品は、市場にそのまま流通していると、消費者の安全にとって、いずれ間違いなく脅威となる。では、販売時の科学技術の水準によって製造業者の責任が限定されることを前提に、現時点で不合理な危険性を持つと判明している製品から消費者を保護できないのか。このような問題を解決するために裁判所が生み出したのが、製品販売後の警告義務である。

　以下では、製造業者に製品販売後の是正措置を積極的に促すための法制度の発展を扱う。まず、多くの州で、製造業者が製品販売後の警告義務を負うと認められるようになるまでの過程を分析する。次に、製品を回収・

1）　*See, e.g.,* Ellen Wertheimer, The Biter Bit: Unknowable Dangers, the Third Restatement, and the Reinstatement of Liability without Fault, 70 Brook. L. Rev. 889, 921（2005）.

修繕する判例法上の義務がない、という原則の理由を明らかにする。ここでは、警告義務と製品の回収・修繕義務の性質の違いに加えて、裁判所が製品の回収・修繕義務については連邦の行政機関の判断に委ねていることを示す。そして最後に、製品販売後の義務を補強する懲罰的賠償の役割について検討する。

第1節　製品販売後の義務の展開

I　はじめに

　裁判所は、製品販売後の義務として、製造業者に警告義務を課すようになった。裁判所の間では、製造業者に製品販売後の警告義務を負わせるために欠陥製品を販売したことを要件とするのか、そこで要求される製品の欠陥とはどのようなものか、さらには警告義務を課すとより安全な製品の開発を妨げるのではないかという点について、大きな争いがある。しかしながら、多くの州では、製造業者が製品販売後の警告義務違反を理由として責任を負う、と認められている[2]。そこで以下では、製品販売後の警告義務が形成されるまでの裁判例をまず検討する。そして、第3次リステイトメントを参照しながら、警告義務が生じる場合を分析する。次に、製造業者に製品販売後の警告義務を課すにあたって、裁判所の間に製品の欠陥をめぐる対立があったことを示す。最後に、製造業者に製品販売後の義務を課していない州からの批判について検討する。

II　警告義務の形成

【製品販売後の義務の誕生】
　製造物責任法は、欠陥製品を販売した製造業者に、その製品から生じた損害を賠償させるものである。そうすると、製造業者は、販売時に安全だった製品から生じた損害については責任を負わないことになる。問題は、

2）　Owen 755-56.

販売時における科学技術の水準では製品が安全かどうかわからず、販売後の技術水準ではじめて製品の危険性が明らかになった場合である。1959年にミシガン州最高裁は、販売後にはじめて製品に不合理な危険性があると判明した場合でも製造業者が責任を負う、と認めた。この事件こそ、製品販売後の義務をはじめて認めたコムストック対ジェネラル・モーターズ・コーポレーション事件である[3]。

(1) Comstock v. General Motors Corp. (1959)　自動車の販売店で働いていた修理工は、同僚が運転する車に轢かれて負傷した。この車のブレーキに問題があったため、同僚は修理工場に入庫する際に原告を轢いてしまったのである。自動車製造業者は、この車を販売しはじめて数週間後に、他社製ブレーキ・システムの設計・製造上の欠陥により、ブレーキ不良が生じることを突き止めていた。そこで製造業者は、ブレーキ不良を公表することなく全販売店に修理部品一式を送り、来店したすべての車のブレーキを修理するように指示した。ところが、自動車製造業者は、車の所有者には警告文書を送付しなかった。修理工は、車の所有者、同僚、そして車の製造業者に過失を請求原因として、損害の賠償を求めた。

第1審の事実審理裁判所は、自動車製造業者については被告勝訴の指示評決の申立てを認めた（同僚については訴答不十分の抗弁（demurrer）を認めて請求を棄却し、車の所有者については陪審の評決どおり被告勝訴の判決を下した。訴答不十分の抗弁というのは、ここでは原告側の主張する事実が仮にすべて真実でも、法律上主張が成り立たない旨の抗弁を意味している）。原告は、被告自動車製造業者を勝訴とする指示評決についてのみ上訴した。

ミシガン州最高裁のエドワーズ裁判官（Justice Edwards）は、被告勝訴とする事実審理裁判所の判決を破棄、再審理を命じた。最高裁は、まず、ニュー・ヨーク州のマクファーソン事件を引用して、不合理な危険性を持つ製品（他社製の部品を含む）を誤って検査せずに販売した製造業者が、直接の契約関係にない者（原告）の損害について責任を負う、という一般論を述べた。そして次に、たとえ被告が車を合理的に製造して検査し、ブレーキ不良を合理的に予見できなかったとしても責任を負う理由について、

---

3) Comstock v. General Motors Corp., 99 N. W. 2d 627 (Mich. 1959).

以下のように説明した[4]。

「被告は、欠陥のある何千ものブレーキ・システムを製造したことを（販売した）後で知った。被告が修理キットを送付し、費用を予測していたという事実から、被告がブレーキ不良の前にブレーキ・システムに重大な問題があると十分に認識していたものと推定できる。被告は販売店には警告したのに、危険な製品を手にし、突然不良を起こす欠陥ブレーキで生命を脅かされる購入者には警告しなかった。当裁判所は、隠れた欠陥が判明した時点で車の買主にブレーキ・システムについて効果的に警告するために、被告がすべての合理的な手段を講じる義務を負うと認める。……当裁判所は、販売時に認識している製品の危険性を警告する義務が存在するならば、製造業者が市場に流通させた直後に、生命を脅かす隠れた製品の欠陥を認識した場合、迅速に警告する類似の義務が存在すると信じる。被告はこの警告を怠った」。

コムストック事件では、あくまで「欠陥のある製品」を販売した場合に、その欠陥を後で認識した製造業者が販売後の警告義務を負うとされた。ミシガン州最高裁は、過失の訴えで「隠れた危険・欠陥」(inherent danger and latent defect) という概念を利用して、隠れた欠陥が判明した時点で買主に警告を怠ったことを理由に、製造業者の責任を認めている。

隠れた欠陥とは、製造時には合理的に認識できない製品の危険性のことである。最高裁は、製造時には合理的に認識できない製品の危険性を欠陥（隠れた欠陥）と評価し、少なくともその欠陥が販売後に判明した場合には、製造業者が製品の買主に対して十分に警告する義務を負う、と判断した。このように、製品販売後の義務は、「隠れた欠陥」という概念を利用して、あくまで欠陥製品の販売を理由とする責任を認めることができる事件として、はじめて生み出されたのである。

【裁判例の蓄積】

コムストック事件以降、欠陥製品の販売を理由とする責任から独立した形で、製造業者に製品販売後の警告義務を課す裁判例が出てきた。コムス

---

4) Id. at 634.

トック事件では、販売時の欠陥（隠れた欠陥）が要件とされていた。ところが、いくつかの裁判所は、販売時に欠陥がなくても（欠陥製品を販売しなくても）製造業者が製品販売後の警告義務を負う、と認めている。以下、3つの代表的な裁判例を検討する。ニュー・ヨーク州最高裁は、製品が製造・販売された際に合理的なほど安全で、製品に警告を必要とするような危険性がなくても、製造業者や販売業者が販売後の警告義務を負うと認めた[5]。

(1) 第1の事件：Cover v. Cohen (1984)　カバー事件では、突然ブレーキが作動しなくなった自動車の衝突事故に歩行者が巻き込まれた。製造業者は、事故が発生する前（自動車の製造・販売から約1年後）に、ブレーキの不具合について販売店に警告文書を送付していた。足に重傷を負った歩行者は、運転手、販売店、そして自動車製造業者に過失と不法行為法上の厳格責任を請求原因として、損害賠償を求める訴えを提起した。

第1審の事実審理裁判所では、運転手については過失、販売店については不法行為法上の厳格責任、そして自動車製造業者については両方の請求原因を陪審が審理し、原告勝訴、総額で800万ドルの賠償を命じる評決を下した。事実審理裁判所は、被告の申立てを受けて総額400万ドルに賠償額を減額した。被告の上訴を受けた中間上訴裁判所は、230万ドルまで賠償額の減額を命じた。再度上訴した被告は、事後的な是正措置に関連する証拠等が誤って許容されたと主張した。

上訴を受けたニュー・ヨーク州最高裁のメイヤー裁判官（Justice Mayer）は、事後的な是正措置に関連しない別の証拠が誤って許容されたことを理由に、中間上訴裁判所の判決を破棄した。ところが最高裁は、製造業者の事後的な是正措置に関連する証拠が製品販売後の警告義務については許容される、と判示している。最高裁は、次のように指摘する[6]

「製品が製造・販売された際に合理的なほど安全で、製品に警告を必要とするような危険性（no then known risks of which warning need be given）がなくても、製品の危険性が使用者による実際の製品利用（user operation）から判明し、製造業者または販売業者がその危険性を認識した場合

---

5) Cover v. Cohen, 461 N. E. 2d 864 (N. Y. 1984).
6) Id. at 871-72.

には、製造業者または販売業者、もしくはその両方は警告義務を負う。……製品の使用から判明した問題について、どのような認識があれば製造業者または販売業者に販売後の警告義務が生ずるかは、問題の危険性の程度と問題ありと報告された事象の数によるものと考えられる。……」

「提供されるべき警告内容と警告すべき相手方の性質は、警告なしに製品を使用した場合に生ずる損害、製品の使用者または警告を受ける者の被る不利益、警告を受けるべき者の所在を突き止める際に製造業者または販売業者が被る負担、警告を受け取る者が警告に向ける関心、製品の種類、製造販売された製品の数、そして警告以外に問題を解消するために取りうる手段を含めて、たくさんの要素によって決まる。一般的にこの問題は、専門家の証言と先に挙げたあらゆる要素に関連する証拠に照らして、製造業者または販売業者がとった行為の合理性を確かめる役割を担う、陪審によって判断される」。

カバー事件では、コムストック事件よりも欠陥を理由とする責任と製品販売後の警告義務違反を理由とする責任とが、明確に区別されている。ニュー・ヨーク州最高裁は、製品が製造・販売された際に十分に安全であっても（欠陥がなくても）、販売後に警告義務が生ずると認めているからである。しかも最高裁は、警告義務が生ずる場合と警告義務の具体的内容についてはさまざまな要素で決まるとし、義務違反については過失と同様に合理性の基準で陪審に判断される、とまで言及した。要するに、カバー事件では、欠陥製品の販売を理由とする責任から独立した形で、製品販売後の警告義務違反を理由とする責任が認められている。

2つ目の事件は、カバー事件とは異なる表現ではあるものの、欠陥を理由とする責任と製品販売後の警告義務違反を理由とする責任とを区別している。ニュー・ジャージー地区連邦地裁は、たとえ製造・販売時に設計上の欠陥がなくても、製造業者が販売後も製品の危険性について警告する継続的な義務を負うことを認めた。[7]

(2) 第2の事件：Straley v. United States（1995） ストラレイ事件では、ゴミ収集車の後部で立ち作業中の作業員が、転落して負傷した。近く

---

7) Straley v. United States, 887 F. Supp. 728 (D. N. J. 1995).

には作業の妨げになる郵便トラックも作業中であり、このために収集作業は容易ではなかった。事件当時、収集作業中に後部の足場に立つと危険である、という旨の警告は収集車に付されておらず、収集車の製造業者は、事故後になって足場に警告ステッカーを貼った。また、製造業者は、警告ステッカーを貼った6年後、警告ステッカーなしの収集車にステッカーを貼るよう依頼する手紙を顧客に送付した。しかし、ゴミ収集車を所有する清掃会社は、中古で車を入手したために手紙の送付先一覧には含まれておらず、製造業者から手紙を送付されていなかった。しかも、ゴミ収集車には作業中の警告ブザーが装備されていなかった。

　作業員は、設計と警告上の過失を請求原因として、ゴミ収集車と圧縮装置の製造業者などに損害の賠償を求めた。また、作業員は、過失を請求原因として郵便トラックの運転手（その雇用者である合衆国政府）にも損害の賠償を求めた。この訴えは、合衆国を当事者に含むことから連邦裁判所に提起されたものである。合衆国憲法第3編2節によれば、連邦の司法権は合衆国が当事者の争訟に及ぶとされている。被告は、販売時に欠陥がなかったことを理由に被告勝訴の略式判決を下すように申し立てたものの、ニュー・ジャージー地区連邦地裁は申立てを棄却した。

　連邦地裁は、手紙が警告として十分なものかを判断する際に、設計が製造時の技術水準を満たしていても販売後に警告義務が生ずる、と指摘する[8]。

　「被告は、製品の欠陥の争いについて設計が製造時の技術水準を満たしている、という抗弁を認められる。しかしながら、そのような抗弁は、継続的な警告義務については存在しない。……もともとの設計が技術水準を満たしているために物理的な設計の是正措置が要求されない場合でも、製造業者は予見可能な製品の使用者に警告する継続的な義務を負い、単に警告文書を雇用者に送付しただけではその義務を法的に履行したことにはならない。……技術水準を満たした製品の危険性を警告する義務と、向上した技術水準のもとで製品の危険性を警告する義務の区別はなく、そのような区別をすることは、警告が製品の効用を減少させることなく製品をより安全にするために事実上追加的な費用を必要としないことから継続的な警

8） Id. at 747-48.

告義務を課す、という政策上の正当化事由に反する」。

　ストレイ事件では、カバー事件と同じように販売時に製品の欠陥がなくても製造業者が製品販売後の警告義務を負う、と認められた。2つの事件の違いは、ストレイ事件が、警告する義務の継続的な性質を強調する点にある。製造時から技術水準が向上した場合、販売後に市場に流通している製品を回収・修繕して危険性を除去または減少させることは、費用の面から難しい。しかしながら、警告ならば話は別である。製造業者は、製品設計に変更を加えるよりも比較的容易かつ迅速に、警告を追加したり、また警告を変更することができる。そのため、ニュー・ジャージー地区連邦地裁は、製造業者が販売時だけでなく、販売後も継続して警告義務を負うと認めた。

　(3)　販売時から継続的に負う義務としての警告義務　　製品販売後の義務が認められていたのは、自動車の事件ばかりではない。1980年代には医薬品の事件でも、製造業者が継続的な警告義務を負うと考えられるようになった。たとえば、カンザス州最高裁のウッダーソン対オルト・ファーマスーティカル・コーポレーション事件は、製造業者が医薬品に関連する科学・医学の発展に追随すべき継続的な義務を負い、医薬品の使用に伴う追加的な副作用を医師に知らせる義務を負う、と認めている[9]。

　ウッダーソン事件では、被告が製造した経口避妊処方薬によって腎不全が引き起こされ、その治療のために腎移植手術を受けるに至ったかが争われた。原告は、不法行為法上の厳格責任（警告上の欠陥）を請求原因として、損害の賠償を求めた。第1審の事実審理裁判所は、陪審の評決どおりに原告勝訴、塡補的損害と懲罰的賠償として計475万ドルの支払いを命じ、カンザス州最高裁も第1審の判決を支持している。最高裁は、医学雑誌等によれば被告が製品販売後、しかも原告の事故前に製品の危険性を認識していた、または、認識すべきだったとして、警告義務違反を理由に製造業者の責任を認めた。

　このように、製品販売後の警告義務は、製造業者が販売時から継続的に負う義務としての性質を強めていった。すなわち、裁判所は、販売時の欠

---

9)　Wooderson v. Ortho Pharmaceutical Corp., 681 P. 2d 1038, 1057 (Kan. 1984).

陥を問わず、製造業者が製品販売後に警告義務を負うと認めはじめたのである。[10]

では、製品販売後の警告義務とあと知恵で製品の欠陥を判断する法理との関係はどうなるのか。警告義務の継続性を強調すればするほど、あと知恵で製品の欠陥を判断する法理と変わらないのではないか、という疑問が生ずる。

結論からいえば、製品販売後の警告義務とあと知恵で製品の欠陥を判断する法理は、異なるものである。あと知恵で製品の欠陥を判断する法理は、製品の危険性に対する製造業者の認識を擬制するのに対し、認識を擬制することなく製造業者に事故を防止するインセンティヴを与えるのが、製品販売後の警告義務である。以下に記す第3の事件は、それを示している。マサチューセッツ州最高裁は、あと知恵で製品の欠陥を判断する法理の代わりとして、製造業者に製品販売後の警告義務を課している。[11]

(4) 第3の事件：Vassalo v. Baxter Healthcare Corp. (1998)　第2章ですでに紹介したヴァッサロ事件では、シリコン製乳房インプラント手術を受けた者が異型の自己免疫疾患になった。前述したように、マサチューセッツ州は不法行為法上の厳格責任という請求原因を認めていない珍しい法域の1つであるが、厳格責任の1つである黙示の保証責任を判断する際にあと知恵テストを利用していた。そのため、原告は、過失と商品性の黙示的保証責任を請求原因として、シリコン製乳房インプラントを製造した業者に損害の賠償を求めた。原告は、被告が製品の危険性を認識できたのに警告を怠ったと主張した。これに対して被告は、認識していた、または、製造時と販売時に利用可能な科学的知識に照らして、合理的に認識できた製品の危険性についてのみ製造業者が警告する義務を負う、という陪審説示を求めた。

第1審の事実審理裁判所は、被告の申立を棄却し、陪審の評決どおりに原告勝訴の判決を下した。被告の上訴を受けた州最高裁は、製造時に医学界が製品と自己免疫疾患との間の関連性を疑いはじめていたことから、結論として原告勝訴の評決を支持したものの、保証責任に基づく警告義務

---

10) 医薬品に関連する事件で顕著である。Dobbs 1020.
11) Vassalo v. Baxter Healthcare Corp., 696 N. E. 2d 909 (Mass. 1998).

を改めた。

　最高裁は、販売時の技術水準にかかわらず、製造業者が製品に関連するすべての危険性を完全に認識しているものと推定され、それらの危険性について警告を怠ったことを理由に厳格責任を負う、という現行法をまず説明する。しかしながら、最高裁は、マサチューセッツ州がウェイド・キートン・あと知恵テストを採用する少数の法域の1つであること、そのことで多くの批判を受けていること、そして前提としていた、ニュー・ジャージー州のベシャダ事件がすでに判例変更されたこと、を認めた。そして最高裁は、製品販売後の警告義務について次のように言及している[12]。

　「被告は、商品性の黙示的保証責任を根拠として、販売時に合理的に予見できなかった、または、製品を市場に流通させる前に合理的な試験で発見できなかった危険性について警告、または、指示を怠ったことを理由に責任を負わない。製造業者は、分野における専門家の知識を備えていなければならず、製品販売後に判明した製品の危険性について少なくとも買主に警告する継続的な義務を負う」。

　ヴァッサロ事件でも、販売時に合理的に予見できなかった、または、製品を市場に流通させる前に合理的な試験で発見できなかった製品の危険性についての警告と、販売後に判明した製品の危険性を警告する製造業者の義務とが区別されている。マサチューセッツ州最高裁は、あと知恵を利用して製品の欠陥を判断することを放棄する代わりに、製造業者に製品販売後の警告義務を負わせたのである。あと知恵の利用は、製造業者の認識を擬制するのに対し、製品販売後の警告義務は、製造業者の認識を擬制するものではない。あくまで、製造業者が製品の危険性を認識していた場合、または、少なくとも認識できた場合に課されるだけである。このように、製品販売後の警告義務は、あと知恵で製品の欠陥を判断する法理を代替するものとして、裁判所によって生み出された。

【州議会の立法】
　（1）立法の一例：ノース・カロライナ州の場合　　判例法のほうが先行

---

12) Id. at 923.

したものの、製品販売後の警告義務は、州の制定法でも規定されている。1990年代までに、州議会のなかには製品販売後の義務について立法するところも出てきた[13]。たとえば、ノース・カロライナ州は、製品販売時と販売後の製造業者の警告義務を区別して規定している。ノース・カロライナ州の制定法によれば、製造業者は、製品の危険性を認識した場合、または、合理的な注意で認識すべき場合に警告義務を負う。条文は、以下のとおりである[14]。

(a) すべての製造業者または販売業者は、製造業者または販売業者が十分な警告または指示を提供することなく不合理に行動したこと、十分な警告または指示を提供しなかったことが賠償を求めている損害との間に法的因果関係があること、そして次のいずれかを原告が証明できなければ、不十分な警告または指示を理由とする製造物責任の訴えで責任を負わない。

(1) 製品が製造業者または販売業者の支配を離れる時、十分な警告または指示がないために製造業者または販売業者が認識する、または、通常の注意で認識すべき不合理な危険性を生み出す製品が、合理的に予見可能な原告に重大な危険性を引き起こすこと。

(2) 製品が製造業者または販売業者の支配を離れた後、製品が合理的に予見可能な原告に重大な危険を引き起こすと製造業者もしくは販売業者が認識した、または、通常の注意で認識すべきであったのに、十分な警告もしくは指示を提供するために合理的な手段を講じなかったこと、または、そのような状況で他の合理的な行動をとらなかったこと。

以上のように、裁判所や州議会は、販売後の技術水準の向上や製品の使用によって判明した製品の危険性について、警告する義務を製造業者に課

---

13) Owen 757. ノース・カロライナ州以外にも、ジョージア州、アイダホ州、アイオワ州、ルイジアナ州、ミシガン州、オハイオ州、そしてワシントン州では、州議会が立法をしている。

14) N. C. Gen. Stat. Ann. §99B-5 (a)(2) (2009). See also Evans v. Evans, 569 S. E. 2d 303, 311 (N. C. App. 2002) (Green, J., concurring). 灌漑装置のボルトが落下したために流水事故が発生した事件において、州制定法の規定によれば、ボルトの製造業者が製品の危険性を認識するまでは警告義務を負わない、とする補足意見。

すようになった。このような州の判例法と制定法の動向は、第3次リステイトメントの内容にも影響を及ぼしている。次に、第3次リステイトメントにおける製品販売後の警告義務を分析する。

III　第3次リステイトメントにおける扱い

【義務の性質——欠陥の有無にかかわらない義務】
　製造物責任法第3次リステイトメントは、第2次リステイトメントでは扱われていなかった製品販売後の義務を明記している。第3次リステイトメントによれば、販売時における製品の欠陥の有無にかかわらず、製造業者が製品販売後の警告を怠った場合に責任を負う。前述したとおり、コムストック事件以降の判例は、欠陥製品を販売した場合に販売後の警告義務を課すものと、販売時には製品に欠陥がなくても販売後の警告義務を課すものとに分かれていた。ところが、第3次リステイトメントでは、販売時の製品の欠陥には関係なく、販売後の警告義務が課されることになった。第3次リステイトメントの関連条文は、次のようなものである。[15]
　　第10条（販売後の警告の懈怠によって生じた損害に対する製造業者または卸売業者の責任）
　　　(a)販売業または卸売業に従事する者は、売主の立場にある合理的な者が販売後に警告をする場合、販売または卸売後の警告の懈怠によって生じた人または財産の損害について責任を負う。
　　　(b)売主の立場にある合理的な者は、次の場合には販売後に警告をする。
　　　　(1)製品が人または財産に重大な損害を及ぼす危険性を生み出している、と売主が認識している、または、合理的に認識すべき場合で、かつ
　　　　(2)警告を受ける者が特定可能であって、［警告を受ける者が］損害を発生させる製品の危険性を認識していないものと合理的に

---

15)　Restatement (Third) of Torts: Product Liability §10 (1998).

想定される場合で、かつ
(3)警告が効果的に伝達可能で、警告を受ける者に影響を及ぼすことができる場合で、かつ
(4)損害を発生させる製品の危険性が、警告する費用を正当化するのに十分なほど重大である場合

このように、製造物責任法第3次リステイトメント第10条では、販売時に欠陥がない製品についても、販売後の警告義務違反を理由に製造業者が責任を負う。これまでの判例のなかには、隠れた欠陥のある製品を販売したことを理由に販売後の警告義務を課すものがあった。しかしながら、第3次リステイトメント第10条は、隠れた欠陥（製造時に合理的に予見できない製品の危険性）という概念を利用していない。第3次リステイトメント第10条は、第2条で合理的に予見または除去できない製品の危険性について設計と警告上の欠陥から除外されたことを受けて、販売時における欠陥の有無にかかわらず、製品販売後の警告義務が課されているのである[16]。

【義務の具体的内容】

製造物責任法第3次リステイトメントで採用された製品販売後の警告義務は、他の一般的な警告義務と同じように過失の基準（合理性の基準）で判断される[17]。ただし、第3次リステイトメント第10条(b)では、売主の行為の合理性を判断する要素が4つも列挙されていて、通常よりも過失判断の要素が明確にされている[18]。第3次リステイトメントによれば、合理的な売主は、以下の場合には警告することになる。

---

16) *See* James A. Henderson, Jr. & Aaron D. Twerski, A Fictional Tale of Unintended Consequences: A Response to Professor Wertheimer, 70 Brook. L. Rev. 939, 947 (2005). 第3次リステイトメントの起草者は、リステイトメントがあと知恵の利用を不当にも制限している、という批判的な論文に対して、第10条などの規定を挙げてリステイトメントが製造業者に有利なものではない、と主張している。*See also* Dobbs 1019. ほとんどの州は、販売時に認識できない製品の危険性について製造業者に責任を負わせない一方、より優れた科学技術によって新たに判明した製品の危険性については、製造業者が製品販売後に警告するために合理的な注意を払う義務を負う、と認めている。

17) RESTATEMENT (THIRD) OF TORTS: PRODUCT LIABILITY §10 cmt. b (1998).

18) Owen 757-58.

①製品によって人または財産に重大な損害が生ずる危険性を認識している、または、合理的に認識すべき場合
②警告を受けるべき者を特定することができ、警告を受けるべき者が損害を被る危険性を認識していないものと合理的に推定される場合
③警告を効果的に伝えることができ、警告によって警告を受けるべき者に影響を及ぼしうる場合、および
④警告する負担を正当化するのに十分なほど、損害を発生させる製品の危険性が重大である場合

　このように過失判断の要素がより明確にされているのは、販売時と販売後では製造業者にとって警告の負担が異なるからである[19]。販売後、製品に支配が及ばなくなった後に製品の使用者に警告するには、製品の包装に警告文言を追加するだけでは足りない。販売後の警告のためには、少なくとも使用者の所在の特定を必要とし、手紙（Eメールを含む）や電話などを通じて警告しなければならない。それは不可能でないとしても、製造業者にとって販売時の警告よりも大きな負担となる[20]。たとえば、アイオワ州最高裁は、製品販売後の警告義務が過失責任であるものの、販売時の警告義務よりも慎重な判断を必要とする点に言及している[21]。

　(1)　Lovick v. Wil-Rich (1999)　　ロヴィック事件では、耕作機の刃で負傷した農夫が、過失と不法行為法上の厳格責任を請求原因として、耕作機の製造業者に損害の賠償を求めた。耕作機の油圧式可動ウィングとシリンダーの接合部位には問題があり、原告が留め金を外した際にシリンダーから外れたウィングが原告を直撃した。被告は、1971年から製品の販売を開始しており、原告は1981年製の製品を80年代末に中古で購入した。被告は、1988年からピンを外す際の製品の危険性について、警告を追加した。また、被告は、1994年にはウィングが脱落する危険性を所有者に通知し、補修キットを開発した。

　第1審の事実審理裁判所は、厳格責任（設計上の欠陥）と過失（製品販売

---

19)　Restatement (Third) of Torts: Product Liability §10 cmt. a (1998).
20)　*See e.g.,* Bernard W. Bell, The Manufacturer's Duty to Notify of Subsequent Safety Improvement, 33 Stan. L. Rev. 1087, 1098 (1981).
21)　Lovick v. Wil-Rich, 588 N. W. 2d 688, 692 (Iowa 1999).

後の警告義務・懲罰的賠償）について陪審に判断させ、陪審は原告勝訴、被告に50万ドルの懲罰的賠償を含む約205万7000ドルの賠償を支払うように命じた。被告の上訴を受けたアイオワ州最高裁のキャディ裁判官（Justice Cady）は、懲罰的賠償の額についてのみ事実審理裁判所の判決を破棄し、その他の部分を支持している。

最高裁は、ともに過失責任の性質を持つ製品販売時の警告義務と販売後の警告義務の違いを認め、販売後の警告義務では製品の危険性と被告の予見可能性のみならず、第3次リステイトメントで列挙されている要素を考慮しなければならない、と指摘した[22]。裁判所によれば、陪審は、製品使用者を特定する製造業者の能力、認識されていない製品の危険性が顕在化する蓋然性、効果的に警告する製造業者の能力、そして損害が発生する危険性に照らして警告する際の負担を考慮し、製造業者が製品販売後の警告義務に違反したかを判断しなければならない。

ロヴィック事件では、販売時よりも慎重に考慮されるべき要素が、製品販売後の警告義務にはあるとされた。それは、製品使用者を特定する製造業者の能力、認識されていない製品の危険性が顕在化する蓋然性、効果的に警告する製造業者の能力、そして損害が発生する危険性に照らして警告する際の負担という4つの要素である。これらの要素は、第3次リステイトメント第10条でも列挙されている。以下では、警告義務が生ずる場合について、2つにまとめて具体的に検討する。

【義務が生じるための要件】

（1）要件その1：製品の危険性の認識　　製品販売後の警告義務が生じるのは、少なくとも製造業者が製品の危険性を認識した場合である[23]。たとえば、ニュー・ヨーク州最高裁は、使用者によって製品が大幅に改変されていることに加えて、改変によって人または財産に損害が生じる可能性を認識した場合、製造業者が販売後の警告義務を負うと認めた[24]。

（2）Liriano v. Hobart Corp. (1998)　　リリアーノ事件では、食料品店

---

22) Id. at 692.
23) Restatement (Third) of Torts: Product Liability §10 cmt. e (1998).
24) Liriano v. Hobart Corp., 700 N. E. 2d 303 (N. Y. 1998).

に勤める17歳の男性が、肉挽き機を使用中に右手と右前腕を失った。肉挽き機には安全装置が装備されていたものの、この装置は何者かによって除去されていた。肉轢き機の製造業者は、安全装置なしで使用した場合の製品の危険性について、肉挽き機にまったく警告を記載していなかった。製造業者は、非常に多くの買主が安全装置を除去していることを認識しており、新製品には警告を記載していた。ところが、製造業者は、従前の製品の買主に対しては、危険性についてまったく助言しなかった。男性は、過失と厳格責任（警告義務違反と設計上の欠陥）とを請求原因として、製造業者に損害の賠償を求めた。この訴えは州地裁に提起されたものの、異なる州の市民間の争訟を理由として連邦裁判所に移送された。

第1審の連邦地裁は、警告義務違反についてのみ陪審審理を開き（残りについては被告勝訴の略式判決を下した）、陪審は原告勝訴、過失相殺を認めて被告に損害の3割を支払うように命じた（ニュー・ヨーク州は、いわゆる純粋型の比較過失法理を採用しており、原告の過失分だけ被告の責任は相殺される）。被告の上訴を受けた第2巡回区連邦控訴裁判所は、ニュー・ヨーク州最高裁に次の法律問題の確認を求めた。すなわち、重大な改変によって設計上の欠陥に基づく責任が免責される場合でも、警告義務違反に基づく製造業者の責任は認められるのか否か。

肯定的に回答した最高裁は、製品販売後の警告義務について次のように判示している。[25]

「製造業者は、たとえ製品販売後であっても、製品の使用に付随する危険性について警告する義務を負う。そのような義務は、使用者による製品利用から欠陥または危険性が判明し、製造業者が注意するようになった場合に一般的に生ずる」。

最高裁は、製品の買主・使用者と比較した場合に、製造業者が製品の使用から判明する製品販売後の欠陥または危険性について最もよく把握できる地位にいる、と指摘する。そして最高裁は、情報を容易に入手できるという製造業者の地位とそれに付随する警告義務が、製品の改変または誤使用を把握できる能力についても同じく当てはまるという理由から、製品販

---

25) Id. at 305.

売後の義務を正当化した。

リリアーノ事件では、販売後に製品が改変されていた（安全装置が除去されていた）。改変によって生じる製品の危険性は、製品の販売時には実際にはわからないこともある。そのため、ニュー・ヨーク州最高裁は、少なくとも改変によって生じる製品の危険性を販売後に認識した場合、製造業者が警告義務を負うという。要するに、ニュー・ヨーク州最高裁は、あと知恵で製造業者の認識を擬制することなく、製造業者に製品販売後の警告義務を負わせているのである。

(3) 要件その2：危険性の重大さと警告の実現可能性・実効性　　製品販売後の警告義務が生じるためには、製造業者が製品の危険性を認識しただけでは足りない。損害が発生する危険性の重大さに加えて、警告の実現可能性・実効性が認められない場合には、製品販売後の義務は否定される[26]。たとえば、マサチューセッツ州最高裁は、販売時から長い年月が経過しており、原告が製品を第三者から転売された場合には、製造業者は原告に対して製品販売後の警告義務を負わない、と判示している[27]。

(4) Lewis v. Ariens Co. (2001)　　ルイス事件では、購入した中古除雪機の回転刃で右手に重傷を負った者が、過失、消費者保護法違反、そして商品性の黙示的保証責任を請求原因として除雪機の製造業者に損害の賠償を求めた（マサチューセッツ州では、不法行為法上の厳格責任が認められていないため）。原告は、16年前に販売された除雪機を中古で第三者から購入していた。第1審の事実審理裁判所は、商品性の黙示的保証責任に基づく製品販売後の警告義務違反を理由に、被告に総額41万ドルと弁護士費用の賠償を命じた。被告の上訴を受けた中間上訴裁判所は、製造業者は中古品の買主に対して製品販売後の警告義務を負わないとして、事実審理裁判

---

26) リステイトメント第10条では、(1)製品の危険性を認識していること、に加えて、(2)警告を受けるべき者を特定可能で、警告を受けるべき者が損害発生の危険性を認識していないものと合理的に推定される場合、(3)警告を効果的に伝えることができ、警告によって警告を受けるべき者に影響を及ぼしうる場合、および(4)警告する負担を正当化できるほどに損害を発生させる製品の危険性が十分に重大である場合、合理的な売主は販売後に警告する、と規定されている。(1)以外の要素をまとめると、損害が発生する危険性の大きさに加えて、警告の実現可能性・実効性が認められる場合、製造業者が販売後に警告しなければならない、ということであると考えられる。

27) Lewis v. Ariens Co., 751 N. E. 2d 862 (Mass. 2001).

所の判決を破棄した。上訴した原告は、第3次リステイトメント第10条に基づいて請求を認めるよう主張した。

マサチューセッツ州最高裁のコーディ裁判官（Justice Cordy）は、警告の実現可能性・実効性が低いという理由から、被告勝訴とする中間上訴裁判所の判決を支持している。裁判所は、第3次リステイトメント第10条が、論理的で偏りのない製品販売後の警告義務を具体化していると認めつつ、もともとの製品販売から17年も経過し、原告が中古品を第三者から購入している場合、製造業者に販売後の警告を要求するのは不合理である、と指摘する[28]。

ルイス事件では、原告が中古品を購入していた。そして、もともとの製品の購入者から原告に転売されるまでの間には、製品の危険性が十分に判明していなかった。製品の危険性が判明した時には、すでに製造業者と元の買主との間に継続的な関係がなかった、ということである。このように、製造業者と元の買主に継続的な関係がなければ、製造業者が販売後の警告のために買主の所在を特定することは難しい。そのため、マサチューセッツ州最高裁は、販売後の警告の実現可能性・実効性が低いと判断し、製品販売後の警告義務を否定した。

製造業者と買主との継続的な関係については、買主だけでなく製造業者の行動も考慮される。たとえば、第8巡回区連邦控訴裁判所は、製造業者が販売後も警告してもらえるという買主の信頼を生み出すような行動をとった場合、警告義務を負うと認めた[29]。

(5) T. H. S. Northstar Associates v. W. R. Grace and Co. (1995)　T. H. S. ノーススター・アソシエイツ事件では、建物の所有者が設計上の欠陥と警告義務違反を理由に、天井に使用された耐熱材の製造業者にアスベストの除去費用の賠償を求めた。この訴えは、異なる州の市民間の争訟を理由として連邦裁判所に提起されたものである。被告のパンフレット、手紙、その他の書類では、アスベストを含有する製品の危険性について検討されており、建物所有者にそのような危険性に対処する方法を助言する記載があった。

---

28) Id. at 866–67.
29) T. H. S. Northstar Associates v. W. R. Grace and Co., 66 F. 3d 173 (8th Cir. 1995).

第 1 審の事実審理裁判所は、原告勝訴・被告に 624 万ドルの支払いを命じる判決を下した（陪審は原告に 40％ の過失を認める評決を下したものの、事実審理裁判所は賠償額を減額しなかった）。原告と被告双方の上訴を受けた第 8 巡回区連邦控訴裁判所のローケン裁判官（Judge Loken）は、賠償額の再計算のために事実審理裁判所の判決を一部破棄し、その他については支持した。裁判所は、アスベスト関連製品の危険性について被告が広告等で議論していたことに加えて、危険性に対処する方法について製品の使用者に助言する義務を引き受けていたことを理由に、販売後の警告義務を陪審に審理させて構わない、と判示した。

T. H. S. ノーススター・アソシエイツ事件では、製造業者の行動から、買主と製造業者は買主が販売後の警告を製造業者に期待できる特別の関係にあると評価され、製品販売後の警告義務が生じる可能性があるとされた。製造業者は、少なくとも販売後には製品の危険性について認識しており、しかも製造業者から買主に対する情報提供もさまざまな媒体を通じて行われていた。そうすると、買主の所在を知らない場合よりも、製造業者から買主への警告は容易であると推察される。そのため、T. H. S. ノーススター・アソシエイツ事件では、販売後の警告義務が陪審審理で争われることになった。

では、損害が発生する危険性はどうか。裁判所のなかには、製造業者と買主との継続的な関係だけでなく、製品市場の性質、危険性の種類と程度、製品の耐用年数、販売から負傷までの時間をも考慮するところがある。

(6) Hammes v. Yamaha Motor Corp. U. S. A., Inc. (2006)　ハメッズ事件では、自動二輪車のスロットルに関連する警告義務が争われた。被告の製造したバイクを 2001 年 6 月に購入した原告は、同年 7 月に所有するモトクロス場で運転中に突然シフトダウンができなくなったために、事故を起こして負傷した。被告は、2000 年 8 月にはじめてスロットルに関連する苦情を受けたものの、調査後に問題なしという結論を下した。被告は、2001 年 6 月にも似たような苦情を受けて、ようやく製品の回収を決断した。原告は、過失、保証責任、不法行為法上の厳格責任を請求原因として被告に損賠の賠償を求めたものの、ミネソタ地区連邦地裁は、製品販売後の警告義務違反、明示の保証責任、製造上と警告上の欠陥とに限って被告

勝訴の略式判決を下している（製品販売時の過失、黙示の保証責任、そして設計上の欠陥の訴えについては略式判決の申立てを退けた）。裁判所は、被告が顧客からの一般的な苦情を受けて試験とリコールを迅速に実施したこと、被告が事故の1年前に製品の危険性を認識したばかりだったこと、被告が原告の事故の1ヶ月前までは1件も負傷事故の報告を受けていなかったことを理由に、製品販売後の警告義務を否定した。[30]

ハメッズ事件では、製造業者が苦情を受けた後に試験とリコールを迅速に行った点に言及されている。製造業者が報告を受けた事故の件数は極めて少なく、しかも製造業者が合理的な調査後に問題なしと判断している以上、その時点における製品の危険性は重大なものではない。そのため、ハメッズ事件では、製造業者が製品販売後の警告義務を負うとは認められなかった。

以上のように、裁判所は、製品販売後の警告義務について過失責任の性質を有するものと認めつつ、一般的な警告義務よりも製造業者の行為の合理性を慎重に判断している。すなわち、裁判所は、製造業者が製品の危険性を認識していることに加えて、損害が発生する危険性の重大さと警告の実現可能性・実効性を考慮して、製品販売後の警告義務について判断しているのである。

IV 義務をめぐる対立

州の間では、製品販売後の警告義務違反を理由とする責任を認めるためには販売時の欠陥を要件とするのかどうか、という点で見解が分かれている。第3次リステイトメントによれば、販売時における製品の欠陥の有無にかかわらず、販売後に明らかになった製品の危険性について製造業者は警告義務を負う。[31] ところが、州のなかには、欠陥製品を販売した製造業者にのみ、販売後の警告義務を負わせるところがある。このような見解の対立は、不法行為法上の厳格責任と製品販売後の警告義務を連続的に扱うの

---

30) Hammes v. Yamaha Motor Corp. U. S. A., Inc., 2006 WL 1195907 at *12-13 (D. Minn. 2006).
31) *See* RESTATEMENT (THIRD) OF TORTS: PRODUCT LIABILITY §§3 and 10 cmt. a (1998).

か、そして、製造業者による新製品の開発に及ぼす悪影響を考慮するのか、という問題と関係している。以下、第3次リステイトメントとは異なる形で製造業者に販売後の警告義務を課している州の裁判例3つを検討する。

【対立点とその構造】

　州の間で対立しているのは、販売時における製品の欠陥が販売後の警告義務違反を理由とする責任を認めるための要件か、という点である。州のなかには、明らかに第3次リステイトメントの見解に反するものの、販売時には合理的に予見または除去できない危険性を含む製品についても欠陥製品に該当するとして、そのような製品を販売した製造業者に販売後の警告義務を課すところがある。その好例の1つが、カンザス州である。

　カンザス州最高裁は、販売時に欠陥が存在していたことを要件として、製品販売後の警告義務違反を理由とする責任を認めている[32]。この裁判例で注目しなければならないのは、最高裁が「製造業者が販売時に認識不能・予見不能であった『欠陥』を現在認識している」という表現を使っている点である。

　(1)　Patton v. Hutchinson Wil-Rich Mfg. Co. (1993)　パットン事件では、農業機械で負傷した農夫が過失と厳格責任とを請求原因として、製造業者に損害の賠償を求めた。この訴えは、異なる州の市民間の争訟を理由として連邦裁判所に提起されたものである。油圧式可動ウィングのシリンダーを交換していた原告は、固定ネジを外した際にウィングの落下により負傷した。被告は、シリンダーの交換に伴う危険性についてまったく警告していなかった。被告は、製品の販売から5年後に事故の報告を受けており、類似製品を製造する他社が修繕計画を進めていたにもかかわらず、製品の危険性を許容範囲であるとして是正措置をとらなかった。第1審の連邦地裁は、カンザス州法の確認を州最高裁に求めた。

　州最高裁のシックス裁判官（Justice Six）は、製造業者が製品販売後の警告義務を負うと認めたものの、販売時に製品の欠陥が必要であるという[33]。「販売後の警告義務については、厳格責任ではなく過失責任の適用が適切

---

32)　Patton v. Hutchinson Wil-Rich Mfg. Co., 861 P. 2d 1299 (Kan. 1993).
33)　Id. at 1313-15.

である。……当裁判所は、製品販売時には予見できなかった製造時から存在する欠陥に生命を脅かす危険性があると判明した場合、製品を購入した容易に特定できる最終消費者に対して製造業者が製品販売後に警告する義務を負う、と認める。……それぞれの原告は、製造業者が販売時に認識不能・予見不能であった欠陥を現在認識していることと、その欠陥を警告するための合理的な行動をとらなかったことを、はじめに証明しなければならない」。

　パットン事件では、販売時には認識不能・予見不能でそもそも警告することができない欠陥（いわゆる「隠れた欠陥」）を後で認識した場合、製造業者が警告義務を負うとされた。第3次リステイトメントでは、このような販売時に認識不能・予見不能な製品の危険性は「欠陥」から除外されているのに対し、パットン事件では「欠陥」と表現されているのである。このように、パットン事件では、不法行為法上の厳格責任と製品販売後の警告義務違反を理由とする過失責任とが区別されているものの、2つとも欠陥製品の販売を要件としている点に特徴がある。

　メアリランド州も、欠陥製品を販売した製造業者に警告義務を課す州の1つである。メアリランド州最高裁は、欠陥製品を販売した製造業者が販売後も継続して警告義務を負う、と判示している[34]。

　(2)　Owens-Illinois, Inc. v. Zenobia (1992)　　オーウェンズ・イリノイ社事件では、製鉄所の従業員が厳格責任（警告上の欠陥）を請求原因として、アスベストを含有する製品の製造業者らに損害の賠償を求めた。アスベスト症に苦しむ原告らは、製鋼所で働いている際にアスベストを浴びたと主張した。第1審の事実審理裁判所は、陪審の評決に従って、被告らに塡補的損害と懲罰的賠償の支払いを命じた。被告数社が上訴したものの、中間上訴裁判所も事実審理裁判所の判決を支持した。そのため、被告のうちオーウェンズ・イリノイ社だけが上訴した。同社は、懲罰的賠償と製品の製造を中止した後も警告義務を負うという陪審説示の誤り等について争った。

　州最高裁のエルドリッジ裁判官（Justice Eldridge）は、懲罰的賠償を誤って認めたことを理由に、原告勝訴とする中間上訴裁判所の判決を破棄し

---

34)　Owens-Illinois, Inc. v. Zenobia, 601 A. 2d 633 (Md. 1992).

た。しかしながら、最高裁は、販売時に欠陥が存在する場合には製品の製造を中止した後も製造業者の警告義務が継続すると認めている。最高裁は、警告上の欠陥の訴えでは技術水準の証拠が許容されていることから純粋な厳格責任ではないことを確認し、次のように指摘する[35]。

「製造業者は、製品の危険性の存在を認識している、または、専門的な能力と予測によって合理的に認識すべき場合を除き、厳格責任を負わない。……一般的に欠陥製品の製造業者は、製品販売時よりも後に発見した製品の欠陥を警告する義務を負う。……製造業者は、製品販売後に製品の欠陥を発見した場合、販売後に警告するための合理的な努力を払わなければならない」。

オーウェンズ・イリノイ社事件でも、パットン事件と同じように製品販売後の警告義務違反を理由とする責任は厳格責任ではない、と確認されている。そして、メアリランド州最高裁は、欠陥を製品販売後に発見した場合でも、欠陥製品の製造業者が継続的に警告する義務を負うと認めた。警告義務の継続性に言及していることからも明らかであるが、メアリランド州最高裁は、不法行為法上の厳格責任と製品販売後の警告義務違反を理由とする過失責任の両方において、販売時の製品の欠陥を要件としており、2つの責任を連続的に扱っている。

このように、パットン事件とオーウェンズ・イリノイ社事件では、欠陥製品を販売したことを販売後の警告義務を課すための要件にしている点で、第3次リステイトメントの見解とは対照的である。では、パットン事件とオーウェンズ・イリノイ社事件では、なぜ欠陥製品の販売が要件にされているのか。これを明らかにするには、製造業者の新製品開発に及ぼす悪影響について考える必要がある。もともと安全な製品を販売した製造業者が継続的に警告義務を負うことに、何か問題はないのか。

【対立の原因】

見解が対立する原因の1つには、より安全な製品の開発への悪影響がある。欠陥のない製品(販売時の認識では合理的なほど安全だった製品)を販

---

35) Id. at 646.

売した製造業者に継続的な警告義務を課した場合、より安全で優れた製品の開発を妨げる可能性がある。すなわち、販売した製品が製造業者の認識では安全で適切に機能しているにもかかわらず、より安全な設計の製品を開発したことを理由として、かつての製品購入者に新しい製品の利用可能性を知らせなければならないとすれば、製造業者は技術水準を向上させればさせるほど厳しい警告義務を負う、ということになりかねない。そのため、州のなかには、技術水準の向上によって相対的に製品の危険性が高まった場合でも、もともと合理的なほど安全な製品を販売した製造業者には、販売後の警告義務を課していないところがある。

たとえば、アリゾナ州中間上訴裁判所は、販売時に不合理な危険性のない製品が技術水準の向上によって相対的に危険な製品になり、その結果として製造業者が販売後の警告義務を負う、という見解には反対している。[36]

(1) Wilson v. United States Elevator Corp. (1998)　ウィルソン事件では、連邦政府の諜報部で働いていた者が、エレベーターに乗り遅れた人を助けようとしてドアに手を挟まれた。諜報員は、エレベーターのドアを開けようとしたところ、ドアがいったん閉じ切ってから再び開いたため、手首に重傷を負った。諜報員は、厳格責任を請求原因として、エレベーターの製造業者に損害の賠償を求めた。1974年に設置されたエレベーターのドアには、接触するとドアが開く安全装置が装備されており、それは当時の一般的な業界の自主基準に適合していた。また、エレベーターの点検作業は、週に1度定期的に行われていた。エレベーター管理会社は、事故後により感度の良い安全装置を導入したものの、被告はこの新しい安全装置の存在については、1989年まで認識していなかった。

第1審の事実審理裁判所は、すでに点検契約が終了して5年も経っており、より安全なドアについて使用者に助言する義務がないことを理由に、被告勝訴の略式判決を下した。上訴した原告は、販売設置時における設計上、製造上、または警告上の欠陥を主張するのではなく、被告が新しい安全装置について知った場合、その装置について過去に契約関係のあった顧客に知らせる継続的義務を負う、と主張した。アリゾナ州中間上訴裁判所

---

36) Wilson v. United States Elevator Corp., 972 P. 2d 235 (Ariz. Ct. App. 1998).

は、被告勝訴とする事実審理裁判所の判決を支持している。

　裁判所は、販売時に欠陥がある製品について製造業者が継続的な警告義務を負うと認める一方、販売時に欠陥がない場合には警告義務を否定している。[37] 裁判所は、製造業者が販売時に製品の危険性を認識できなかったものの、使用者の安全が明らかに脅かされる危険性について後で認識した場合（いわゆる「隠れた欠陥」の場合）や、販売時から製品に不合理な危険性があり、後に技術革新によってより安全な設計が見つかった場合とでは、本事件は性質が異なる、とまず指摘する。そして裁判所は、合理的なほど安全だった製品を販売した製造業者に継続的な警告義務を課した場合、より安全で優れた製品設計の開発を妨げてしまうという。すなわち、すでに販売した製品が製造業者の認識では安全で適切に機能しているにもかかわらず、製造業者は、かつて製品を購入した所有者に新しい設計が導入可能であると知らせるという、厳しく、時に不可能な義務を負うことになる。そのため、裁判所は、事故から９年前に製品が買主と管理会社の支配に移っている場合、製品が適切に機能することを保証し、新しい技術に照らして製品設計を最新にする義務は、製造業者ではなく所有者と管理会社とに負わせるのがより適切である、と判断した。

　ウィルソン事件では、技術水準の向上によって販売後に製品の危険性が判明したとしても、販売時に安全な製品（欠陥のない製品）を販売した製造業者が継続的な警告義務を負わないとされた。アリゾナ州中間上訴裁判所は、販売時に安全だった製品については製造業者以外の者が、技術水準の向上に追随して製品の安全性を維持すべき、と判断している。本来、販売後にはじめて危険性が判明した製品はもちろん、技術水準の向上によって相対的に他の製品よりも危険性が明らかになった製品も、市場に流通している「危険な製品」であることに変わりない。しかしながら、技術水準の向上によって他の製品よりも危険性を持つようになった製品については販売時の欠陥がなく、より安全で優れた製品の開発に悪影響を及ぼす可能性があることから、製品販売後の警告義務は認められなかった。

　このように、製造業者に製品販売後の警告義務を課している州の間でも、

---

37) Id. at 240.

販売時の製品の欠陥の扱いについては見解が分かれている。すなわち、①販売時の製品の欠陥を要件にしない州と、②販売時の製品の欠陥を要件にする州とがある。第3次リステイトメントとは異なる形で製造業者に販売後の警告義務を課している州のなかには、製品をいったん市場に流通させた後により優れた製品を開発する製造業者の意欲を妨げる可能性があることから、欠陥製品を販売していない（合理的なほど安全な製品を販売した）製造業者には販売後の警告義務を負わせないところがある。

V　販売後の義務に対する批判

　これまで述べてきたように、製造業者に製品販売後の警告義務を課す州は増えている。しかしながら、少なくとも11の州は、製品販売後の警告義務違反を理由とする責任を認めていない[38]。その理由は、不法行為法上の厳格責任の性質にあると考えられている。すなわち、不法行為法上の厳格責任は、販売時の欠陥を要件の1つとしている。製造業者の支配を離れる時に欠陥のない製品について、製造業者は不法行為法上の厳格責任を負わない。そうすると、第3次リステイトメントのように販売時の欠陥の有無にかかわらず製品販売後の義務を課すことは、厳格・製造物責任の訴えに過失原理を導入することになる、というわけである。逆にいえば、これらの州は、あと知恵を利用して製品の欠陥を判断する製造物責任法理を維持するために、製品販売後の警告義務に消極的なのである。

【過失原理導入への懸念】
　たとえば、ペンシルヴェニア州最高裁は、厳格・製造物責任が販売時の欠陥の存在を前提とするもので、過失ではなく厳格責任であるという理由から、製造業者に製品販売後の警告義務を課していない[39]。
　(1)　DeSantis v. Frick Co.（1999）　デサンティス事件では、ある工場

---

38)　Owen §10.8 n. 29. *See also* Kenneth Ross, Post Sale Duty to Warn, 2004 A. B. A. Sec. Litig. Prod. Liab. Rep. at 68-137（50州における製品販売後の義務が分析されている）．

39)　DeSantis v. Frick Co., 745 A. 2d 624 (Pa. Super. Ct. 1999).

の従業員が、1993年に工業用冷蔵庫から漏れた無水アンモニアを吸い込んで死亡した。従業員が解凍作業を進めていたところ、1964年製冷蔵庫のコイルに液体アンモニアが蓄積し、液圧性ショックでバルブが破断した。従業員の工場に導入された冷蔵庫のバルブが、このような形で破断したことはこれまで1度もなかった。それでも製造業者は、1960年代末にこの種の冷蔵庫の製造を停止していた。その後1980年代から90年代にかけて、工業用冷蔵庫について安全装置の開発が進み、液体アンモニアの蓄積や加圧を回避できるようになった。しかし、製造業者は、このような情報が広く知られるようになってからも、工場に対して新しい安全装置が利用できるとは助言しなかった。従業員の遺言執行者は、設計と製造上の過失、不法行為法上の厳格責任、そして販売後の警告義務違反を請求原因として、工業用冷蔵庫の製造業者に損害の賠償を求めた。

　第1審の事実審理裁判所は、販売後の警告義務について州法上認められていないことを理由に、被告勝訴の略式判決を下した。上訴した原告は、第3次リステイトメント第10条を採用して、請求を認めるように主張した。

　州最高裁のグリーン裁判官（Justice Green）は、被告勝訴とする事実審理裁判所の判決を支持した。最高裁は、厳格・製造物責任が販売時の欠陥を前提としており、過失ではなく厳格責任であるという理由から、第3次リステイトメントを採用しなかった[40]。

　「第1に、第3次リステイトメント第10条には販売時の欠陥を原告が証明しなければならない、という要件はない。原告は、ペンシルヴェニア州で厳格責任の訴えで勝訴するためには、製品に欠陥があること、被告の支配を離れる際に製品の欠陥が存在したこと、そして欠陥から損害が生じたことを証明しなければならない。第10条を採用すれば、被告の支配を離れた時に製品に欠陥があったという要件を除去することになる。第2に、第10条は、厳格・製造物責任に過失の法理を特別に挿入している。……第10条は、伝統的に過失で用いられていた基準を採用しているものの、その基準はペンシルヴェニア州では否定されている。そのため、当裁判所

---

[40] Id. at 631-32.

は第3次リステイトメント第10条を採用できない」。

デサンティス事件では、販売後の警告義務も厳格・製造物責任の一部であることが強調されている。多くの州では、警告義務について過失と厳格責任とで判断基準がほとんど変わらないと認められているものの、ペンシルヴェニア州最高裁は、厳格・製造物責任では販売時の欠陥が要件とされ、しかも過失で用いられる合理性の基準では判断されないことを理由に、第3次リステイトメントの採用を見送った。要するに、ペンシルヴェニア州最高裁は、厳格・製造物責任と過失責任とを峻別するために、製造業者に製品販売後の警告義務を課さなかったのである。

【より安全な製品の開発に悪影響が及ぶことへの懸念】

裁判所のなかには、製品の安全性を向上させる製造業者の努力を妨げるという理由から、製造業者に製品販売後の警告義務を課さないところもある。先に挙げたウィルソン事件が好例である[41]。すなわち、製品販売後の警告は、販売時の警告よりも費用を必要とするだけでなく、費用を予測することがそもそも難しい。販売時の警告の場合、製造業者は、製品のラベルに警告文を添付、または、包装箱に説明指示書を同封すればよい。ところが、販売後の場合、製造業者はすべての最終消費者の所在を容易に把握できるとは限らない。そして製造業者は、無数の潜在的な被害者に接触する際に多大な費用を被ることになる。また、製造業者は、仮に最終消費者の所在を容易に特定できたとしても、実際に警告に要する費用を負担しなければならない。さらにいえば、製造業者は、そうした費用を事前に製品の価格に上乗せすることも難しい。製品の危険性に関連する情報は、いわば公共財（1人だけに提供しようとしても、同時に他の者も消費することができ、それを妨げることができないような財）の性質を有するからである[42]。

---

41) Wilson v. United States Elevator Corp., 972 P. 2d 235, 241 (Ariz. Ct. App. 1998).
42) Bell, *supra* note 20, at 1098. *See also* Kathryn E. Spier, Product Safety, Buybacks and the Post-Sale Duty to Warn, J. L Econ. & Org., Oct. 9, 2009, at 4 n. 11.

VI まとめ

　以上、これまで説明したように、製品販売後の警告義務については製造業者に課す州が増えている。製造業者は、もはや不合理な危険性を持つ製品を市場にそのまま流通させることはできない。販売時に欠陥がなくても、販売後に製品の危険性が判明した場合には製造業者は警告義務を負う、というのが多数の州の見解である。[43] しかしながら、より直接的に市場に流通している危険な製品から消費者を守る手段である製品回収・修繕義務については、各州の判例法によって否定されている。なぜ裁判所は、製造業者に製品の回収・修繕義務を課さないのか。次に、製品の回収・修繕義務について検討する。

---

43) Kenneth Ross & J. David Prince, Post Sale Duties: The Most Expansive Theory in Products liability, 74 Brook. L. Rev. 963, 986 (2009). *See also* Product Liability Desk Reference: Fifty-State Compendium 2009 edition (Morton F. Daller ed., 2009). 技術水準の証拠の許容と製品販売後の警告義務には、一定の相関が認められる。たとえば、26州では何らかの形で技術水準の証拠を一部でも許容する一方、製造業者に製品販売後の警告義務を課している。26州の内訳は、アリゾナ、カリフォルニア、コネティカット、コロンビア特別区、ジョージア、アイダホ、アイオワ、カンザス、ルイジアナ、メイン、メアリランド、マサチューセッツ、ミネソタ、モンタナ、ネブラスカ、ニュー・ジャージー、ニュー・メキシコ、ニュー・ヨーク、オハイオ、オクラホマ、ペンシルヴェニア、サウス・ダコタ、ユタ、ワシントン、ウェスト・ヴァージニア、ウィスコンシン各州である。また、ロード・アイランド州では、技術水準の証拠の提出を認めない一方、製造業者に製品販売後の警告義務を課していない。

第2節　連邦法の規制による製品の回収・修繕の促進

I　製品の回収・修繕義務と警告義務との違い

　裁判所が製品販売後の警告義務違反を理由とする責任を認める一方、製造業者に製品の回収・修繕義務を課さない理由を明らかにするためには、2つの義務の性質が異なることを認識しなければならない。製品の回収・修繕義務とは、販売後に製品に不合理な危険性があると判明した場合、製造業者が警告だけではなく製品の回収・修繕を行わなければならない、というものである。製品の回収・修繕義務は、販売後の義務という点では警告義務と変わらない。しかしながら、製品の回収・修繕義務には、製品販売後の警告以上の問題がある。以下、問題点を3つにまとめる。[44]

　第1に、製品の回収・修繕には単に警告する以上の費用を必要とする場合がある。たとえば、消費者から製品の返還を受けて返金する場合、または、製品を回収した後に修繕する場合には、製造業者は、消費者に警告するよりも多額の費用を投じなければならない。[45]

　第2に、製品販売後の義務を製品の回収・修繕まで拡大してしまうと、製造・販売時ではなく販売後の技術水準で製品設計の安全性を判断するこ

---

44)　以下は、次の論文の一部を要約したものである。Victor E. Schwartz, The Post Sale Duty to Warn: Two Unfortunate Forks in the Road to A Reasonable Doctrine, 58 N. Y. U. L. Rev. 892, 895-901 (1983).
45)　製造業者は、責任を回避するために消費者に接触して製品の回収（実際には製品の買い上げ）などの対応をとる可能性がある。しかしながら、買い上げの程度と価格の問題が生ずる。製造業者は、買い上げ費用を事前に予測できず、内部化できないために十分な買い上げを実施できない。他方、製造業者は、いわゆる独占市場的な状態では低すぎる買い上げ価格を設定する可能性がある。また、販売後の十分な警告によって免責されるという条件のもとでは、製造業者には製品の回収ではなく警告する過度のインセンティヴが働く。Spier, *supra* note 42, at 11-16.

とにつながる、という問題もある。製品販売後の技術水準の向上を理由として製品の回収・修繕を義務づけられるとすれば、製造業者は製品販売後の技術革新への投資を躊躇しかねない[46]。この問題は、販売後の警告義務でも生じる可能性がある。しかしながら、多くの場合に、製品の回収・修繕のほうが警告よりも費用がかかることから、一層懸念されている。

第3に、製品の回収・修繕の必要性を判断するためには、個別事件の具体的争いのみならず、ある製品すべての回収・修繕について、一般的な費用と便益を考慮しなければならない。ところが、裁判所は、個別事件の具体的争いを解決するための機関であることから、ある製品すべての回収・修繕によって生ずる経済的影響まで考慮する能力に乏しい。むしろ、議会から授権された行政機関のほうが、一般的に裁判所よりも製品の回収・修繕の必要性を判断する能力はある。

このように、同じ製品販売後の義務でも、製品の回収・修繕義務と警告義務では性質が異なっている。そのため、製造業者に製品販売後の警告義務を課す裁判所でも、製品の回収・修繕義務を課すことについては極めて消極的であった。製品の回収・修繕義務は、実際のところ、裁判所によってどのように扱われているのか。

II　製品の回収・修繕義務なしという原則

ほとんどの州の判例法によれば、製造業者は製品の回収・修繕義務を負っていない。裁判所は、連邦の行政機関のほうが新技術の研究開発を妨げる、より負担の大きい義務の必要性を判断するのにふさわしい機関であることを理由として、製造業者に回収・修繕義務を課していない。規制を担当する連邦の行政機関は、一般的に事故データの収集に慣れており、製造業者よりも回収・修繕の効用と費用を算定する能力を有する専門家を擁している。さらに、連邦の行政機関は、製造業者と協力して最適な結果を実現するための主導権を最もよく発揮できる。そのため、裁判所は、製品の

---

46)　販売後ではなく製品販売前における投資を促すという点では、警告義務よりも製品の回収・修繕義務のほうが望ましい。Id. at 33.

回収・修繕については連邦の行政機関の判断に委ねている。以下、3つの裁判例を検討する。

第1に、カンザス州最高裁は、先に取り上げたパットン事件において、欠陥製品を販売した製造業者に販売後の警告義務を課しているものの、回収・修繕義務を負うとは認めなかった。最高裁は、次のように回収・修繕義務の判断を連邦議会と行政機関に委ねている[47]。

「……最終消費者に合理的な努力で警告する義務を超えて、製造業者の販売後の義務を拡大するという判断は、連邦の行政機関と議会に委ねられるべきである。これらの機関は、製品の特定、回収、そして修繕の便益と費用をより適切に衡量できる」。

第2に、ミシガン州最高裁も、パットン事件と同じような理由で製造時に欠陥のない製品について、製造業者が回収・修繕義務を負うとは認めなかった。先に挙げたコムストック事件で最高裁は、製造業者が製品販売後の警告義務を負うと認めていた。しかしながら、最高裁は、裁判所が製品の回収・修繕の経済的な影響を考慮するのにふさわしい機関ではないとして、製造業者に回収・修繕義務を課すことを留保した[48]。

(1) Gregory v. Cincinnati Inc. (1995)　グレゴリー事件では、板金工が工場で20年間も使用されている金属板成型用プレス機を誤って操作したために、親指を押しつぶされた。原告の板金工は、雇用者所有のプレス機の作業域が十分でなく、不意の誤作動を防止する安全弁も欠いているという理由で、設計上の過失を請求原因として、プレス機製造業者に損害の賠償を求める訴えを提起した。原告は、被告が雇用者との間の継続的な関係に基づいてさまざまな安全策を導入して製品を修繕する義務を負っている、と主張した。

事実審理裁判所は、陪審の評決どおりに原告勝訴、被告に100万ドルの賠償を支払うように命じる判決を下した。製造業者がより優れた新技術を導入する義務を負い、製品販売後に設計上の欠陥を認識した場合には、欠陥を治癒するために合理的な対応をとる義務を負う旨の説示が、陪審に対してなされたからである。しかしながら、中間上訴裁判所は、製品販売後

---

47) Patton v. Hutchinson Wil-Rich Mfg. Co., 861 P. 2d 1299, 1316 (Kan. 1993).
48) Gregory v. Cincinnati Inc., 538 N. W. 2d 325 (Mich. 1995).

に隠れた危険を修繕する州法上の義務がないことを理由に、事実審理裁判所の判決を破棄した。これに対して原告は上訴した。ミシガン州最高裁のライリー裁判官（Justice Riley）は、製品の回収・修繕義務を否定した中間上訴裁判所の判決を支持している。

　最高裁は、製品の回収や修繕義務を課すのに必要な、製造業者と雇用者との間の継続的な関係を原告が十分に証明していないと判断した[49]。サービス・センターへの電話は2回だけで、製品の安全性の評価を依頼することなく製品の修繕が依頼されていた。しかも製造業者は、自発的に修繕義務を引き受けていないことはもちろん、もはや製品を支配下においていなかった。そのため、製造業者と雇用者との間には製品の回収や修繕義務を課すのに十分な特別の関係がない、というわけである。

　また、裁判所は、製造時に製品の欠陥または訴えの対象となる問題が存在しない場合には、設計上の過失の訴えで製造後の被告の行為に着目することは、製造時の被告の行為から焦点をずらし、製造後の行為と科学技術の技術を考慮することによって、結果的に製品の欠陥に関連する陪審の評決を歪めるおそれがある、と指摘する。これは、少なくとも欠陥製品を販売していないならば（製品販売時に欠陥がないならば）製造業者に販売後の義務を課さない、というコムストック事件の判例と整合している。

　さらに裁判所は、修繕や改修義務については行政機関と議会の判断に委ねるのがより適切である、と認めた。行政機関と議会は、企業と消費者に影響を及ぼす経済的な要因だけでなく、製品の所在の把握、回収、そして修繕に関わる便益と費用について考慮する能力に長ける。他方、裁判所は、製品の修繕や回収計画の経済的影響を考慮する機関としては、伝統的にふさわしくなかったという。

　このように、パットン事件やグレゴリー事件では、回収・修繕義務を否定する理由として裁判所の能力の限界が挙げられている。しかしながら、州のなかには製品の修繕に多額の費用がかかることに言及するところもある。最後に検討する事件では、販売時に欠陥のある製品について販売後の警告義務が認められたものの、修繕義務は否定された。ケンタッキー州最

---

49) Id. at 335-36.

高裁は、修繕には何百万ドルもの費用がかかる場合があり、判断が複雑で副次的影響を持つことから、修繕義務については認めなかった。[50]

(2) Ostendorf v. Clark Equipment Co. (2003)　オステンドーフ事件では、航空会社の従業員が、安全ベルトを装備していない1980年製のフォークリフトを運転中に、手荷物運搬車に激突されて負傷した。フォークリフトが設計された当時、安全ベルトのない設計であっても、連邦労働省・職業安全衛生管理局（OSHA：Occupational Safety and Health Administration）の規則とアメリカ規格協会（ANSI：American National Standards Institute）の規格を満たしていた。製造業者は、3年後には安全ベルトつきの座席を開発し、実際に採用した。従業員は、製造業者が安全ベルトのないフォークリフトを販売し、製品を修繕しなかったことを理由に、不法行為法上の厳格責任、設計上の過失、そして安全ベルトを装備する修繕義務の違反等を請求原因として、損害の賠償を求める訴えを提起した（回収義務違反については争われていない）。

第1審の事実審理裁判所は、被告勝訴の略式判決を下した。中間上訴裁判所は、厳格責任と設計上の過失について略式判決を破棄したものの、製造時に欠陥のない製品を修繕する判例法上の義務がないと判示した。これに対して原告が上訴した。

ケンタッキー州最高裁のジョンストン裁判官（Justice Johnston）は、製造時ではなく「販売時に欠陥のない製品」と言い直したうえで中間上訴裁判所の判決を支持し、製造業者が製品の修繕義務を負わないと判示した。

最高裁は、過半数の州では販売時に欠陥のない製品を修繕する義務を製造業者に課していないと指摘し、さらに修繕義務に反対する2つの理由を挙げている。[51] 1つは、修繕義務が多くの事件において、行政機関または議会が適切に判断すべき領域であること。もう1つは、販売時に欠陥のなかった製品については、伝統的な過失と厳格・製造物責任で十分であるから、修繕義務を生み出す理由がないことである。最高裁は、製品販売後の義務のうち修繕義務だけに関係する第1の理由について、次のように具体的に説明している。

---

50) Ostendorf v. Clark Equipment Co., 122 S. W. 3d 530 (Ky. 2003).
51) Id. at 537-40.

「修繕計画を実行するには費用がかかる。修繕計画の実施は、多数の段階を経た多数の当事者による手続になり、何百万ドルもの費用がかかるのが一般的である。修繕させるという判断は難しく、副次的な影響が伴うことから、裁判所はそのような判断を下すべきではない。裁判所は、むしろそのような任務により適している政府機関に判断を委ねるべきである」。

オステンドーフ事件では、個別具体的な事件を解決するという裁判所の能力の限界を理由として、修繕義務が認められなかった。ケンタッキー州最高裁の見解は、製品の回収・修繕の判断については連邦の行政機関に委ねている点で、カンザス州最高裁のパットン事件やミシガン州最高裁のコムストック事件の見解と一致する。

以上のように、裁判所は、少なくとも販売時に欠陥のない製品について製造業者に回収・修繕義務を課すことに消極的であった。裁判所は、費用がかかる上に複雑な政策的判断を必要とする製品の回収・修繕については、行政機関と議会に任せている。

III 例　外

前述したとおり、ほとんどの州の判例法によれば、製造業者は原則として製品を回収・修繕する義務を負っていない。しかしながら、稀にではあるものの製造業者に製品の回収・修繕義務を課している裁判例がある。すなわち、製造業者が欠陥製品を販売した場合、または、みずから製品の回収・修繕を引き受けた場合、裁判所は例外的に製造業者が製品の回収・修繕義務を負うと認めている。以下では、2つの例外について検討する。

【欠陥製品の販売】

欠陥製品を販売した場合、製造業者は回収・修繕義務を負う可能性がある。たとえば、第2巡回区連邦控訴裁判所は、生命にとって重大な脅威となる製品を販売した場合には製造業者が販売後の修繕義務を負う、と認めた[52]。

---

52) Braniff Airways, Inc. v. Curtiss-Wright Corp., 411 F. 2d 451 (2d Cir. 1969).

(1) Braniff Airways, Inc. v. Curtiss-Wright Corp. (1969)　ブラニフ・エアウェイズ社事件では、航空機がエンジンの不良によって墜落したために、乗客が負傷した。航空会社と乗客2名は、過失だけでなく明示と黙示の保証責任違反を請求原因として、エンジンの製造会社に損害の賠償を求める訴えを提起した。この訴えは、異なる州の市民間の争訟を理由としてニュー・ヨーク南部地区連邦地裁に提起されたものである。第1審の事実審理裁判所は、過失と明示の保証責任違反について被告勝訴の指示評決を下した（黙示の保証責任違反について、出訴期限により認められないとした）。

原告の上訴を受けた第2巡回区連邦控訴裁判所は、過失について事実審理裁判所の判決を破棄し、他の部分については支持した。裁判所は、過失について陪審に判断させるのに十分な証拠があるとし、次のように欠陥製品を販売した製造業者が修繕義務を負う、と認めている[53]。

「人の安全に関連する製品が販売され、設計上の危険な欠陥を製造業者が認識した場合、製造業者は欠陥を治癒するか、または、完全な治癒が実行困難な場合には、少なくとも使用者に製品の危険性を減少させる方法について、追加的な警告と指示を提供する義務を負う」。

ブラニフ・エアウェイズ社事件では、人の生命を脅かす欠陥製品を販売した場合に修繕または警告義務が認められた。ブラニフ・エアウェイズ社事件は、1960年代の事件であることから、欠陥製品を販売したことを理由とする責任と販売後の義務とがほとんど区別されていない。

【製造業者による義務の引受け】

裁判所が製品の回収・修繕義務を課す第2の例外は、製造業者がみずから製品の回収・修繕を引き受けた場合である。製造業者がみずから回収・修繕を引き受けた場合の例外を認めた事件として有名なのは、テキサス州中間上訴裁判所のベル・ヘリコプター対ブラッドショー事件である[54]。

(1) Bell Helicopter Co. v. Bradshaw (1979)　ベル・ヘリコプター事件では、ヘリコプターの尾部ローター板が破壊・消失したために、ヘリコプターが墜落して乗客2名が重傷を負った。墜落したヘリコプターには、古

---

53) Id. at 453.
54) Bell Helicopter Co. v. Bradshaw, 594 S. W. 2d 519 (Tex. Civ. App. 1979).

い設計の尾部ローター板（102設計）が使われ続けていた。ヘリコプターの乗客は、過失と厳格責任を請求原因として、ヘリコプターの製造業者らに損害の賠償を求めた。

被告の製造・設計した尾部ローター板（102設計）は、本事件のヘリコプターが販売された当時の技術水準を満たしていたものの、後に数多くの問題が報告されていた。被告は、原告の事故前に、尾部ローター板の設計を最新型（117設計）にする対策を講じ、117設計が利用可能になっていることを文書で所有者に通知した。また、被告は、自社の整備工場に対し102設計から117設計に交換するよう指示し、これを義務づけていた。この間、被告と関係が深い会社が本事件のヘリコプターを一時的に所有していたものの、尾部ローター板が117設計に交換されることはなかった。被告は、原告の事故後になって102設計から117設計への交換を推奨する文書を製品の所有者に送付した。原告は、被告が102設計の危険性についてヘリコプター所有者に十分に事故前から通知していれば、所有者は117設計への交換に応じていたはずである、と主張した。第1審の事実審理裁判所は、陪審の評決どおりに原告勝訴の判決を下した。

テキサス州中間上訴裁判所は、証拠が不十分であるという被告の主張を退けて、原告勝訴とする事実審理裁判所の判決を一部変更したものの基本的に支持した。裁判所は、回収・修繕義務を次のように認めている[55]。

「当裁判所は、製造業者が製品を改良する継続的な義務を負うという法を採用していないし、製造業者が製造販売後まで判明しなかった製品の欠陥を修繕する義務を負うかについては、判断する必要もない。しかしながら、本事件のように製造業者が義務を引き受けている外観がある場合、当裁判所が製造後の過失という原告の主張に関連して、被告の行為を義務の引き受けと評価することはまったく不当でない。被告は、102設計を117設計に交換することによって、ヘリコプターの安全性を向上させる義務を引き受けていた。被告は、いったん義務を引き受けた場合、102設計から117設計に交換するために利用可能な合理的な手段によって是正措置を完了する義務を負う」。

---

55) Id. at 532.

ベル・ヘリコプター事件では、製造業者が事故前に製品の危険性を認識しており、より安全な製品への交換作業をみずから進めていたために、例外的に回収・修繕義務が認められた。テキサス州中間上訴裁判所は、原告が販売後の過失を主張しており、一時的により安全な製品への交換を容易に行える立場にありながら結局交換しなかった点にあえて言及して、回収・修繕義務違反を理由に製造業者の責任を認めている。

しかしながら、ベル・ヘリコプター事件のようにみずから引き受けた回収・修繕を十分に履行しなかったことを理由に製造業者の責任を認めてしまうと、製造業者の自主的な回収・修繕を妨げる可能性がある。たとえば、先に取り上げたオステンドーフ事件は、完全ではないにしても誠実に回収・修繕を実施しようとする企業に責任を負わせると、製造業者が政府の命令を受けるまで回収・修繕策を講じられなくなる、という問題を指摘している[56]。

このように、製造業者が欠陥製品を販売した場合と、みずから製品の回収・修繕を引き受けた場合について例外が認められているものの、ほとんどの州では判例法上の回収・修繕義務を否定しているのである。製品の回収と修繕については、裁判所ではなくむしろ連邦の行政機関の役割が大きい。では、連邦の行政機関は、どのようにして製造業者に製品の回収・修繕を義務づけているのか。

IV　裁判所と連邦の行政機関の役割分担

前述したとおり、ほとんどの州では判例法上の回収・修繕義務を否定しており、裁判所は製品販売後の義務としては、製造業者に警告義務だけを課している。他方、連邦の行政機関のなかには、連邦議会によって製品のリコール（回収・修繕）まで命じる権限を付与されているところがある。以下、道路交通安全局と食品医薬品局を例にして、連邦の行政機関による製品販売後の是正措置の規制を分析し、その特徴を明らかにする。

---

56) Ostendorf v. Clark Equipment Co., 122 S. W. 3d 530, 539 (Ky. 2003).

【道路交通安全局が規制する自動車のリコール】

　自動車のリコールは、アメリカにおいて大規模に実施されている。驚くべきことに、走行中のすべての自動車のうち約 14% は、リコール対象車とさえ言われる。[57]

　自動車のリコールについて定めている連邦法は、交通と自動車の安全に関する法律（National Traffic and Motor Vehicle Safety Act）である。[58]この法律によれば、連邦運輸省・道路交通安全局または製造業者が安全性に関連する欠陥、または、自動車が適用される安全基準を満たしていないと認めた場合、製造業者は所有者に欠陥について通知し、所有者に費用を求めることなく、①自動車の修理、②同一または同等の自動車との交換、③価値減少分の払い戻しのいずれかの方法で、欠陥を是正しなければならない。また、製造業者は、通知よりも前に是正費用を負担した自動車の所有者または購入者に対しては、費用を償還する必要がある。

　そして道路交通安全局は、製造業者の是正措置が合理的な期間内に完了せず、是正措置を加速させなければ重大な負傷、または、死亡事故が発生すると判断した場合、修理原資の拡充、適格修理工場の数の追加、または、その両方の手段で是正措置を早めるように命令することができる。

　また、道路交通安全局は、義務の履行を監視するために自動車の製造業者に報告を求めることができ、収集したすべての情報を公表することも可能である。聴聞、召喚令状の発布、裁判所侮辱の訴えも、道路交通安全局のとりうる手段として用意されている。そして、自動車の製造業者が道路交通安全局の是正命令に従わなかった場合、運輸省長官は、課徴金の支払いを求める、または、製品の販売を差し止めるための民事訴訟を提起できる。要するに、自動車の販売後の是正措置のなかでも所有者への警告は、州の判例法だけでなく連邦法によっても義務づけられており、警告を超える是正措置については、運輸省・道路交通安全局が連邦法に基づいて命じる、ということである。

---

57) Kevin M. McDonald, Recall the Recall : How to Fix NHTSA's Recall Program, 33 Transportation L. J. 253, 254 (2006).
58) 49 U.S.C. §§30118-21. *See also* Kevin M. McDonald, Judicial Review of NHTSA-Ordered Recalls, 47 Wayne L. Rev. 1301, 1318-22 (2001).

1967年からはじまった交通と自動車の安全に関する法律に基づく自動車の販売後の是正措置は、増加の一途をたどっている。具体的な数を挙げると、1967年は57件であったのに対し、2004年は663件で、対象車数3000万台を超えた。3000万台という対象車の数は、2003年から57％の増加（2003年の529件は、対象車数1950万台）、2004年の新車数の1.75倍の数値である。1998年から2005年までの平均値をとれば、年間の是正措置の対象車数は新車数を上回る。このように、アメリカでは自動車のリコールは極めて頻繁に行われている[59]。

連邦運輸省の一組織である道路交通安全局が、交通と自動車の安全に関する法律に基づいて是正措置を命じた一例として有名なのは、ジェネラル・モーターズ・コーポレーション対合衆国事件である[60]。ジェネラル・モーターズ・コーポレーション事件では、燃料口の欠陥を理由とする所有者への通知命令の有効性が、はじめて争われた。

(1) United States v. General Motors Corp. (1977)　　1974年12月19日、道路交通安全局は、交通と自動車の安全に関する法律に基づいて、1965年と66年製のシボレーという自動車に装着されていた気化器の安全性に関連する欠陥を認定し、ジェネラル・モーターズ・コーポレーションに自動車の所有者に対して危険性を通知するように命じた。欠陥は、走行中に気化器の燃料口が開いて燃料がエンジン内に直接流入し、ボンネットの下で火災が発生するというものだった。ジェネラル・モーターズ・コーポレーションは通知命令に従わず、命令が無効であるという確認判決を求める訴えを連邦地裁に提起した。他方、道路交通安全局も、通知命令の執行と命令違反を理由とする課徴金の支払を求める訴えを提起した。

第1審の連邦地裁は、道路交通安全局を勝訴とし、ジェネラル・モーターズ・コーポレーションに法律上の上限である40万ドルの課徴金の支払いを命ずる略式判決を下した。上訴したジェネラル・モーターズ・コーポレーションは、安全性に関連する欠陥の有無について真正な事実の争いが

---

59) McDonald, *supra* note 57, at 254 ; Stephen Power & Karen Lundegaard, One in Twelve Cars Recalled Last Year, Wall St. J., Mar. 4, 2004, at D1.
60) United States v. General Motors Corp., 565 F. 2d 754 (D. C. Cir. 1977).

あることから略式判決を下すのは誤りで、訴状に最高額の課徴金を求める記載がないと主張した。

ワシントン特別区・連邦控訴裁判所のライト裁判官（Judge Wright）は、道路交通安全局を勝訴とする略式判決を正当なものと認めたものの、課徴金については再審理を命じた。裁判所は、交通と自動車の安全に関する法律上の欠陥が良識（common sense）によって解釈されるという。そして裁判所は、その基準に基づいてエンジン火災が全乗員にとって非常に危険であり、自動車の安全性にとって不合理な危険性があることに疑問の余地はない、と認めた。しかしながら、課徴金の支払いについては、ジェネラル・モーターズ・コーポレーションが弁明する機会を与えられなかった、と指摘した。

ジェネラル・モーターズ・コーポレーション事件は、乗員にとって危険な欠陥があった場合、自動車の製造業者が所有者に危険性を通知しなければならないこともある、ということを示している。自動車の製造業者は、自動車の欠陥を理由とする所有者に対する危険性の通知を法律によって義務づけられている以上、道路交通安全局の命令を待つまでもなく製品のリコールを検討することになる。そして、自動車の製造業者としては、自発的に所有者に危険性を通知しないからといって直ちに課徴金の支払いを命じられるわけではないが、道路交通安全局の通知命令を無視することは許されない。自動車の製造業者は、製品販売後の措置について州の判例法だけでなく、連邦法上の義務も履行する必要がある。

【食品医薬品局が規制するリコール】

食品医薬品局が規制する販売後のリコールも、注目を集めている。アメリカでは汚染された輸入食品の被害が大きな問題となり、連邦議会では食品医薬品局のリコールに関する権限の拡大が検討された。大きく報道されたリコール事件としては、2006年に販売業者がサルモネラ菌に汚染されたピーナッツ・バター、病原性大腸菌O157に汚染されたホウレン草、そしてボツリヌス菌に汚染されたチリソース缶詰を自主回収した例がある。そして、2007年の第110連邦議会は、輸入食品に対する消費者の信頼が失墜する事態を受けて、食品について販売後のリコールを命ずる食品医薬

品局の権限を拡大するための法案を審議した。[61]

　連邦議会調査部（Congressional Research Service）は、第110連邦議会の審議のために、連邦法上の食品医薬品局の権限について詳細な報告書を作成している。[62] 以下、連邦議会調査部の報告書を要約する形で、食品医薬品局による販売後のリコールの規制について検討する。

　食品医薬品局は、医薬品や医療機器などさまざまな製品を規制しているものの、食品医薬品局は、すべての製品についてリコールを命令できるわけではない。食品医薬品局が規制するリコールには、業者にとって義務的なリコール（mandatory recalls）、業者の自主的なリコール、さらには食品医薬品局の要請によるリコールの3つがある。食品医薬品局は、深刻度によってリコールを分類し、リコールの周知・公表方法について行政規則で定め、リコールの進捗状況について業者に報告させている。

　(1)　命令権限に基づくリコール　　食品医薬品局は、すべての規制分野についてリコールを命ずることができるわけではない。食品医薬品局がリコールを命じる権限を持つのは、乳児用調製粉乳（infant formula）、医療機器（medical devices）、そして生物由来の製品（biological products）に限られている。危険な乳児用調製粉乳を例に挙げると、製造業者は食品医薬品局の判断に基づいて必要な措置をとらなければならない。そして製造業者は、リコールを円滑に実施できるように、少なくとも消費期限の1年後まで販売記録の具備を義務づけられている。

　医療機器の場合、食品医薬品局の命令権限は製造業者だけでなく、輸入業者や販売業者らにも及ぶ。食品医薬品局は、死亡などの重大な有害事象が予想される場合、販売の停止、医療従事者への周知・公表、そして医療従事者に使用を停止させるように製造業者等に要請し、必要に応じて聴聞手続を経た後に医療機器の修繕、交換、返金を命じることができる。また、食品医薬品局は、リコールについて期限を設け、その進捗状況の報告を求めなければならない。さらに食品医薬品局は、医療機器の影響を受ける者

---

61)　H. R. 3500, 110th Cong. (1997). この法案は、後に成立している。See FDA Amendments Act of 2007, Pub. L. No.110-85, 121 Stat. 823 (2007).

62)　Vanessa K. Burrows, The FDA's Authority to Recall Products: Report RL34167 (Congressional Research Service, Washington D.C.), Sep. 16, 2008.

に対して、使用に伴う危険性について通知する必要がある[63]。

生物由来の製品についても、公衆衛生にとって切迫した、または、重大な危険性を認めた場合、食品医薬品局は聴聞手続を経た後に製品のリコールを命じることができる。この命令に違反した者は、民事的な金銭上の制裁として、1日あたり最高10万ドルの課徴金を支払うことになる[64]。

(2) ガイドラインによるリコールの規制　　食品医薬品局は、ガイドラインに基づいてリコールを規制する、という手法も利用している[65]。すでに多数の製品が市場に流通している場合、いきなり製品を押収するよりも、業者による自主的なリコールのほうが適切で消費者保護にとって望ましい、というのがその理由である。ガイドラインに基づく以上、本来この規制に強制力はない。しかしながら、リコールが効果的でなく法令違反が継続していると判断した場合、食品医薬品局は製品を押収することができる[66]。要するに、ガイドラインに基づく規制といえども、状況次第では食品医薬品局の規制に強制力が伴うこともある[67]、ということである。

食品医薬品局のガイドラインによる規制は、業者の自主的なリコールと食品医薬品局の要請によるリコールICに及ぶ[68]。以下、それぞれ説明する。業者の自主的なリコールについて、食品医薬品局はリコール・マニュアルの作成、製品識別コードの利用、そして販売記録の具備を推奨している[69]。また、食品医薬品局は、業者が自主的にリコールを開始した場合、最寄りの食品医薬品局の事務所に速やかに報告するように要請している。食品医薬品局は、業者の自主的なリコールを支援するために、ガイドラインを設

---

63) 21 U. S. C. §360 (h) (e).
64) 42 U. S. C. §262 (d).
65) James T. O'Reilly, 2 Food and Drug Administration §21 : 4 (3d ed. 2008); Lars Noah, The Little Agency that Could (Act with Indifference to Constitutional and Statutory Strictures, 93 Cornell L. Rev. 901, 908 (2008).
66) 21 U. S. C. §375 (b). *See also* 21 C. F. R. §7.40 (c).
67) 食品医薬品局がガイドラインに基づいて製品のリコールを要請した場合、製造業者にとってその要請を拒むことは実際には難しい。そのため、企業としては、みずからの判断の余地を残すことができる自主リコールを好むという。*See* Noah, *supra* note 65, at 908-09.
68) 21 C. F. R. §§7.1, 7.40. *See also* FDA, FDA Regulatory Procedures Manual ch. 7, http://www.fda.gov/downloads/ICECI/ComplianceManuals/RegulatoryProceduresManual/UCM-074312.pdf (last visited Aug. 27, 2009).
69) 21 C. F. R. §7.46.

けているのである。

　食品医薬品局によるリコールの要請は、緊急の場合に限られている[70]。食品医薬品局は、(ⅰ)製品に疾病や負傷の危険性、または、消費者に対する重大な詐欺があること、(ⅱ)業者が自主的にリコールを開始しなかったこと、そして(ⅲ)食品医薬品局の行為が公衆衛生と公共の福祉を確保するために必要であることを認めた場合にはじめて、業者にリコールを要請することができる。食品医薬品局は、業者が要請に従わなかった場合には製品を押収することも可能である。このように、食品医薬品局のガイドラインによる規制は、あくまで業者の自主的なリコールを主とするという前提に立っており、食品医薬品局によるリコールの要請は、業者の自主的なリコールが期待できない緊急の場合に限られている。

　(3)　リコールの分類・公表・監督　　リコールは、食品医薬品局によって包括的に規制されている[71]。食品医薬品局は、深刻度によってリコールを次の3つに分類し、実施されたリコールについてウェッブサイトに掲載している。

　　①製品の使用が、人体にとって重大な健康被害または死亡を引き起こすもの（クラス1）
　　②製品の使用が、一時的または医学的に治療可能な健康被害を引き起こすもの（クラス2）
　　③製品の使用が、健康被害を引き起こさないもの（クラス3）

　食品医薬品局がウェッブサイトでリコールを周知・公表するのに対し、業者は影響を受ける者にリコールを通知しなければならない。食品医薬品局の行政規則には、製品名、製品の使用停止の必要性、そしてリコールの対象製品についてとられるべき他の措置のように、通知に記載されるべき情報が定められている。

　また、業者は、食品医薬品局の求めに応じて、リコールの進捗状況について報告しなければならない。この報告には、通知された者の数、通知に応答した者の数、そしてリコールに従わない者の数などが含まれ、業者は食品医薬品局がリコールの終了を書面で通知するまで継続して報告する必

---

[70]　21 C. F. R. §7.40 (b).
[71]　Burrows, *supra* note 62, at 10-12.

要がある。製品の回収または修理のためにすべての合理的な努力が講じられた、と食品医薬品局によって判断された場合に、リコールはようやく終了する。

このように、リコールの情報は食品医薬品局に集約され、食品医薬品局によってまず周知・公表される。そして、業者によるリコールの通知と実施は、終了まで食品医薬品局の監督のもとで進められることになる。

以上をまとめると、裁判所と連邦の行政機関の間には、明確な役割分担が認められる。裁判所は、判例法によって製造業者に販売後の警告義務を課すのに対し、連邦の行政機関は、連邦法に基づいて製造業者に製品の回収・修繕を命令、または、要請するのである。少なくとも道路交通安全局と食品医薬品局は、製品の回収・修繕についての情報を収集し、その必要性を検討した上、製造業者にリコールを命令している。また、道路交通安全局と食品医薬品局はただリコールを命令するだけではなく、リコールの進捗状況について製造業者から逐一報告を受け、その実施を監督している。さらに食品医薬品局に至っては、リコールを命令するだけでなくガイドラインに基づいて業者による自主的なリコールまでも規制し、それが不十分と判断した場合にはリコールを要請する、という3段階の手段をとっている。要するに、製品の回収・修繕については、裁判所ではなく連邦の行政機関が包括的に規制しているのである。

V 第3次リステイトメントにおける扱い

製品販売後の警告義務を明記した製造物責任法第3次リステイトメントは、販売後の製品回収の判断については行政機関と議会とに委ねている。第3次リステイトメントは、欠陥製品の回収については制定法もしくは行政規則によって義務づけられた場合、または、自発的に回収を引き受けたにもかかわらずその義務を合理的に履行しなかった場合でなければ、義務違反を理由とする製造業者の責任を否定している。第3次リステイトメントの関連条文は、次のようなものである。[72]

---

72) RESTATEMENT (THIRD) OF TORTS: PRODUCT LIABILITY §11 (1998).

第11条（販売後の製品回収の懈怠によって生じた損害に対する製造業者または卸売業者の責任）
　製造業または卸売業に従事する者は、次の場合、製造または卸売後の製品回収の懈怠によって生じた人または財産の損害について責任を負う：
　(a)(1)制定法または行政規則に従って下された行政機関の命令（governmental directive）が製造業者または卸売業者に製品の回収を特別に要求した場合、または
　(2)製造業者または卸売業者が、
　(a)(1)に基づく回収の必要がないのに製品の回収を引き受けた場合で、かつ
　(b)製造業者または卸売業者が、製品を回収する際に合理的な者として行動しなかった場合

　第3次リステイトメントの第11条は、制定法または行政規則に従って下された行政機関の回収命令がある場合、または、製造業者がそのような回収命令なしに回収を引き受けた場合にのみ、回収義務違反に基づく責任を認めている。第11条では、次の2つのことが前提とされているからである[73]。第1に、より安全な製品が開発されたからといって、製造業者がすでに販売した製品を回収する必要がないこと。なぜならば、そのような判例法上の義務を課すと、製造業者は製品をより安全にしたときにはいつでも、予想できない多額の費用を被ることになる。

　第2に、欠陥のある製品についても製造業者に回収義務を負わせることができるのは、制定法または行政規則に従って下された行政機関の命令であるということ。行政機関は、製品の回収に伴う副次的な影響を調査できるため、最もよく製品の回収に関連する問題を評価できる。

　また、第11条では、欠陥のある製品を回収したからといって、製造業者が欠陥製品を販売したことを理由とする責任を必ずしも免れるわけではないことも明らかにされている[74]。すなわち、行政機関の回収命令に従う義務は、欠陥製品を販売しないという義務とは区別されていて、製品の購入

---

73) RESTATEMENT (THIRD) OF TORTS: PRODUCT LIABILITY §11 cmt. a (1998).
74) RESTATEMENT (THIRD) OF TORTS: PRODUCT LIABILITY §11 cmt. d (1998).

者が返品の依頼に応じなかったことそれ自体では製造業者は免責されない、ということである。返品の拒絶が過失相殺の場面で考慮されることはあっても、購入者は、欠陥製品から生じた損害について製造業者に賠償を求めることができる。

VI　まとめ

　以上のように、第3次リステイトメントは、販売時に欠陥のある製品についても判例法上の回収義務を否定する見解に立っており、先に揚げた判例のすべてを反映しているわけではない。しかしながら、製品の回収の判断については基本的に議会と行政機関に委ねるべきという見解を採用している点で、第3次リステイトメント第11条は、ほとんどの州の見解と一致する。

第3節　製品販売後の義務を補強する懲罰的賠償

I　懲罰的賠償とは

　製造業者は、欠陥製品から消費者を保護するために効果的な販売後の対応を怠った場合、懲罰的賠償の責任を負う可能性がある。懲罰的賠償は、被告が故意または無謀に原告の権利を無視した場合に、被告に制裁を加えて被告や他者に類似の行為を行わせないために、陪審や裁判官によって課されるものである。[75] すなわち、製品販売後の義務に違反した製造業者に塡補的損害を超える制裁的な賠償を命じることによって、市場に流通している危険な製品から消費者を守るように強力に促すための法的手段が懲罰的賠償、ということになる。

　最近アメリカでは、死亡事故を招く製品を販売した製造業者に自由刑または罰金刑を科すための連邦法案が提出された。[76] この法案によれば、欠陥を認識しながら州をまたいで製品を販売することが刑事罰の対象になっている。しかしながら、これまでアメリカで多数の犠牲者を出すような製品を販売した製造業者に制裁を与え、そのような製品の販売を控えさせるために重要と考えられてきたのは、以下で説明するように刑事罰ではなく懲罰的賠償である。[77]

---

75)　Dobbs 48. *See also,* Keeton, et al. 9.
76)　*See, e.g.,* Draft Bill, 109th Cong, 1st Sess., §1 (2006) (presented for Senator Arlen Specter's Judiciary Committee hearing on Mar. 10, 2006). *See also* Testimony of Frank Vandall, Professor, Emory School of Law, Defective Products: Will Criminal Penalties Ensure Corporate Accountability?, Before the U. S. Senate Committee on the Judiciary, Mar. 10, 2006; Victor E. Schwartz & Cary Silverman, Criminalizing Product Liability Law: Putting to Rest a Bad Idea (U. S. Chamber Institute for Legal Reform, Wash. D.C.,), Oct. 2006, at 6.
77)　例外として、*See, e.g.,* Barry Meier, Synthes, Medical Device Maker, Accused of Improper Marketing, N. Y. Times, Jun. 17, 2009, at B 3. 未承認の椎体形成術に骨充填剤を不

(1) 刑事罰に代わる懲罰的賠償　　たとえば、後部からの低速衝突事故で炎上する自動車を製造し、50名以上の死傷者が出るまで製品の回収・修繕をしなかった会社は、懲罰的賠償の責任を負ったものの刑事責任を免れている。1971年からピント（Pinto）という自動車を販売していたフォード・モーター・カンパニーは、衝突安全テストによって燃料タンクが後部からの衝突に弱く、自動車が炎上することに気づいていた。フォード社は、燃料タンクの問題を改善するための費用を1台あたり11ドル（1250万台で総額約1億3750万ドル）と算定する一方、改善措置によって180件の死亡事故（1件あたり20万ドルの損失、総額約3600万ドルと算定）と別の180件の負傷事故（1件あたり6万7000ドルの損失、総額約1206万ドルと算定）、2100台の自動車炎上（1台あたり700ドルの損失、総額約147万ドルと算定）を防止することができると予測していた（総額約4953万ドルの損失回避）。そしてフォード社は、この費用・便益分析に基づいて燃料タンクの問題を放置した。フォード社が運輸省・道路交通安全局の調査を受けて自発的に自動車の回収・修繕を開始したのは、1978年のことである。その後、フォード社は、1978年にインディアナ州で起きた3人の少女の死亡事故について、未必の故意による故殺（reckless homicide）の罪で刑事訴追された。検察官は、フォード社が欠陥を完全に認識していたのにもかかわらず、販売後も自動車をそのまま走行させていたと主張した。フォード社は、1980年に無罪の陪審評決を受けたものの、過失と厳格責任（設計上の欠陥）を請求原因とする別の民事訴訟において、塡補的損害として約250万ドル、懲罰的賠償として300万ドルの支払いを命じられた。これは、アメリカにおける懲罰的賠償が果たす役割を示す有名な話の1つであ

正に推奨し、使用させたとして医療機器メーカーの役員4名が刑事訴追された事件。ニュー・ヨーク・タイムズによれば、連邦の行政機関は、このような事件で課徴金の支払いを求める民事訴訟を提起するのが一般的だという。製造物責任法や医事法を専門にするアーカンソー大学ロー・スクール教授ロバート・レフラー氏は、このような事件で製造業者が刑事訴追されるのは極めて異例だと述べている（東京大学での聞き取り調査、2009年7月28日）。

78) フォード社のピント事件については、次の文献を参照した。Gray T. Schwartz, The Myth of the for Ford Pinto Case, 43 Rutgers L. Rev. 1013 (1991).

79) State v. Ford Motor Co., Cause No.11-431 (1980). *See also* Lisa Levitt, Ford Acquitted in Landmark Trial, Associated Press, Mar. 14, 1980.

80) Grimshaw v. Ford Motor Co., 174 Cal. Rptr. 348, 358, 361 (Ct. App. 1981).

る。[81]

II 販売後の義務違反と懲罰的賠償

　販売した欠陥製品を放置して消費者を重大な危険にさらしたことを理由とする懲罰的賠償の責任については、パットン対 TIC・ユナイテッド・コーポレーション事件がよく知られている。[82]

　(1) 欠陥製品の放置：Patton v. TIC United Corp. (1994)　　パットン事件では、中型耕作機の製造業者が製品販売後の警告義務違反を請求原因として、損害の賠償を請求された。この訴えは、異なる州の市民間の争訟であることを理由として連邦裁判所に提起されたものである。被告は、死亡を含む重大な負傷事故が製品設計によって発生しているのを認識しながら、販売後にまったく警告をしなかった。

　陪審は、原告の過失割合を 24% と認めて、被告に賠償を命じる評決を下した（本事件で適用されたカンザス州の比較過失法によれば、原告の過失割合が被告の過失割合を上回る場合には、原告は救済を否定される）。そして陪審は、100万ドルの懲罰的賠償を認めた。被告は、懲罰的賠償について陪審に審理させたのはデュー・プロセスに反すると主張した。しかしながら、カンザス地区連邦地裁は、100万ドルの懲罰的賠償を認めた陪審の評決を支持している。[83]

　連邦地裁は、事故の主たる原因が設計上の欠陥にあること、製品販売後の警告義務の履行によって損害発生の蓋然性を減少させられる可能性があったこと、他社が警告プログラムを実施しており、販売後に警告をしなか

---

81)　*See* Frank J. Vandall, The Criminalization of Products Liability : An Invitation to Political Abuse, Preemption, and Non Enforcement, 59 Cath. U. L. Rev. 341, 347 (2008). 連邦議会の委員会質疑で陳述したヴァンダル教授によれば、懲罰的賠償は、製造物責任関連訴訟で広く認められており、それはたとえ連邦議会や行政機関が他の事項に忙殺されている場合でも欠陥製品の問題を裁判手続で解決させるものであるから、支持されるべきである、という。ヴァンダル教授は、刑事法の執行には莫大な費用が必要となることから非効率的であり、しかも刑事訴追には政治的な影響が伴う、と指摘している。

82)　Patton v. TIC United Corp., 859 F. Supp. 509 (D. Kan. 1994).

83)　Id. at 513-15.

った被告の判断を支持する証拠に乏しいこと、被告が製品について販売後から陪審の評決時までいかなる警告プログラムも実施しなかったこと、さらには被告の当期純利益が1000万ドル以上で自己資本が4800万ドル以上であったことを認定し、100万ドルが被告に十分な制裁を与えるために、そして、他社の将来における類似の行為を抑止するために重要かつ十分な額である、と認めた。

パットン事件では、販売時から設計上の欠陥がある製品について、製造業者が販売後の警告義務を怠ったことを理由に懲罰的賠償が認められている。製造業者が欠陥製品について販売後にまったく警告しなかったことは、不合理で無謀であると非難された。

また、たとえ自主的に製品を回収してもそれが遅すぎる場合、製造業者は懲罰的賠償の責任を負うことになる。たとえば、サウス・ダコタ州最高裁は、たとえ製造業者が製品を回収しても遅すぎる場合には懲罰的賠償を免れることができない、と認めた。[84]

(2) 自主リコールの遅れ：Holmes v. Wegman Oil Co. (1992)　ホームズ事件では、液化プロパンガス・温水ヒーターの温度調節器の爆発で重度のやけどを負った者が、過失、厳格責任、そして詐欺的な隠蔽を請求原因として、製造業者らに損害の賠償を求めた。被告は、1970年から判明しつつあった温度調整器の不備を是正する措置を実施していたものの、すでに販売されていた製品については1980年代末まで製品回収を実施しなかった。被告は、直接回収の通知を送付するため、販売店に顧客名簿の開示を求めた。しかしながら、販売店が名簿の開示を拒んだため、その試みは失敗に終わった。原告は、被告販売店が回収対象となっている温度調節器をヒーターに取り付けた後に爆発事故に遭遇した。

第1審の事実審理裁判所は、陪審の評決どおりに原告勝訴、塡補的損害として84万6000ドル、懲罰的賠償として250万ドル（原告1人につき50万ドル）の支払いを命じた。上訴した被告は、事故前に回収を開始したために懲罰的賠償の責任を免れることができる、と主張した。

サウス・ダコタ州最高裁のセイバーズ裁判官（Justice Sabers）は、事実

---

84) Holmes v. Wegman Oil Co., 492 N. W. 2d 107 (S. D. 1992).

審理裁判所の判決を支持した。最高裁は、開始が遅れた回収措置について次のように指摘する。[85]

「当裁判所は、迅速で効果的な回収が懲罰的賠償を妨げないとは判示しておらず、単に本事件の事実と状況によれば、被告による製品回収の遅延と回収は懲罰的賠償を認めるのを妨げるものではない、と判示するだけである。」

このように、陪審や裁判官は、欠陥製品を販売した後に製造業者が迅速かつ十分な是正措置をとったかを考慮して、懲罰的賠償の責任を認めている。欠陥製品の販売を理由に、塡補的損害賠償のみならず懲罰的賠償の責任を負うことは、製造業者にとって販売後に効果的な是正措置を講じるより強いインセンティヴとなる。[86]

---

85) Id. at 113.
86) 懲罰的賠償を求める訴えが提起されたという報道だけでも、陪審評決による実際の賠償額や和解額よりも被告企業の時価評価額を低下させる、という調査結果がある。これは、懲罰的賠償を求める訴えを提起される可能性だけでも、製造業者に事故を抑止するインセンティヴが働くことを意味している。See Jonathan M. Karpoff & John Lott, Jr., On the Determinants and Importance of Punitive Damage Awards, 42 J. L. & Econ. 527, 564 (1999).

第4節　おわりに

　アメリカでは、あと知恵の利用を制限するという改革が進められただけでなく、製造業者に製品販売後の是正措置を積極的に促すための法制度が発展した。これは、販売後にはじめて判明した製品の危険性から消費者を守るための法制度である。

　あと知恵の利用が制限されるだけでは、販売後にはじめて明らかになった製品の危険性から生じた損害については、製造業者ではなく消費者が負うことになる。これを受けて、製品販売後の警告義務が多くの州で認められるようになった。

　他方、裁判所は、製品を回収・修繕する義務については判例法で認めず、連邦の行政機関による規制に委ねている。製品の回収・修繕義務は製造業者にとって負担が大きく、社会経済に及ぼす影響も大きいため、個別具体的な争訟を扱う裁判所ではなく、専門家を擁する機関のほうが適切に判断できるものと考えられた。このような製品販売後の義務を補強する法制度としては、懲罰的賠償がある。陪審や裁判官は、欠陥製品を販売した後に製造業者が迅速かつ十分な是正措置をとったかを考慮して、懲罰的賠償の責任を認めている。

第4章　製造物責任と連邦法の規制との不整合

　第2章と第3章では、自主的に製品を回収した製造業者に多数の訴訟が提起される原因を明らかにし、製造業者に販売後の是正措置を促すためにどのような法制度が生み出されてきたのかを分析した。いま1つの残された課題は、製造物責任訴訟が連邦法の規制と競合し、全米統一的な規制を妨げるという点である。前述したとおり、自動車や医薬品などのさまざまな製品は、主に州の判例法からなる製造物責任法だけではなく、連邦法の規制の対象となっている。仮に、連邦法の違反または遵守と製品の欠陥の判断が完全に連動しているならば、製造物責任訴訟によって連邦法の規制が歪められる可能性は小さい。ところが、ウォール・ストリート・ジャーナルは、アメリカでは製造物責任訴訟が連邦法の規制を歪めており、有効な新薬の開発を妨げる可能性を指摘している[1]。ウォール・ストリート・ジャーナルの懸念は取るに足りないものなのか。

　以下、製造物責任が連邦法の規制と整合性を欠いていることを明らかにする。まず、訴訟における州の法令と業界の自主基準の役割を検討する。これは、州法と連邦法との間の垂直的な関係を扱う前提として、ある州における州の制定法と業界の自主基準の違反または遵守の効果を検討するものである。そして、州の法令が陪審と裁判官による過失や製品の欠陥の判断を支配するものではないことに加えて、全米横断的に製造業者から参照されている業界の自主基準の遵守も、過失や製造物責任の決定的な抗弁にはならないことを示す。次に、州法と連邦法という垂直的な関係である。ここでは、ある州の製造物責任法における連邦法の違反または遵守の効果を検討する。そして、連邦法、州の法令、業界の自主基準の役割に違いがみられないことを明らかにする。さらに、医薬品の製造物責任と連邦の規制という例を用いて、先の分析の裏づけを試みる。

---

1) Legal Side Effects: Can Companies be sued even if they follow FDA instructions?, Wall St. J., Nov. 4, 2008, at A18.

第1節　訴訟における州の法令と業界の自主基準の役割

I　はじめに

　裁判所は、ある法令に民事責任についての定めがまったくない場合でも、不法行為責任を判断するために法令を利用してきた[2]。この法令には、州の制定法はもちろん、州の行政規則、条例、そして連邦法が含まれる。では、州の制定法の違反と遵守は、訴訟においてどのような役割を果たしているのか。結論から言えば、州の制定法は、陪審や裁判官による過失の判断を必ずしも支配することができない。そのことを以下で示す。

II　州の法令

【法令違反と過失との関係】
　法令違反は、それ自体で当然に不法行為法上の過失（negligence per se）と評価される場合がある[3]。当然に評価されるというのは、後述するように陪審が過失なしと判断できなくなることを意味しているが、陪審の判断が法令によって常に支配されるわけではない。
　州の制定法の違反を不法行為法上の過失としてはじめて評価した事件として知られているのは、1889年ミネソタ州最高裁のオズボーン対マクマスターズ事件である[4]。オズボーン事件では、表示なしに毒物を販売してはならない、というミネソタ州の制定法（刑事法）違反が問題となった。

---

2) Dobbs §134.
3) *See, e.g.*, Keeton, et al. §36.
4) Osborne v. McMasters, 41 N. W. 543 (Minn. 1889).

(1) 法令違反と判例法上の義務違反：Osborne v. McMasters（1889）
　オズボーン氏は、マクマスターズ氏の薬品販売店で購入した薬を毒物と知らずに服用して死亡した。販売された毒物には、州の制定法の定めに違反して毒物の表示がなかったからである。オズボーン氏の遺言執行者は、薬品販売店の過失を請求原因として、損害の賠償を求める訴えを提起した。遺言執行者は、薬品販売店が州の制定法上の義務に違反したことそれ自体で過失に該当する、と主張した。マクマスターズ氏は、表示せずに毒物を販売してはならないという州の判例法上の義務はなく、州の制定法に違反しても必ずしも過失には当たらない、と主張した。
　第１審の事実審理裁判所は原告勝訴の判決を下し、被告の上訴を受けたミネソタ州最高裁も事実審理裁判所の判決を支持している。最高裁は、法的な義務が判例法上のものか制定法上のものかは重要ではなく、他者を保護するための紛れもない法的な義務の違反が過失の決定的な証拠となる、すなわち、違反それ自体で法律上当然に過失と評価される、と認めた。[5]
　オズボーン事件では、州の判例法と制定法の義務に変わりはないことを理由に、州の制定法の違反それ自体で当然に過失と評価されている。要するに、法令は判例法と同じように不法行為法上の注意義務の基準を構成し、違反それ自体で過失と評価されるというのである。
　では、裁判所が法令違反を不法行為法上の過失と当然に評価する目的は何なのか。ニュー・ヨーク州最高裁のマーティン対ヘルツォグ事件は、その理由に言及した事件として有名である。[6] 以下、法令違反を不法行為法上の過失として評価する法理が生み出された理由について、マーティン事件を参照して検討する。

(2) 法令違反をそれ自体で当然に過失と評価する法理：Martin v. Herzog（1920）　マーティン事件で問題となったのは、夜間運転中に明かりを灯さなければならない、というニュー・ヨーク州の制定法（刑事法）違反である。ヘルツォグ夫妻は、夕方に馬車でブロードウェイからタリータウン（Tarrytown）村に向かっていたものの、道路の中央線を越えてきた自動車との衝突事故で車外に投げ出され、夫が死亡、妻が負傷した。夫は、

---

5) Id. at 544.
6) Martin v. Herzog, 126 N. E. 814 (N. Y. 1920).

州の制定法上の義務を怠って無灯火で馬車を走らせていた。それにもかかわらず妻は、過失を請求原因として、損害の賠償をワゴン車の運転手マーティン氏に求めた。原告は、被告が道路の右側を走行しなければならないのに、中央線を越えて夫の馬車と衝突したことが過失に当たる、と主張した。ただし、被告の自動車が制限速度を超過していたという証拠はなく、さらに自動車の欠陥に関連する証拠もなかった。他方、被告は、原告の無灯火が寄与過失の一応有利な証拠に該当するという抗弁を申し立てた。その当時の寄与過失の法理とは、原告の過失がある場合、または、原告の過失が50％もしくは51％を超える場合に原告の訴えが棄却される、というものであった。

被告の申立てを却下した第1審の事実審理裁判所は、「過失の証拠として州の制定法違反を考慮して構わないが、制定法の違反それ自体は過失ではない」と陪審に説示し、原告勝訴とする陪審の評決どおりの判決を下した。被告の上訴を受けた中間上訴裁判所は、陪審説示の誤りを理由として原告勝訴とする事実審理裁判所の判決を破棄、再審理を命じた。中間上訴裁判所は、原告が無灯火で馬車を走らせたことそれ自体で過失に該当すると認め、陪審説示が誤っているとした。

原告の上訴を受けた州最高裁は、正当な事由なしに州の制定法上の義務を怠ったことが過失に該当するとして、中間上訴裁判所の判決を支持している。多数意見を執筆したカードウゾ裁判官（Justice Cardozo）は、州の制定法で夕暮れ後に灯火が義務づけられているのは他の道路通行者の誘導と保護のためであり、被告がまさに道路通行者に該当すると認めた。そしてカードウゾ裁判官は、陪審が州の制定法上の道路通行者の義務を軽減する権限を持たない、と指摘した。違反を主張する者が州の制定法の保護対象以外の者である場合や、州の制定法違反ではなく条例違反の場合ならば、違反それ自体で必ずしも過失に該当するわけではない。しかしながら、マーティン事件では保護対象者である被告が、州の制定法違反を主張しているのにもかかわらず、陪審が原告の違反について過失または無過失と判断する裁量を付与されており、それが誤りだ、というわけである。[7] さらにカ

---

7) Id. at 815.

ードウゾ裁判官は、夕暮れ後の衝突事故の発生という証拠が、衝突と無灯火の因果関係を推定できる証拠であり、その因果関係を絶つその他の証拠がない場合、過失によって衝突が生じたという一応有利な事件と評価できることも認めた。

(3) 一定の場合に陪審の裁量を奪うための法理　マーティン事件では、原告の法令違反がそれ自体でただちに過失と評価され、被告ではなく原告の過失によって衝突事故が発生したと認められた（寄与過失）。そのため、原告の訴えを認めた事実審理裁判所の判決は、最高裁によって破棄されることになった。ニュー・ヨーク州最高裁のカードウゾ裁判官は、問題となった州の制定法の目的と保護対象者を考慮し、正当化事由のない法令違反それ自体で過失に該当することを認めている。すなわち、あらゆる州の制定法違反それ自体で過失ありということにはならないものの、少なくとも発生した事故の防止が州の制定法の目的で、しかも事故で負傷した者が州の制定法の保護対象者に含まれる場合、陪審は正当化事由のない州の制定法違反を過失なしと判断する自由を持たない。

マーティン事件によれば、法令違反を不法行為法上の過失として評価する法理は、過失なしと判断する陪審の裁量を奪う効果を持つことがわかる。[8] 陪審審理のもとでは、一般的に過失の判断は、事実問題として裁判官ではなく陪審に委ねられる。[9] それにもかかわらず、陪審は、一定の法令違反については過失ありと判断しなければならない。つまり、法令違反それ自体を不法行為法上の過失として評価する法理は、一定の法令に違反した者の過失については陪審の判断を支配する機能を持つ。

(4) 法理の限界　法令違反それ自体を不法行為法上の過失として評価する法理は、一定の法令違反について過失なしと判断する陪審の裁量を奪うものの、実は限界がある。マーティン事件でも、すべての法令違反それ自体で過失ありと評価されるわけではない、という点が強調されていた。すなわち、違反に正当化事由がある場合はもちろん、少なくとも争われている法令が事故の防止を目的とし、保護の対象者として事故の被害者を想定

---

8) Abraham 82-83.
9) Dobbs 353-55. 陪審審理が選択された場合には、事実認定者として被告の行為を評価するのは、裁判官ではなく陪審である。

している場合でなければ、法令違反それ自体で過失ありとは評価されない。

では、具体的にどのような場合に、法令違反それ自体を不法行為法上の過失として評価する法理の適用が除外されるのか。以下では、1つは法令違反の正当化事由、もう1つは法令の目的と保護対象者という2点から、適用が除外される場合を検討する。

(5) 法理の適用除外その1：法令違反の正当化事由　法令に違反した者は、抗弁または違反を正当化する理由について証拠を提出することができる。そして、十分な証拠が提出された場合、陪審は法令違反を許し、違反それ自体で過失と評価しなくてもよい。

すべての法令違反それ自体で過失と評価されるわけではなく、正当化事由が考慮されなければならないことを示す有名な判例の1つに、ニュー・ヨーク州最高裁のテドラ対エルマン事件がある[10]。テドラ事件では、法令違反を不法行為法上の過失として評価する法理の限界が強調されており、少なくとも法令遵守によって法令違反よりも明白な危険が生じる場合には違反が正当化される、と認められた。

(6) Tedla v. Ellman (1939)　テドラ事件で争われたのは、歩行者に道路の左側を通行するように義務づけているニュー・ヨーク州の制定法である。廃品収集と販売で生計を営んでいたテドラ姉弟は、イズリップ村の焼却炉で廃品を集めた後、日の暮れた午後6時ごろに廃品を詰め込んだ乳母車を押して歩道のない道路を歩いていたところ、エルマン氏の自動車に轢かれた。州の制定法の定めを知らなかった姉弟が、柔らかい芝生で隔てられた中央分離帯を越えて右側を歩行していたため、前方に十分な注意を払わなかったエルマン氏は、衝突を回避できなかった。姉は負傷しただけであったが、耳の不自由な弟は死亡した。姉は、過失を請求原因として、損害の賠償を求める訴えをエルマン氏に提起した。原告は、事故当時本来通行すべきだった西行き車線が非常に混雑していて危険だったのに対し、反対の東行き車線が非常に空いていた、と主張した。被告のエルマン氏は、原告が歩行者に道路の左側通行を義務づける州の制定法に違反していることそれ自体で当然に過失に該当する、すなわち寄与過失となる、と主張し

---

10) Tedla v. Ellman, 19 N. E. 2d 987 (N. Y. 1939).

た。

　第1審の事実審理裁判所は、原告勝訴の陪審評決どおりの判決を下した。中間上訴裁判所は、事実審理裁判所の判決を支持した。被告の上訴を受けた州最高裁のリーマン裁判官（Justice Lehman）は、州の制定法が一般的な状況における注意義務を定めているに過ぎないという理由で、原告勝訴とする中間上訴裁判所の判決を支持している。

　最高裁は、州の制定法であらゆる状況における注意義務の水準が明確に定められていない場合でも、州の制定法は判例法を成文化したものに過ぎないから、これにより判例法上の特殊な状況における正当化事由を無効にするものではない、と判示している。[11]

　最高裁は、争われている州の制定法について、その遵守によって違反よりも明白な危険が生じるような特殊な場合にまで歩行者に左側通行を強いるものではない、と解釈した。要するに、すべての法令違反それ自体で過失と評価されるわけではなく、少なくとも州の制定法であらゆる状況における注意義務が明確に定められていない場合には、正当化事由が考慮されなければならないということである。これにより、テドラ事件では、原告の正当化事由が認められ、被告の寄与過失の主張は認められなかった。

　(7)　正当化事由の扱いの違い——過失の推定と過失の一証拠　　ニュー・ヨーク州最高裁のテドラ事件では、正当化事由を考慮することによって、法令違反それ自体で過失として評価する法理の限界が認められている。ところが、いくつかの州は別の方法で法理を限定している。すなわち、法令違反それ自体で過失の推定を認める州や、過失の一証拠としてのみ認める州がある。[12] そして、この見解の違いが顕著になるのは、被告が正当化事由の証拠を提出できなかった場合に認められる陪審の裁量である。以下、順に説明する。

　法令違反それ自体で過失の推定を認める州では、法令に違反した者が、「合理的な人間ならば、自分と同じように行動した」、と反証することができる。違反者は、みずからの行為について正当化事由の証拠を提出できる、ということである。そして、原則として原告に証明責任があるものの、被

---

11)　Id. at 990-91.
12)　Keeton, et al. 229-31.

告が正当化事由の証拠を提出できない場合、原告は法令違反それ自体で被告の過失を証明することができる。逆に、被告が正当化事由の証拠を提出した場合、原告は被告の行為に過失があったことを法令違反以外の証拠で陪審に説得しなければならず、陪審は過失なしと判断しても構わない。

　不法行為法第2次リステイトメントの見解も、陪審に正当化事由を考慮させるという点で、法令違反それ自体で過失の推定を認める州の見解と差はない[13]。不法行為法第2次リステイトメント288A条には、考慮すべき正当化事由として次の5つが例示列挙されている[14]。

　　①行為無能力
　　②法令遵守の必要性について認識を欠いていたこと
　　③外部環境のために法令遵守が不可能だったこと
　　④緊急事態
　　⑤法令遵守によって法令違反よりも重大な危険が生じたこと

　他方、法令違反それ自体で過失の一証拠としてのみ認める州では、たとえ被告が正当化事由の証拠を提出できない場合でも、陪審が被告の過失を認める義務まではない[15]。法令違反それ自体で過失の推定を認める州では、被告が反証できない場合には、陪審は過失を認めることになるのに対して、法令違反それ自体で過失の一証拠としてのみ認める州では、過失を判断する陪審の裁量が制限されていないのである。

　このように、法令違反それ自体で過失の推定を認める州では、被告から正当化事由の証拠が提出されない場合、裁判官が法令違反それ自体で過失と評価するように陪審に対して説示しなければならず、陪審が過失なしと判断する自由はない。これに対し、法令違反それ自体で過失の一証拠としてのみ認める州では、陪審は法令に違反する行為でも過失なしと評価することができる。要するに、法令違反それ自体で過失の推定を認める州のほうが、法令違反それ自体で過失の一証拠としてのみ認める州よりも、陪審の裁量を制限する度合いが大きい。

　(8)　法理の適用除外その2：法令の目的と保護対象者　　法令違反を正

---

13)　Dobbs 315-16.
14)　RESTATEMENT (SECOND) OF TORTS §284 (1965).
15)　Id. at 317.

当化する理由に加えて、争われている法令の目的と保護対象者も、違反それ自体で過失ありと当然に評価されるべきかを左右する。ある法令は、実際に発生した種類の損害から原告のような被害者を守るためのものでなければ、過失を証明する際に利用することができない。すなわち、事件と関連性を持つ法令違反のみが、陪審に違反それ自体で過失ありと判断させる効力を持つのである。

州の制定法の目的を理由に、違反それ自体で過失ありと認めなかった事件として有名なのは、オクラホマ州最高裁のカンザス・オクラホマ・アンド・ガルフ・レールウェイ・カンパニー対カーシー事件である[16]。

(9) Kansas Oklahoma & Gulf Ry. Co. v. Keirsey (1954)　カーシー事件では、鉄道会社に道路を隔てるフェンスを設ける義務を課しているオクラホマ州の制定法が問題となった。この制定法には、鉄道会社が法令違反によって死亡した動物すべてについて損害賠償の責任を負う旨の定めがあった。鉄道会社は、州の制定法に違反して通行路にフェンスを設けず、平らな家畜よけを設置しただけだった。その結果、牧場経営者の乳牛（180ドル）が牧草地の外で毒草を食べて死亡した。牧場経営者は、過失を請求原因として、鉄道会社に損害（乳牛の死亡）の賠償を求めた。原告は、被告が州の制定法上の義務に違反したこと自体で過失に該当すると主張した。第1審の事実審理裁判所は原告勝訴の判決を下したものの、被告が上訴した。

州最高裁は、5対3で事実審理裁判所の判決を破棄した。多数意見を執筆したアーノルド裁判官（Justice Arnold）は、争われている州の制定法が、列車の運行により線路上の家畜を負傷させた場合にのみ過失の証明なく責任を負わせるものであるとして、毒草を食べたために乳牛が死亡したという原告の訴えを棄却した。

このように、オクラホマ州最高裁は、州の制定法を、列車の運行によって家畜を負傷させた場合に過失の証明なく鉄道会社に責任を負わせるものと解釈し、法令違反それ自体で過失を認めなかった。最高裁は、州の制定法の目的を理由として、事件と関連性を持つ法令違反とは認めなかったの

---

16) Kansas Oklahoma & Gulf Ry. Co. v. Keirsey, 266 P. 2d 617 (Okla. 1954).

である。ただしカーシー事件では、列車の運行で家畜を負傷させた場合に適用を限定する旨の文言が州の制定法にないことを理由に、事実審理裁判所の判決を支持する3名の反対意見が付いた[17]。多数意見が解釈の名のもとに立法を行っていると批判する反対意見は、州の制定法の目的が明白なものではなく、裁判所の解釈に委ねられていることを如実に示している。

州の制定法の目的だけでなく、保護対象者も問題となる。裁判所は、制定法の目的に加えて原告が法令の保護対象者に含まれていない場合、法令違反それ自体で過失とは評価していない。ニュー・ヨーク州最高裁のブラウン対シャイン事件は、州の制定法の保護対象者を理由に法令違反それ自体で過失ありと認めなかった事件として、大変よく知られている[18]。

(10) Brown v. Shyne (1926)　ブラウン事件で争われたのは、医師以外の者による医療行為を禁ずるニュー・ヨーク州の制定法（刑事法）の違反である。ある患者は、病気の治療のために脊柱指圧療法（カイロプラクティック）を受けたものの、治療を9回受けた後に麻痺に苦しむようになった。患者を治療した者は、医師の資格を持たないにもかかわらず、病気の診断と治療ができると標榜していた。これは、無資格者の医療行為を禁ずる州の制定法に明らかに違反するもので、治療者は軽犯罪の罪で有罪となった。そして患者は、過失を請求原因として1万ドルの損害賠償を治療者に求める訴えを提起した。原告は、被告の治療によって損害を被ったと主張し、被告の治療が医療水準を満たしておらず、無資格の被告が医療行為を行ったことを証拠として提出した。

第1審の事実審理裁判所は、他の証拠と制定法違反を考慮して被告の過失を認定しても構わない旨の陪審説示をし、原告勝訴の陪審評決どおりに判決を下した。中間上訴裁判所は事実審理裁判所の判決を支持したものの、最高裁は原告勝訴とする中間上訴裁判所の判決を破棄、再審理を命じた。

多数意見を執筆したリーマン裁判官（Justice Lehman）は、被告が無資格であったことが原告の損害と必ずしも結びつくものではないとし、州の制定法上の義務違反から損害を被ったと証明するためには無資格者から治

---

17) Id. at 619.
18) Brown v. Shyne, 151 N. E. 197 (N. Y. 1926).

療を受けただけでは足りない、と判示した。リーマン裁判官は、州の制定法の目的が、十分な技術を持たない治療者から一般市民を保護することにあると解釈する。すなわち、州の制定法の保護対象者は、単に無資格者から治療を受けた者ではなく、医師が払うであろう注意と技術とを欠く治療を受けて損害を被った者だというのである[19]。そしてリーマン裁判官は、医療行為のための資格が医師の追加的な技術を保証するものではなく、無資格と被告の誤った治療による損害との間に関連性がないと判断した。

ただしブラウン事件では、無資格者の医療行為という法令違反それ自体によって損害が生じたとして、中間上訴裁判所の判決を支持する2名の反対意見が付いた[20]。多数意見が、無資格の被告が医師と同じような注意と技術とを実際に欠いていたのかを問題とするのに対し、反対意見は、医療行為のための資格が提供される治療の最低限の水準を保証するものという前提に立ち、州の制定法違反それ自体で過失ありと評価される、と指摘している。

ブラウン事件は、資格に関連する法令に違反してもそれ自体で過失とは評価されない、という大原則を示す裁判例の1つである。資格に関連する法令は、注意義務の水準を定めるものではない。たとえば、自動車の運転資格や看護師の資格は、行為者の注意義務の水準について言及するものではなく、過失の基準にはならない[21]。ブラウン事件は、医師の資格に関連する法令でも、他の資格に関連する法令違反と同じように違反それ自体で過失とは評価されない、という原則を認めた。ブラウン事件によれば、資格に関連する法令は、資格保有者の実際の技術や能力を何ら保証するものではないため、原告は、被告が医師と同等の技術と知識を持っておらず、そのせいで損害が発生したことを原告が証明しなければならない。

興味深いことに、ニュー・ヨーク州議会は、1971年にブラウン事件の判例を変更するための立法をしているが[22]、この立法でさえ、陪審の裁量を

---

19) Id. at 198.
20) Id. at 199.
21) Aaron D. Twerski & James A. Henderson, Jr., Torts: Cases & Materials 172-73 (2d ed. 2008). *See also* Dobbs 320. ほとんどの州は、資格に関連する制定法を不法行為法上の過失の基準として採用していない。
22) Twerski & Henderson, *supra* note 21, at 173.

奪うものではない。条文は、次のとおりである[23]。

　過失の証明：無資格者の医療行為
　　法令に違反して、無資格で医療行為を行った者に負傷または死亡を理由として損害の賠償を求めるいかなる訴えにおいても、その医療行為が負傷または死亡を引き起こす主たる原因となる場合、行為者が無資格で医療行為を行った事実は、過失の一応有利な証拠とみなされなければならない。

　この改正法には、法令違反それ自体で過失の一応有利な証拠（prima facie evidence）となる旨の定めがある。この定めは、法令違反に加えて被告が医師の技術と能力を持っていないことの証明を原告に要求していない点で、ブラウン事件の判例を変更している。しかしながら、この定めは、法令違反それ自体で過失と評価させるというのではなく、むしろ法令違反それ自体で事実審理を開いてもらうのに十分な証拠になる、という意味だと一般的には理解されている[24]。要するに、陪審は、法令違反を考慮して過失を判断することができる、というわけである。

　以上のように、法令違反を不法行為法上の過失として評価する法理には限界がある。すべての法令違反それ自体で過失ありと評価されるわけではないことは、テドラ事件、カーシー事件、そしてブラウン事件の3つの裁判例から裏づけられる。法令違反に正当化事由がある場合はもちろん、少なくとも争われている法令が事故の防止を目的とし、保護の対象者として事故の被害者を想定して立法されていなければ、法令違反それ自体で過失ありとは当然に評価されない。

【法令の遵守と過失との間の関係】
　ここまでは、不法行為訴訟における法令違反の効果について検討した。法令違反の場合、違反それ自体で当然に過失と評価される場合が明確にされている。すなわち、少なくとも発生した事故の防止が法令の目的で、し

---

23) N. Y. C. P. L. R. §4504 (d).
24) Dobbs 360. 改正法の一応有利な証拠の意味を解釈した裁判例は見当たらないが、ドッブズ教授によると、一般的に被告の法令違反それ自体で過失の一応有利な証拠になるということは、原告が被告の法令違反を証拠として提出すれば、被告勝訴の略式判決を免れて陪審審理を開いてもらうことができる、という意味である。

かも事故で負傷した者が法令の保護対象者に含まれる場合、正当化事由のない法令違反はそれ自体で過失と評価される。そして陪審は、法令に違反した者について過失なしと判断する裁量を持たない[25]。

では、不法行為訴訟における法令遵守の効果はどうか。法令が不法行為法上の注意義務の基準を構成し、違反それ自体で当然に過失と評価される場合には、逆に当事者が法令を遵守すれば過失なし（注意義務違反なし）、ということになりそうである。ところが、後述するように当事者が法令を遵守した場合でも、陪審は過失を認めることができる。

なぜ、法令遵守それ自体で必ずしも不法行為法上の過失なしという評価につながらないのか。以下、法令遵守それ自体で不法行為法上の過失なしという評価につながらないという原則について、2つの有名な裁判例から明らかにする。1つ目は、ネブラスカ州最高裁のハントワーク対ヴォス事件である[26]。ハントワーク事件では、陪審が法令遵守を考慮してもなお当事者の過失を認定できる、という原則が示されている。

(1) Huntwork v. Voss (1995)　ハントワーク事件で問題となったのは、自動車の走行速度を時速55マイル（約88 km）に制限する州の制定法である。3台の自動車が晴天の午後にアスファルト舗装された田舎の道路を連続して走行していたところ、左折しようとした最前列の車両に3台目の後続車両が追突した。最前列の車両の運転手ハントワーク氏は、法令に従って方向指示器を点灯させており、数回にわたって十分に前方と後方を確認した後に左折を試みた。ところが、最前列の車両からは、2台目の車両のせいで3台目の後続車両の接近を確認できなかった。逆に3台目の車両は、前方の2台をまとめて追い抜こうとし、最前列の車両と追突した。最前列の車両は大破し、乗員も負傷したのに対し、最後尾の車両は前方を破損しただけだった。ハントワーク氏は、前方不注意の過失を請求原因として、最後尾の車両の運転手ヴォス氏に損害の賠償を求めた。ヴォス氏は、原告が州の制定法上の注意義務を怠っているという寄与過失の抗弁と、みずからが追い越す際に法定速度で安全に走行しており、原告の方向指示器の点滅を確認できなかった、と主張した。

---

25) Id. at 317-18.
26) Huntwork v. Voss, 525 N. W. 2d 632 (Neb. 1995).

第 1 審の事実審理裁判所は、被告の主張をいれて被告勝訴の略式判決を下した。事実審理裁判所は、原告が法令に違反して後方確認を怠って左折したことを寄与過失と認めて、原告の訴えを棄却した。原告が上訴したところ、中間上訴裁判所に係属する事件数の多さを理由として、事件はそのまま州最高裁に移送された。

ネブラスカ州最高裁のガーデン裁判官（Justice Garden）は、被告勝訴とする事実審理裁判所の判決を破棄、審理を差し戻した。最高裁は、運転者が州の制定法上の義務を遵守するだけでは十分ではなく、状況によっては不合理な行動になると判示した。まず最高裁は、比較的早い速度で被告の車両が 2 台目の後続車両に追随している状況が稀であり、2 台目の後続車両が死角になったせいで原告から被告の車両を確認できなかったことから、原告の寄与過失を認めた事実審理裁判所の判断には誤りがあるという。そして最高裁は、被告が法定速度で走行していたとしても、2 台の先行車両がいて、最前列の車両が左折する状況において被告の速度が合理的であったかについては、事実問題として陪審が判断するとした[27]。要するに、最高裁は、法定速度を遵守していても陪審が過失ありと評価しても構わない場合がある、と認めた。

このように、ハントワーク事件では原告の寄与過失が否定され、被告の法令遵守それ自体で過失なしという評価にならないことから、事実審理裁判所の判決が破棄された。州最高裁のガーデン裁判官は、法定速度がすべての状況における運転者の過失を支配するものではないと解釈した。そのため、特殊な状況で生じた事故の場合、たとえ法令を遵守していても陪審が被告の過失を認定しても構わない、というわけである。ただしハントワーク事件では、この衝突事故が特殊な状況で生じたものではないことを理由として、原告の寄与過失を認めた事実審理裁判所の判決を支持する反対意見が付いた[28]。

ハントワーク事件によれば、陪審は、法令を遵守した当事者に過失ありと判断する裁量を有する。これは、法令を遵守しても必ずしも十分な注意義務の履行とはならない、言い換えれば、法令遵守が最低限の注意義務に

---

27) Id. at 636.
28) Id. at 637.

過ぎず、状況に照らして義務がさらに加重される、ということを意味している。

2つ目のウェスト・ヴァージニア州最高裁のミラー対ウォーレン事件は、法令違反と遵守の効果の違いを強調する判例の1つとしてよく知られている[29]。ミラー事件では、法令遵守それ自体が過失なしという一証拠に過ぎず、必ずしも過失なしという評価にならないとされた。これは、一定の法令違反の場合にはそれ自体で過失あり、と認められるのとは対照的である。

(2) Miller v. Warren (1990)　ミラー事件では、モーテルの部屋ごとに煙探知機の設置を義務づけていない州の消防法が問題になった。ミラー氏の家族（夫、妻、そして子の3人）は、ウォーレン氏が経営するモーテルに宿泊して就寝中に火災に遭遇し、重度の火傷を負った。ミラー氏は、ウォーレン氏の過失を請求原因として、損害の賠償を求める訴えを提起した。原告側の専門家証人は、モーテル内の暖房器具が火災の原因であると証言したものの、被告側の専門家証人は原告の煙草の消し忘れが火災の原因であると反論した。州の消防法によれば、部屋ごとの煙探知機の設置は義務づけられておらず、被告は州の消防法を遵守していると主張した。

第1審の事実審理裁判所は、被告が消防法を遵守していればそれ自体で注意義務を履行したことになると陪審に説示し、被告勝訴の陪審評決どおりの判決を下した。これに対して原告は、事実審理裁判所の陪審説示の誤りを理由として上訴した。

州最高裁のニーリー裁判官（Justice Neely）は、原告の主張をいれて事実審理裁判所の判決を破棄、再審理を命じた。最高裁は、法令遵守の証拠が決定的なものではなく、注意義務を履行したという一証拠に過ぎないと指摘した[30]。そして最高裁は、法令が最低限の注意義務を定めているに過ぎず、被告が法令で想定されていない他の危険を認識していた、または、認識すべきだった場合、状況に照らして義務がさらに加重されると認めた。

ミラー事件では、法令の遵守が過失を判断する一証拠に過ぎないと判断されている。陪審は、法令遵守を考慮してもなお当事者の過失を認定する裁量を有する、ということである。裁判所は、法令の遵守が必ずしもそれ

---

29) Miller v. Warren, 390 S. E. 2d 207 (W. Va. 1990).
30) Id. at 209.

自体で当然に過失なしと評価されない理由として、法令の性質を挙げている。すなわち、法令は、最低限の注意義務を定めているに過ぎず、事件の個別具体的な状況まで考慮されたものではないため、裁判所は、法令の遵守それ自体で当然に過失なしとは認めなかった。

　もっとも、原則と断ったように、法令遵守の場合でもそれ自体で当然に過失なしと評価される場合がある。ミネソタ州最高裁のレイジー対ノーザン・パシフィック・レールウェイ・カンパニー事件は、その好例の1つとして知られている。[31]

　(3) Leisy v. Northern Pac. Ry. Co. (1950)　レイジー事件では、鉄道会社に踏切で警笛と鐘を鳴らすように義務づけている州の制定法が問題となった。鉄道会社の機関車は、州の制定法を遵守して運行していたものの、湖畔と林に囲まれた踏切で、レイジー氏らの自動車と衝突した。線路は、傾斜のある細い道路の間を走っていたが、道路からの見通しはよく、機関車の接近は目と耳で十分に確認できた。また、その踏切を通行する人間は1日に数名いるだけだった。衝突により自動車は壊れ、運転手のレイジー氏とその娘が重傷を負った。レイジー氏は、過失を請求原因として、損害の賠償を鉄道会社に求める訴えを提起した。レイジー氏は、鉄道会社が州の制定法上の義務を履行するだけでなく、踏切に監視者、遮断機、そして信号機を設置すべきだったと主張した。

　第1審の事実審理裁判所は、被告の過失を判断する際に踏切に監視者、遮断機、そして信号機を設置しなかった点を考慮しても構わない旨の陪審説示をせず、被告勝訴の陪審評決どおりの判決を下した。

　原告の上訴を受けたミネソタ州最高裁のピーターソン裁判官（Justice Peterson）は、被告勝訴とする事実審理裁判所の判決を支持した。最高裁は、特別に危険な踏切でなければ州の制定法の遵守それ自体で不法行為法上の注意義務を履行したことになると認めた。また最高裁は、法令遵守それ自体で被告が不法行為法上の注意義務を履行したことになるか否かは状況によるもので、原則として陪審の判断に委ねられるという一般論を述べたうえで、追加的な注意を必要とする特別に危険な踏切であるという証拠

---

31) Leisy v. Northern Pac. Ry. Co., 40 N. W. 2d 626 (Minn. 1950).

がない場合、当然に被告の過失なしと評価されることを明らかにした。要するに、特別に危険な踏切であるという証拠がない限り、陪審は被告の過失を認定する裁量を持たない、ということである。

レイジー事件では、不法行為法上の注意義務・行為の合理性が状況によって異なることを前提としつつ、機関車の接近を目と耳で十分に確認でき、通行人の数が極めて少ない例外的な踏切では法令遵守それ自体で当然に過失なし、と評価された。レイジー事件の踏切は特別に危険なものではないことから、州の制定法を遵守している被告が追加的な注意を払う余地はない。そのため陪審は、法令遵守を考慮してもなお被告の過失を認定するような裁量を持たないのである。逆にいえば、状況に照らして踏切が特別に危険であると認められる場合、被告が追加的な注意を払うべきであったかの判断は陪審に委ねられる。

以上、訴訟における州の制定法の役割を検討した。法令は、必ずしも不法行為法上の注意義務の基準としてそのまま採用されるわけではない。大部分の法令違反と遵守の効果を支配しているのは、州の裁判所の法解釈である。[33] 法令は、あらゆる状況における過失の基準としては不適切な場合があることから、州の裁判所は、多くの法令については違反または遵守それ自体で過失を判断していない。むしろ州の裁判所は、法令の目的と保護対象者に加えて、特殊な状況における法令違反の正当化事由まで考慮して、過失の判断を陪審に委ねている。

では、州の法令ではなく、全米横断的に製造業者に参照される業界の自主基準は、訴訟においてどのような役割を果たしているのか。結論からいえば、裁判所は、業界の自主基準を不法行為法上の注意義務の基準としてそのまま採用するわけではない。その理由を以下で検討する。

III 業界の自主基準

業界の自主基準は、州の法令とは異なって法的拘束力を持たない。しか

---

32) Id. at 629-30.
33) Dobbs 315 and 572.

しながら、裁判所は、業界の自主基準の違反や遵守についても、州の法令と同じような効果を認めている。すなわち、業界の自主基準は、不法行為法上の過失を判断するための決定的な基準ではない。この原則を明らかにした裁判例として有名なのは、1932 年の第 2 巡回区連邦控訴裁判所の T. J. フーパー事件である[34]。この事件では、タグボートに無線受信機を装備しない、というタグボート業界の慣行が問題となったものの、業界の慣行は必ずしも不法行為法上の注意義務を意味しないとされた。

(1) 業界の慣行は必ずしも過失の判断基準にならない：The T. J. Hooper (1932)　2 艘のタグボート（このうちの 1 艘の名前が T. J. Hooper である）は、ヴァージニア州からニュー・ヨークに向けて石炭を満載した貨物船を牽引していた。ところが、この貨物船は航行中に嵐に見舞われて沈没した。船荷の所有者は、運送契約に基づいて貨物船の所有者に損害の賠償を求め、貨物船の所有者は牽引契約に基づいてタグボートの所有者に損害の賠償を求める訴えを提起した。船荷の所有者は、貨物船とタグボートの装備が安全な航行に適していないと主張した。特にタグボートについては、台風の接近を知るための無線受信機を装備していない点を挙げ、タグボートの所有者に過失があると主張した。他方、タグボートの所有者は、タグボート業界では無線受信機を持ち込むことが当時一般的に行われておらず、みずからに過失はないと反論した。

第 1 審のニュー・ヨーク南部地区連邦地裁は、被告の船舶が航行に適していなかったことを認定し、両被告が連帯して原告に賠償責任を負うと認めた。両被告の上訴を受けた第 2 巡回区連邦控訴裁判所のハンド裁判官（Judge Hand）は、両被告の責任を認めた連邦地裁の判決を支持している。控訴裁判所は、タグボートの船長の 9 割が無線受信機を持ち込んでおり、低い費用で受信機を装備できることに言及し、受信機を装備しなかった点でタグボートの所有者の過失を認めた。しかしながら、控訴裁判所は、慣行がどれほど説得力をもつものであっても、決定的な注意義務の基準（合理性の基準）にはならず、裁判所が合理性を判断する、と判示した[35]。

T. J. フーパー事件では、過失を判断するために何が業界の慣行である

---

34)　The T. J. Hooper, 60 F. 2d 737 (2d Cir. 1932).
35)　Id. at 740.

か、が問題となったものの、裁判所はそもそも業界の慣行が必ずしも過失の判断基準にならないと指摘している。業界内の談合による場合を除けば、本来、ある業界において広く知られていて、ほとんどの者が選択している行為は、業界内における最善の行為を反映していることが多いはずである。[36]しかしながら、そのような業界の慣行は、あらゆる場合において不法行為法上の注意義務を意味するわけではない。

　では、単に業界の慣行というのではなく、業界団体の定める自主基準ではどうか。業界の自主基準が定められている場合には、何が業界の慣行であるかは問題になりにくい。それでも、あらゆる場合に業界の自主基準を不法行為法上の注意義務として認めて構わないのか、という問題はどうしても残る。以下では、全米で最も代表的な業界団体であるアメリカ規格協会（ANSI: American National Standards Institute）の自主基準を例に、その役割を検討する。

　(2)　アメリカ規格協会の自主基準の特徴　　アメリカ規格協会は、規格策定団体を認定する非営利の私的な機関である。[37]アメリカ規格協会は、企業の世界的競争力と生活の質を向上させるために1918年に設立された。この機関は、規格策定団体（SDOs: Standards Developing Organizations）の策定手続を承認することによって、国内の規格標準化（American National Standards, ANS）を推進している。2006年末までに認定された規格策定団体の数は200に上り、1万以上の規格が策定された。そして今日、認定団体のなかで最も大規模な20団体が、国内規格の約90％を策定している。このように、認定団体によって策定される規格が全米の規格に占める割合に照らしてみると、アメリカ規格協会の果たす役割は極めて大きい。

　アメリカ規格協会の自主基準の特徴は、一応適正な手続を経て策定されている点にある。アメリカ規格協会は、各団体の策定する規格内容ではなく規格策定手続を審査し、団体を認定している。[38]団体の認定基準は、デュ

---

36)　Abraham at 68.
37)　アメリカ規格協会という機関の概要については、次のウェッブサイトを参照した。About ANSI, http://www.ansi.org/about_ansi/introduction/introduction.aspx?menuid=1 (last visited Aug. 27, 2009).
38)　ANSI, Standards Activities, http://www.ansi.org/standards_activities/overview/overview.aspx?menuid=3 (last visited Aug. 27, 2009).

一・プロセスを満たす規格策定手続を設けているか否かである。

ここでいうデュー・プロセスとは、①利害関係者による多数決原理の採用（総意の原則）、②少なくとも3分の1以上の製造業者、さまざまな使用者、そして一般市民の利益を衡量して規格を策定すること（衡平の原則）、③一般市民に意見提出の機会を与えて、団体がその意見に回答すること（透明性の原則）、さらに、④不服審査手続を設けること、以上の4つの原則から構成される。しかも、アメリカ規格協会は、いったん団体を認定した後も手続について監査を実施し、改善の指示や認定を取り消す権限を持っている。

このように、アメリカ規格協会は、製品の安全性を向上させるだけでなく維持するために、規格策定手続がデュー・プロセスを満たしているか否か、という団体認定基準を採用しているのである。

(3) 訴訟における業界団体の自主基準の役割　アメリカ規格協会の認定団体が策定した自主基準は、たとえデュー・プロセスを満たす手続を経て策定されているとしても、決して法ではない。そのため、裁判所は、アメリカ規格協会の自主基準についても、業界の慣行と同じように過失や製品の欠陥を判断するための決定的な基準ではない、と判断している。

たとえば、サウス・カロライナ州中間上訴裁判所のアレン対ロング・マニュファクチャリング・ノース・カロライナ社事件は、被告がアメリカ規格協会に認定されているアメリカ農業工業会（ASAE: American Society of Agricultural Engineers）の自主基準を遵守していても、陪審が製品の欠陥を判断できると端的に認めた。[39]

(4) Allen v. Long Mfg. NC Inc. (1998)　アレン事件では、穀物刈取り機の使用者が機械に巻き込まれて死亡した。刈取り機には刈り取った穀物をコンテナに移すための傾斜台が付いていたものの、この傾斜台に穀物が載っていないと、刈取り機は安定しなかった。刈取り機の使用者は、機械を固定することなく機械のそばで作業していたところ、機械に巻き込まれて死亡した。遺族は、過失と厳格責任を請求原因として、刈取り機の製造業者に損害の賠償を求める訴えを提起した。原告側の専門家は、製造業者

---

39) Allen v. Long Mfg. NC Inc., 505 S. E. 2d 354 (S. C. App. 1998).

が機械の危険性について十分に警告していなかったと主張した。他方、被告は、警告表示が業界の自主基準を満たしており、製品に不合理な欠陥がないとして被告勝訴の略式判決を求めた。

第1審の事実審理裁判所は、被告の主張をいれて被告勝訴の略式判決を下した。原告の上訴を受けたサウス・カロライナ州中間上訴裁判所は、事実審理裁判所の判決を破棄した。中間上訴裁判所は、業界の自主基準によっては警告が十分であるかは必ずしも決まらず、業界の自主基準で警告の適切さを判断するのは厳格責任と抵触するとした[40]。そして、十分な警告があれば原告の行動が変わった可能性を認めて、陪審に製品の欠陥を判断させる必要がある、と認めた。

アレン事件では、厳格責任と抵触するという理由から、アメリカ規格協会の自主基準についても過失や製品の欠陥を判断するための決定的な基準ではないとされ、警告上の欠陥の判断が陪審に委ねられている。アメリカ規格協会の自主基準も業界の慣行であることに変わりはなく、厳格責任は被告の行為ではなく製品の状態に着目する、といえば、分析はそこで終わってしまいそうである。しかしながら、前述したとおり、アメリカ規格協会の自主基準は少なくともデュー・プロセスを満たしていなければならず、衡平性や透明性が確保されている。なぜ裁判所は、アメリカ規格協会の自主基準を他の業界の慣行と区別しないのか。その大きな理由の1つは、州の法令と同じで、業界の自主基準があらゆる事件の事情を十分に考慮して策定されていない、という点にある。

たとえば、ニュー・ヨーク地区連邦地裁のクラーク対 L. R. システムズ事件では、アメリカ規格協会の自主基準そのものよりも、協会の認定を受けた団体に所属する専門家証人の証言が重視されている[41]。これは、たとえ業界の自主基準がどれほど公正な手続を経て策定され、信頼に足るものであっても、事件の詳細に留意して提出された専門家の証言を無効にするものではない、という裁判所の見解を示すものである。

(5) Clarke v. L. R. Systems (2002)　クラーク事件では、被告がアメリカ規格協会に認定された団体の自主基準を遵守していても、製品に設計上

---

40) Id. at 358.
41) Clarke v. L. R. Systems, 219 F. Supp. 2d 323 (E. D. N. Y. 2002).

の欠陥ありとする専門家証人の意見を無効にするものではないとして、被告勝訴の略式判決の申立てが棄却された。クラーク事件では、プラスティック工場で働いていた74歳の作業員が、プラスティック粉砕機を操作中に負傷した。作業員は、機械の電源が切れていることを確認することなく、作業中に停止した機械の粉砕口ベルトを調整しようと試みた。粉砕口の奥には回転刃があって、作業員はその刃で右手の指に重傷を負った。粉砕口のシールには、機械の電源が切れている場合でも回転刃が鋭利なので厳重に注意せよ、と記載されていた。しかも、機械の不意な始動を回避するために、機械の電源を切るように記載されていた。作業員は、過失、保証責任、そして厳格責任（警告と設計上の欠陥）を請求原因として、粉砕機の製造業者に損害の賠償を求める訴えを提起した。この事件は、州地裁に提起されたものの、異なる州の市民間の争訟であることを理由として連邦地裁に移送された。

　原告は、粉砕口に手を入れるべきではないと警告していない点でステッカーの注意書きが十分でない、と主張した。また、原告側の専門家は、粉砕口が開いている時に機械を自動的に停止させる装置を備えていないという点で製品に設計上の欠陥がある、と主張した。業界の当時の自主基準によれば、自動的に停止させる装置の装備は義務づけられていなかった。しかしながら、原告側の専門家は、アメリカ規格協会から認定されたアメリカ機械工学会（ASME: American Society of Mechanical Engineers）などに所属する者であるにもかかわらず、団体の自主基準を満たしている被告の設計に欠陥がある、という見解を述べた。

　他方、被告は、製品の危険性が明白であり、原告がベルトに接触した場合の危険性について認識していたことから、請求が棄却されるべきだ、と主張した。また、被告は、アメリカ規格協会の認定した団体の自主基準を満たしていることから、設計上の欠陥について原告側の専門家の証言が証拠から排除され、その結果として請求が棄却される、と主張した。

　第1審のニュー・ヨーク東部地区連邦地裁は、証言録取書から原告が製品の危険性を認識していたと認定し、警告上の訴えについては被告勝訴の略式判決を下した。しかしながら、連邦地裁は、設計上の訴えについては被告勝訴の略式判決の申立てを棄却した。連邦地裁は、被告が業界の自主

基準を遵守したからといって、必ずしも原告側の専門家の証言が信頼できないものにはならない、と指摘する。すなわち、業界の自主基準の遵守または違反は、設計上の欠陥や製品の安全性についての決定的な証拠ではない、というわけである。

クラーク事件を検討すると、アメリカ規格協会の自主基準も、あらゆる事件の事情を考慮して策定されていない点では、州の法令や他の業界の慣行と何ら変わらないことがわかる。そして、個別の事件の事情を考慮すればするほど、被告が業界の自主基準を遵守したことのみを理由として、過失や製品の欠陥なしと評価することは難しい。そうすると、過失や製品の欠陥の判断については、事実審理を開いて陪審に委ねることになる。

このように、アレン事件とクラーク事件によれば、裁判所は、アメリカ規格協会のような代表的な業界の自主基準についても、過失や製品の欠陥を判断するための決定的な基準ではない、と判断している。そうすると、陪審は、被告がアメリカ規格協会の自主基準を遵守したことを十分に考慮して、過失や製品の欠陥を判断できる。「十分に考慮して」というのは、現実には陪審の判断の指針として業界の自主基準の影響は大きい、という意味である。なぜならば、被告が業界の自主基準、とりわけアメリカ規格協会のような準公的とも評される機関の自主基準を遵守した場合に過失や製品の欠陥を認めることは、自主基準を遵守している他の製造業者までも非難することに等しい。そのために、陪審は、業界の自主基準を慎重に考慮せざるを得ないのである。

IV まとめ

以上のように、業界の自主基準、とりわけアメリカ規格協会の自主基準は、全米横断的に製造業者から参照される可能性があるものの、過失や製

---

42) Id. at 334-35.
43) Abraham 69. See also Twerski & Henderson, supra note 21, at 139. トゥワースキ教授とヘンダーソン教授によれば、陪審が業界の自主基準に違反した被告に有利な評決を下すことは一般的ではない。

品の欠陥を判断するための決定的な基準としての地位を獲得していない。業界の自主基準は、少なくとも法ではないことはもちろん、あらゆる事件の事情まで考慮して策定されてはいないからである。それでは、連邦法はどうか。連邦法は紛れもなく法であり、全米横断的に製造業者から参照される。以下、製造物責任訴訟における連邦法の役割を検討する。

第2節　製造物責任訴訟における連邦法の役割

　多くの連邦法では、不法行為・製造物責任訴訟における効果について明白な定めがない[44]。連邦法のなかで、違反した場合に刑事罰または行政機関による制裁のみを許す旨を規定しているものは、極めて例外的である。ところが、連邦法に民事責任についての定めがなくても、少なくとも州の裁判所は、不法行為訴訟で連邦法を利用することができる。州の裁判所は、連邦法によって禁止されていない限り、不法行為法上の注意義務の基準として連邦法を自由に利用する権限を有するからである。これは、一般的に不法行為法や製造物責任法のような私法の領域が、州の福祉権能（police power）に含まれることに由来する。以下、連邦法の違反と遵守の効果について、それぞれ分析する。

I　連邦法違反と製品の欠陥

【法令違反それ自体で当然に過失ありと評価する法理の援用】
　連邦法違反それ自体で製品に欠陥あり、ということになるのか。有名なカリフォルニア州最高裁のエルスウォース対ビーチ・エアクラフト・コーポレーション事件は、法令違反それ自体で当然に不法行為法上の過失ありと評価する法理を、製品の欠陥にも援用している[45]。もっとも、後述するように、エルスウォース事件では法令違反が製品の欠陥の一証拠として認められただけである。
　（1）Elsworth v. Beech Aircraft Corp.（1984）　エルスウォース事件では、航空機の安全基準を定める連邦航空法（Federal Aviation Act, FAA）とその行政規則が問題となった。連邦航空法とその行政規則は、航空機の

44）　以下の説明について、次の文献を参照した。Dobbs §136.
45）　Elsworth v. Beech Aircraft Corp., 691 P. 2d 630 (Cal. 1984).

製造業者が満たすべき安全設計と試験の実施について定めている。エルスウォース事件では、離陸7分後に鳥の羽を吸い込んだエンジンが停止したために、航空機が墜落した。乗客の遺族は、航空機の製造業者らに設計上の欠陥を請求原因として、損害の賠償を求める訴えを提起した。原告は、エンジンの設計上の欠陥を証明するために専門家の証言に加えて、法令違反それ自体で過失ありと評価する法理を利用した。原告は、被告が13年前に連邦航空局から安全基準を満たしている旨の確認を受けていたものの、連邦航空局のエンジン設計の確認手続に不備があり、実際には基準を満たしていなかった、と主張した。

第1審の事実審理裁判所は陪審評決どおりに原告勝訴の判決を下したものの、被告の上訴を受けた中間上訴裁判所は、製品の欠陥についての証拠が不十分であるという理由で、事実審理裁判所の判決を破棄した。

原告の上訴を受けた州最高裁のモリス裁判官（Justice Morris）は、陪審には原告勝訴の評決を下すのに十分な証拠があるとして、事実審理裁判所の判決を支持している。最高裁は、被告が連邦航空局の安全基準を遵守したとしても、陪審によって製品に欠陥ありと判断される場合があることから、連邦航空局が設計を安全だと確認した場合でも法令違反それ自体で当然に製品に欠陥ありと判断しても構わない旨の陪審説示の影響は小さい、と指摘する。そして最高裁は、設計の安全性が連邦航空局によって誤って確認された場合に陪審が製品に欠陥ありと判断できないようでは、航空機に搭乗する者を保護するという連邦航空法とその行政規則の目的を実現できない、と指摘している。

エルスウォース事件では、陪審が製品の欠陥を判断する際に、連邦航空法とその規則の違反を考慮してよく、たとえ連邦航空局が設計について安全だと確認した場合でも、陪審が製品に欠陥ありと判断しても構わないとされた。カリフォルニア州最高裁は、法令違反それ自体で当然に過失ありと評価する法理を修正して援用し、連邦法違反が製品の欠陥の一証拠であると認めたのである。

(2) 法理が援用される理由　　なぜ、法令違反それ自体で当然に過失あ

---

46) Id. at 635-36.
47) Id. at 636-37.

りと評価する法理が製造物責任訴訟でも援用されるのか。エルスウォース事件では、陪審が製品の欠陥を判断するために連邦法違反を考慮できることは、いわば当然の前提とされているため、その理由は明らかにされていない。

1つの理由として挙げることができるのは、過失と製品の欠陥との関係である。製造業者みずからの設計仕様を逸脱した製品を意味する製造上の欠陥はまさに過失そのものであり、設計上と警告上の欠陥も、徐々に被告の過失を前提とするものと考えられるようになった（過失の判断基準である合理性の基準で判断されるようになった）。そうすると、法令違反それ自体で過失を認定できる場合には、製品の欠陥も認定できることになりそうである[48]。

たとえば、製造物責任法第3次リステイトメントでは、法令違反が製品の欠陥に当たるという見解が政策的な理由から採用されている。第3次リステイトメント第4条には、適用される法令の違反それ自体で製品の欠陥、とりわけ設計上と警告上の欠陥に該当する旨の定めがある[49]。もっとも、リステイトメントの起草者でさえ、法令違反それ自体で当然に過失ありと評価する法理が、製造物責任についても援用される理由を具体的に挙げているわけではない[50]。

【法理の修正】

エルスウォース事件では、法令違反それ自体で当然に過失ありと評価する法理が製造物責任訴訟でも援用されているものの、法理が修正されている。すなわち、連邦法違反は製品の欠陥の一証拠に過ぎず、陪審は製品の欠陥を自由に判断できる。これは、最も多くの州で採用されている見解である[51]。以下では、2つの裁判例を検討する。1つは、製品が連邦法に違反しているかは製品の欠陥の一証拠に過ぎないとする事件、もう1つは、連

---

48) *See* Owen 396.
49) Restatement (Third) of Torts: Product Liability §4 (a) (1998).
50) Restatement (Third) of Torts: Product Liability §4 (a) cmt. d (1998). 設計上と警告上の欠陥については、いくつかの例外を除いて法令違反それ自体で当然に製品に欠陥ありと評価される。
51) Owen 400.

邦法の違反から欠陥を推定し、被告に反証を認めるものである。

1つ目の第5巡回区連邦控訴裁判所のエリス対K・ラン・カンパニー社事件は、連邦法違反が製品の欠陥の決定的な証拠とは認められない、という見解を示す好例としてよく知られている。エリス事件では、子どもを保護するための家庭製品の特別包装に関する法律（Special Packaging of Household Substances for Protection of Children Act）とその規則の違反が問題となった[52]。

(1) 第1の事件：Ellis v. K-Lan Co., Inc. (1983)　2歳の幼児が、親が購入してキッチンに置いていた酸性の排水溝洗剤を浴びて、Ⅱ度とⅢ度の化学熱傷を負った。その父親は、厳格責任、保証責任、そして過失を請求原因として、洗剤の製造業者に損害の賠償を求める訴えをテキサス地区連邦地裁に提起した。原告の訴えは、異なる州の市民間の争訟を理由として連邦裁判所に提起されたものである。

原告は、子どもによって容易に開けられる製品の蓋の設計に欠陥があると主張し、被告の製品は5歳未満の子どもが蓋を開けられないような特別の梱包を義務づける連邦法に違反する旨の専門家の証言を提出した。専門家は、製品安全と機械工学を専門とする者であるにもかかわらず、連邦法の定義についても意見を述べた。

第1審の事実審理裁判所は、連邦法の違反や遵守が製品の欠陥を判断する際の考慮要素の1つに過ぎないと陪審説示し、陪審の評決どおりに原告勝訴、被告に親と子の精神的苦痛と治療費の総額3万6500ドルの支払いを命じた。被告は上訴し、事実審理裁判所が適格性を欠く原告側の専門家の証言を誤って許容した、と主張した。

第5巡回区連邦控訴裁判所は、連邦法の意味について証言した専門家の適格性を認めた連邦地裁の判決を支持している。裁判所は、単に連邦法の定義に言及したからといって専門家としての適格性が否定されるわけではなく、被告が連邦法に違反したかは製品の欠陥を決定づけるものではない、と判示した[53]。製品が連邦法に違反しているかは製品の欠陥の一証拠に過ぎ

---

52) Ellis v. K-Lan Co., Inc., 695 F. 2d 157 (5th Cir. 1983).
53) Id. at 161.

ず、陪審は被告の製品が連邦法に違反している旨の専門家の証言を考慮して製品の欠陥を判断することができる、というわけである。

エリス事件では、特別な理由が挙げられているわけではないものの、製品が連邦法に違反しているかは製品の欠陥の一証拠であると認められた。製品の欠陥を証明する一証拠ということは、陪審は被告が連邦法を遵守していても、製品に欠陥ありと認めることができるということである。

また、州のなかには連邦法の違反から製品の欠陥を推定し、被告に反証を認めるところもある。たとえば、コロラド州やカンザス州は、州議会が連邦法の違反から製品の欠陥を推定する立法をしている[54]。また、カリフォルニア州では、判例法によって連邦法の違反から製品の欠陥が推定されることになった。

2つ目の事件は、カリフォルニア州中間上訴裁判所のマギー対セスナ・エアクラフト・カンパニー事件である[55]。マギー事件では、連邦航空法とその規則の違反から設計上の欠陥を推定してよいかが争われた。

(2) 第2の事件：McGee v. Cessna Aircraft Co. (1983)　飛行訓練中のセスナ機が丘に激突し炎上したために、乗客4人が負傷した。乗客のうち1人は、意識を失って重度の火傷を負った。重傷を負ったその乗客は、セスナ機の耐衝突設計が十分でなかったと主張し、過失と厳格責任を請求原因として、セスナ機の製造業者に損害の賠償を求める訴えを提起した。原告は、運転席が防火壁によってエンジン火災から15分間は隔絶されなければならない、という連邦航空規則に違反していることから航空機に設計上の欠陥がある、と主張した。

第1審の事実審理裁判所は、被告勝訴の判決を下したものの、カリフォルニア州中間上訴裁判所はその判決を破棄した。裁判所は、連邦航空規則の違反が一応有利な証明として認められる場合、被告が製品に欠陥なしという反証をしなければならない、と指摘する。裁判所は、製造物責任法理が過失を証明しなければならない原告の負担を軽減することを目的の1つにしている点を挙げて、争われている連邦航空規則が最低限の安全基準を定めており、規則違反についての証拠が原告から提出されていることから、

---

54) *See* Colo. Rev. Stat. Ann. §13-21-403 (2) (2009); Kan. Stat. Ann. §60-3304 (b).
55) McGee v. Cessna Aircraft Co., 188 Cal. Rptr. 542 (Cal. App. 1983).

製品の欠陥の推定が認められるとした[56]。そして裁判所は、少なくとも専門家の証言が対立し、物理的な証拠が火災で焼失している事件では、法令違反それ自体で当然に過失と評価する法理によって、厳格・製造物責任訴訟の被告に証明責任を転換することが経済的で政策的にも合理的である、と判断した[57]。

　マギー事件では、連邦航空規則の違反から設計上の欠陥が推定されている。マギー事件で重要なのは、必ずしも連邦法違反がそれ自体で被告に証明責任を転換するものではない、という点である。中間上訴裁判所は、製品の欠陥を証明することが著しく困難な場合に、製品の備えるべき最低限の安全基準を定める連邦法の違反を原告が証明できたため、製品の欠陥を推定した。裁判所は、過失の証明責任を負っている原告の負担を軽減するという製造物責任法の目的に特に言及するだけでなく、専門家の証言の対立や物理的な証拠の焼失という事実も指摘している。そのため、マギー事件は、あらゆる連邦法違反が製品の欠陥を推定し、被告に反証させる効果を有することまで認めているわけではない。

　これまで紹介した2つの裁判例からわかるように、連邦法違反それ自体で製品の欠陥の証明として必ずしも評価されているわけではない。裁判所は、過失の場合と同じように、法令の目的に加えて、事件の特殊な状況まで考慮しているのである。

II　連邦法の遵守と製品の欠陥

【連邦法の遵守それ自体で安全な製品とは評価されないという原則】

　これまで、連邦法違反それ自体で製品の欠陥の証明として必ずしも評価されるわけではないことを確認した。では、連邦法遵守の効果はどうか。法令遵守それ自体で過失なしと評価されないように、連邦法を遵守してもそれ自体で製品に欠陥なし、ということには必ずしもならないのが原則である。陪審は、連邦法を遵守しているという被告の主張を考慮して製品の

---

56) Id. at 548-49.
57) Id. at 550.

欠陥を自由に判断することができる。すなわち、被告が連邦法を遵守していることは、製品の欠陥を判断するための一証拠に過ぎない。[58] 以下では、2つの裁判例からそのことを明らかにする。

第1巡回区連邦控訴裁判所のハバード・ホール・ケミカル・カンパニー対シルバーマン事件は、連邦法の遵守それ自体が製造物責任の抗弁にならないことを示す裁判例の1つとしてよく知られている。[59] ハバード・ホール・ケミカル・カンパニー事件では、殺虫剤等の登録に関する連邦法（Federal Insecticide, Fungicide, and Rodenticide Act）の遵守が問題となった。

（1）第1の事件：Hubbard-Hall Chemical Co. v. Silverman（1965）　農場に雇用されていた2人の男は、マスクを装着しないまま、1.5％濃度のパラチオンという猛毒の殺虫剤を一日中噴霧していたところ、殺虫剤を吸入して死亡した。農夫2人の遺言執行者は、警告上の欠陥を理由として、殺虫剤を製造・販売した会社に損害の賠償をマサチューセッツ地区連邦地裁に求めた。原告の訴えは、異なる州の市民間の争訟であることを理由として連邦裁判所に提起されたものである。原告は、被告が十分な警告なしに殺虫剤を販売したと主張した。他方、被告は、連邦法に従って連邦農務省に殺虫剤を登録し、農務省が承認したとおりに警告して殺虫剤を販売したと主張した。農務省は、承認する際に「吸入すると死亡するおそれがある」という警告表示を確認していた。

第1審の事実審理裁判所は、たとえ被告が連邦法を遵守していても製品の欠陥を判断する際の一証拠に過ぎないと陪審に説示し、原告勝訴の陪審評決どおりの判決を下した。被告の上訴を受けた控訴裁判所は、農務省による警告表示の承認の効力を限定的に解釈し、原告勝訴とした事実審理裁判所の判決を支持している。

裁判所は、農務省の承認について連邦議会が定める要件に過ぎず、承認を受けた被告がマサチューセッツ州の不法行為法上の注意義務を満たしている旨の見解は、連邦議会と農務省によって一切表明されていない、と指摘した。[60] そして裁判所は、殺虫剤という明らかに危険な製品が、原告のよ

---

58) Owen 96.
59) Hubbard-Hall Chemical Co. v. Silverman, 340 F. 2d 402 (1st Cir. 1965).
60) Id. at 405.

うに教育と識字能力に乏しい者に利用された場合、農務省に確認・登録されたとおりの警告表示が付されていてもドクロのようなシンボル・マークを欠いていれば十分ではないと被告が予見すべきだった、と陪審が判断する合理的理由はある、と認めた。[61]

シルバーマン事件では、殺虫剤等の登録に関する連邦法を遵守していたとしても、それ自体で製造物責任の抗弁にはならないとされた。連邦法の遵守は、被告が十分な警告をして殺虫剤を販売したことの一証拠にはなるものの、製品に欠陥ありと判断する陪審の自由を制限するものではない。第5巡回区連邦控訴裁判所は、その理由として、連邦議会と法律を所管する連邦の行政機関の見解を挙げている。すなわち、少なくとも連邦議会と連邦の行政機関とが連邦法の遵守について抗弁としての効果を認めていない以上、原則どおり陪審が州法のもとで製品の欠陥を判断できる、というわけである。

連邦法の遵守それ自体で製品に欠陥なしということにはならない、という原則を踏襲したもう1つの裁判例として有名なのは、カリフォルニア州中間上訴裁判所のオニール対ノヴァルティス・コンシューマー・ヘルス社事件である。[62]オニール事件では、食品医薬品局の定める規則の遵守が最低限の義務を満たしたことしか意味せず、それ自体で製造物責任の抗弁にはならないことが示されている。

(2) 第2の事件：O'Neill v. Novartis Consumer Health, Inc. (2007)　オニール事件では、食品医薬品局が安全性と有効性を認めない限り医薬品を販売してはならない、という連邦法の遵守が問題となった。2人の女性は、1995年から96年にかけて、ある会社が製造したフェニルプロパノールアミンを含む咳止め・風邪薬を服用したために脳梗塞になった。この製品は、1994年に食品医薬品局によって安全性と有効性が確認されていた。しかしながら、食品医薬品局は、2000年のイェール大学の調査に基づいて製品の安全性と有効性を疑問視し、製薬会社に製品の回収を助言した。製品を製造販売した会社は、すぐに全製品を回収した。食品医薬品局は、2001年に脳内出血発症の危険性を高めることを理由として、フェニルプロパノ

---

61) Id.
62) O'Neill v. Novartis Consumer Health, Inc., 55 Cal. Rptr. 3d 551 (Cal. App. 2007).

ールアミンを含む製品の販売承認を取り消した。2人の女性は、厳格責任と詐欺を請求原因として、咳止め・風邪薬の製造販売会社に損害の賠償を求める訴えを提起した。原告は、製品の設計上と警告上の欠陥に加えて、被告が製品の危険性を隠していたと主張した。

　第1審の事実審理裁判所は、決定的でないにしても製品の安全性を示すものとして、食品医薬品局の作為または不作為を考慮することができると陪審に説示し、被告勝訴の陪審評決どおりの判決を下した。上訴した原告は、被告が連邦法を遵守していた（食品医薬品局から承認を受けていた）ことは設計上の欠陥の訴えについて製品の安全性を判断する際の基準にはならない、と陪審説示することを拒んだ点で事実審理裁判所が誤っている、と主張した。

　カリフォルニア州中間上訴裁判所は、連邦法が設計上の欠陥の決定的な基準であるとは陪審に説示していないことを理由に、事実審理裁判所の判決を支持している。中間上訴裁判所は、連邦法の遵守それ自体で医薬品の製造業者の製造物責任を免責するのに十分ではない、という事実審理裁判所の陪審説示を適切なものと認めた。中間上訴裁判所は、連邦の行政機関によって義務づけられている警告が、最低限の性質を有するものでしかなく、製造業者が警告に含まれていないより重大な危険性を認識している、または、認識すべき場合にはその警告義務では十分とは認められない、と事実審理裁判所が陪審に説示している点に言及している。そして裁判所は、その陪審説示が警告上の欠陥については、連邦法の遵守に限定的な効果しか認めておらず、設計上の欠陥について連邦法を決定的な判断基準として認めているわけではないことから、設計上の欠陥の訴えに悪影響を及ぼすものではないとして、原告の主張を退けた[63]。

　オニール事件では、食品医薬品局の規則が製造業者の最低限の義務を定めているに過ぎないことから、規則の遵守それ自体で製造物責任の抗弁とはならないとされた。中間上訴裁判所は、食品医薬品局の判断を考慮して陪審が医薬品の設計と警告上の欠陥を判断できることを認めている。要するに、連邦法に基づいて食品医薬品局から承認を受けて医薬品を販売して

---

63) Id. at 558.

いても、それだけで製品に欠陥なしと当然に評価されるわけではないため、製造業者は、原則として当該承認を受けたことのみを理由に製造物責任を免れることができない、ということである。

シルバーマン事件とオニール事件は、州の法令遵守それ自体で過失なしと評価されないように、連邦法を遵守してもそれ自体で製品に欠陥なしということにはならないことを示している。連邦法の遵守は、違反と同じように製品の欠陥の決定的な証拠とは認められず、欠陥を判断する陪審の裁量を制限するものではない。すなわち、陪審は、少なくとも連邦議会と連邦の行政機関とが連邦法の遵守について抗弁としての効果を認めていない場合、たとえ製造業者が最低限の義務を定めている連邦法を遵守していても、製造物責任を認めることができる。

(3) 原則が支持される理由　なぜ、連邦法を遵守してもそれ自体で製品に欠陥なしということにはならないのか。それは、連邦制定法と行政規則の4つの限界から説明できる[64]。第1に、ほとんどの連邦法は一般的かつ抽象的で、個別事件の具体的な問題まで考慮して立法されているわけではない。たとえば、シルバーマン事件では、製品の欠陥を判断するために被害者の教育と識字能力という特殊な事情が考慮されていた。

第2に、連邦法は、最低限の義務を定めているに過ぎず、製造業者が果たすべき責任を意味するものではない。これは、オニール事件で指摘されていたものである。連邦の行政機関は、予算の制約があるために一般に効果的で最適な安全基準ではなく、むしろ最低限の安全基準を定めて規制を執行できるに過ぎない。

第3に、技術に関連する連邦法は、技術革新によって時代遅れになりがちである。連邦議会や連邦の行政機関は、技術革新に合わせて常に迅速に連邦法を改正できるわけではないからである。

第4に、ほとんどの連邦法は、利害関係の中立的立場にある当事者が適切な製品安全を実現するために起草したものではない。連邦法は、むしろ

---

64) Owen 930-31. *See also* Robert L. Rabin, Reassessing Regulatory Compliance, 88 Geo. L. J. 2049, 2084 (2000). ラビン教授は、州の自律性（州が危険な製品から消費者を守るために独自の権限を行使すること）を擁護する見地から、連邦法の遵守それ自体で製品に欠陥なしとは必ずしも評価されない、という原則を説明している。

規制の対象となる産業界のロビー活動の結果として立法されている。

　以上のように、あらゆる連邦法をそのまま製品の欠陥の基準として扱うことには問題がある。連邦法は事故の前にすでに立法されており、事故当時の技術革新を十分に反映しているわけではないことから、個別の事件における製造業者の義務として必ずしも適切ではない。そのため、裁判所は、連邦法を遵守してもそれ自体で製品に欠陥なしとは評価せず、原則として連邦法の遵守に製造物責任の抗弁としての効果を認めていないのである。

【原則をめぐる州の間の見解の相違】
　もっとも、連邦法の遵守それ自体では製品に欠陥なしとは評価しない州でも、見解が分かれている。州のなかには、連邦法の遵守を製品の欠陥を判断するための一証拠として扱うのではなく、連邦法の遵守から製品に欠陥なしという推定を認めるところがある。コロラド、インディアナ、カンザス、ケンタッキー、ニュー・ジャージー、テネシー、テキサス、そしてユタの各州の議会は、法令の遵守から製品に欠陥なしという推定を認める立法をした[65]。たとえば、ユタ州制定法には次のような定めがある[66]。

　　製品の設計、製造方法、および検査方法が設計、製造、および検査された当時の公的な安全基準を満たしている場合、製品に欠陥なしという反証可能な推定が生じる。

　ユタ州最高裁のエグバート対ニッサン・ノース・アメリカ社事件では、この制定法の解釈が問題となった[67]。

　(1) Egbert v. Nissan N. Am. Inc. (2007)　　エグバート事件は、自動車の横転事故で脳に重傷を負った運転手と乗客が、過失と厳格責任を請求原因として自動車製造業者に損害の賠償を求めたものである。異なる州の市民間の争訟であることを理由に連邦地裁に訴えを提起した原告は、ラミネート加工されていない強化ガラス製助手席フロント・ウィンドウの設計に欠陥があったために、車の横転中に窓が粉々に割れて負傷した、と主張した。他方、被告は、設計が連邦自動車安全基準・規則（Federal Motor

---

65) Owen 937-38.
66) Utah Code Ann. §78-15-6(3) (2009).
67) Egbert v. Nissan N. Am. Inc., 167 P. 3d 1058 (Utah 2007).

Vehicle Safety Standards and Regulations）を遵守している、と主張して争った。この規則によれば、強化ガラスとラミネート加工ガラスの選択が認められており、被告は強化ガラスのほうを設計仕様として採用していた。

　第1審の事実審理裁判所は、ユタ州最高裁に製造物責任の訴えにおいて、被告の製品が適用される連邦の安全基準を遵守している場合、陪審は製品に欠陥なしという推定について説示を受けるか、また、その反証には一応十分な証拠で足りるか、という法律問題の確認を求めた。

　州最高裁のデュラント裁判官（Justice Durrant）は、2つの問題について肯定的な回答をした。最高裁は、原告の反証が製品の欠陥を証明するために必要な証拠で足り、推定は陪審に原告の証明責任を再認識させる意味しか持たない、と指摘している。要するに、最高裁は、州の制定法について連邦法の遵守の効果を限定的に解釈したのである。

　エグバート事件は、連邦法の遵守それ自体では製品に欠陥なしと評価しない州の間で見解が分かれているとしても、実際の結論に大きな違いがないことを示す一例である。連邦法の遵守を製品の欠陥の証拠として扱う州でも、連邦法の遵守から製品に欠陥なしという推定を認める州でも、原告の証明責任に変わりはない。すなわち、裁判所は、製品の欠陥については連邦法の遵守という証拠を考慮して陪審が判断するべき、という見解で一致している。

　なお、製造物責任法第3次リステイトメント第4条(b)も、連邦法の遵守それ自体で製品に欠陥なしとは評価されない、という原則を反映した規定になっている[68]。第3次リステイトメントは、第2次リステイトメント288C条の見解を踏襲し、連邦法が最低限の安全基準を定めているに過ぎないと注記する[69]。

【例外】

　連邦法の遵守は、例外的にそれ自体で製品に欠陥なしと評価される場合がある。連邦法が最低限ではなくむしろ適切な安全基準を定めていると認

---

68) RESTATEMENT (THIRD) OF TORTS: PRODUCT LIABILITY §4 (b) (1998).
69) RESTATEMENT (THIRD) OF TORTS: PRODUCT LIABILITY §4 cmt. e (1998). *See also* Restatement (Second) of Torts §288C cmt. a (1965).

められる場合、または、州議会の立法がある場合、裁判所は例外的に連邦法の遵守それ自体で製品に欠陥なしと評価している。第1の例外を認めた判例として最もよく知られているのは、カリフォルニア州最高裁のラミレス対プラウ社事件である[70]。ラミレス事件では、食品医薬品局の規則を遵守して販売されていた、アスピリンを含有する非処方薬の警告が問題となった。

(1) Ramirez v. Plough, Inc. (1993)　1986年、生後4ヶ月の子どもが風邪の症状を示したため、メキシコ生まれでスペイン語しか読めない母親は、医師に相談することなく非処方薬を服用させた。2日間投薬を続けた母親は、その後で受診した際に、医師からアスピリンを含有しない非処方薬の投与を助言されたものの、無視してアスピリンを含有する非処方薬を子どもに投与し続けた。子どもは、脳症と肝脂肪変性を特徴とする小児疾患（Reye syndrome）を発症し、神経損傷、皮質盲、四肢麻痺、そして精神発達遅延となった。子どもは、過失と製造物責任を請求原因として、アスピリン含有薬を販売した製薬会社に損害の賠償を求める訴えを提起した。

原告は、警告にスペイン語表記がなかったために、不合理な危険性を持つ製品を服用して損害を被ったと主張した。製品に付されていた警告文は、脳症と肝脂肪変性を特徴とする小児疾患の危険性については英語表記されていた。食品医薬品局の規則では、スペイン語表記で警告する義務はなかった。そのため、被告は、製品をインフルエンザに罹患した幼児に投与する際の危険性について、食品医薬品局の規則に基づいて英語表記で警告していただけだった。

第1審の事実審理裁判所は、被告に外国語表記で警告する義務がなく、被告の行為と損害との間に因果関係がないことを理由に、被告勝訴の略式判決を下した。原告の上訴を受けた中間上訴裁判所は、事実審理裁判所の判決を破棄、審理を差し戻した。中間上訴裁判所は、警告義務自体が存在することは明らかで、警告の適切さが陪審によって判断される事実問題であると指摘した。

被告の上訴を受けたカリフォルニア州最高裁のケナー裁判官（Justice

---

70) Ramirez v. Plough, Inc., 863 P. 2d 167 (Cal. 1993).

Kennard) は、中間上訴裁判所の判決を破棄、事実審理裁判所による被告勝訴の略式判決を支持した。最高裁は、食品医薬品局の警告に関連する規則が十分に詳細で、食品医薬品局が規制の費用と便益を熟慮した上で、とりわけ翻訳の困難さを認めて英語表記のみを義務づけたことに言及している[71]。また、最高裁は、食品医薬品局の規則を製品の安全基準として採用しなければ、製造業者が外国人購入者を予見して多数の外国語表記で警告することになるものの、その費用が甚大になると認めた[72]。さらに最高裁は、裁判所には非処方薬に外国語表記の警告を義務づけるべきかを判断する手続も資源もないことから、現時点では食品医薬品局の判断に委ねるとした[73]。

ラミレス事件では、判例法上、例外的に連邦法の遵守それ自体で製品に欠陥なしと評価されている。カリフォルニア州最高裁は、非処方薬に英語表記以外の警告を義務づけるべきかについては、州の裁判所ではなく、連邦の行政機関である食品医薬品局が判断するべき、と判断した。そして最高裁は、連邦法の遵守それ自体で製品に欠陥なしと評価し、外国語表記の警告を義務づけなかったこの判決の是非については、後に州議会が判断することになるとした[74]。

カリフォルニア州最高裁が州議会に判例の是非を仰いでいることからも裏づけられるように、ラミレス事件は極めて例外的に、裁判所が連邦法を基準として製品に欠陥なしと評価した例である。もう1つの例外は、州議会による立法である。

(2) 連邦法を基準として医薬品の欠陥を評価するミシガン州の制定法

50の州議会のなかには、連邦法の遵守それ自体で製品に欠陥なしと評価するための立法をしたところがある。50州で唯一ミシガン州では、連邦法を基準として医薬品に欠陥なしと評価する制定法が成立している[75]。ミシガン州の制定法には、次のような定めがある[76]。

---

71) Id. at 175.
72) Id. at 176.
73) Id.
74) Id.
75) Catherine M. Sharkey, Federalism in Action: FDA Regulatory Preemption in Pharmaceutical Cases in State versus Federal Courts, 15 Brook. J. L. & Pol'y 1013, 1023 (2008).
76) Mich. Comp. Laws Ann. §600.2946 (5) (2009). ミシガン州の制定法を批判的に分析した

製造業者または販売業者に対する製造物責任の訴えにおいて、医薬品の安全性と有効性が食品医薬品局によって承認されており、かつ、市場に流通した時点で医薬品の表示が食品医薬品局の承認に従って記載されていた場合、当該医薬品は欠陥状態にない、または、不合理な危険性を持たない、もしくは、製造業者または販売業者に責任はない。

この定めは、ミシガン州最高裁のテイラー対スミスクライン・ビーチャム・コーポレーション事件によって、合憲と判断された[77]。

(3) Taylor v. Smithkline Beecham Corp. (2003)　テイラー事件は、デクスフェンフルラミンとフェンフルラミン・フェンタミンという中枢性食欲抑制薬の服用によって損害を被った被害者が、医薬品の製造販売業者に損害の賠償を求める訴えを提起したものである。被告は、先のミシガン州制定法の定めを理由として被告勝訴の略式判決を求めた。他方、原告は、州議会の立法権を連邦の行政機関に委任することは州憲法上違憲である、と主張した。

第1審の事実審理裁判所は、被告勝訴の略式判決を下している。原告の上訴を受けた中間上訴裁判所は、事実審理裁判所の判決を一部破棄した。中間上訴裁判所は、医薬品の製造物責任の最終的な成否について食品医薬品局の判断に委ねていることを理由に、州議会の立法権を連邦の行政機関に委任することは州憲法上違憲であるとした。

被告の上訴を受けた州最高裁のテイラー裁判官（Justice Taylor）は、中間上訴裁判所の判決を破棄する多数意見を執筆した。多数意見は、州制定法の定めを解釈して、食品医薬品局から適正に承認を受けた医薬品の製造業者、または、販売業者が不法行為責任を負わないほど十分合理的に行動した、と州議会が判断していると認めた。そして、州の制定法は連邦の行政機関の事実認定から生じる州法上のある法的な効果について定めているに過ぎないため、州議会の立法権の委任は生じていない、と指摘している。

もっとも、7名のうち1名の裁判官は、州の制定法上の製品の安全基準

文献として、Jason C. Miller, When and How to Defer to the FDA : Learning from Michigan's Regulatory Compliance Defense, 15 Mich. Telecomm. Tech. L. Rev. 565 (2009). この判例は、食品医薬品局の承認を理由とする州法上の免責を支持しつつ、ミシガン州の制定法では適用範囲が広すぎると指摘する。

77) Taylor v. Smithkline Beecham Corp., 658 N. W. 2d 127 (Mich. 2003).

が合憲的な立法権の委任といえるのは、基準が確立されたもので、本質的に不変なものでなければならないものの、食品医薬品局が採用する基準は変動するという理由で、反対意見を執筆した。

このように、連邦法の遵守それ自体で製品に欠陥なしと評価される場合は、極めて例外的である。カリフォルニア州最高裁のラミレス事件やミシガン州の制定法は、裁判所の能力の限界（非処方薬の外国語表記の警告の適切さのように、より高度の専門的な判断を下す能力）や州議会の立法を理由とする例外を認めた好例であるものの、追随する州は限られている。[78]

III まとめ

製造物責任訴訟における連邦法の違反と遵守の効果は、過失と製品の欠陥とを入れ替えれば、不法行為訴訟における州の法令や業界の自主基準のそれと基本的に同じである。すなわち、裁判所は、連邦法の違反それ自体で当然に製品に欠陥ありと評価するわけではなく、連邦法の遵守それ自体で当然に製品に欠陥なしと評価するわけでもない。裁判所は、連邦法の違反と遵守とを、いずれも製品の欠陥の一証拠として認めるに過ぎない。つまり、連邦法は、製品の欠陥について、陪審や裁判官の判断を支配してはいないのである。

---

78) Carl Tobias, FDA Regulatory Compliance Reconsidered, 93 Cornell L. Rev. 1003, 1026-27 (2008). アーカンソー州とワシントン州の州議会は、法令を遵守していれば製品に欠陥なしとする立法をしている。他方、コロラド州、インディアナ州、カンザス州、ノース・ダコタ州、テネシー州、ユタ州、そしてミシガン州（処方薬以外の製品）の州議会は、法令を遵守していれば製品に欠陥なしという反証可能な推定を認めているだけである。

第3節　医薬品の製造物責任と連邦法の規制

　医薬品の欠陥をめぐる問題は、製造物責任訴訟における連邦法の役割のなかでも特別の注目を集めている。それは、数ある製品のうち医薬品の製造販売が連邦法で厳しく規制されていることに由来する[79]。近時、極めて厳しい内容の連邦法ならば、遵守それ自体で製品に欠陥なしと評価されて当然ではないか、評価されないと医薬品の開発が著しく妨げられるのではないか、という議論が巻き起こった。この問題は、ウォール・ストリート・ジャーナルが提起している[80]。

　では、医薬品については連邦法の遵守それ自体で製品に欠陥なしと評価されるのであろうか。結論から先にいえば、医薬品も他の製品と同じである。すなわち、連邦法を遵守していればそれだけで製品に欠陥なしと評価されるわけではない。以下、まず医薬品の警告上の欠陥について説明する。そして、裁判所が、その法理のもとでも、連邦法の遵守それ自体で製品に欠陥なしと評価していないことを示す。

I　警告上の欠陥をめぐる争い

【連邦法の遵守それ自体で安全な製品とは評価されないという原則】

　連邦法は、医薬品の製造・販売を包括的に規制しているものの[81]、このことは、連邦法の遵守それ自体で製品に欠陥なし、ということを意味するのだろうか。医薬品の製造物責任では、主に警告上の欠陥が問題になるが、

---

79)　Sharkey, *supra* note 75, at 1024-25.
80)　Legal Side Effects : Can Companies be sued even if they follow FDA instructions ?, Wall St. J., Nov. 4, 2008, at A18.
81)　以下の説明について、次の文献を参照した。Daniel E. Troy, The Case for FDA Preemption in Federal Preemption : States' Powers, National Interests 81, 82-83 (Richard A. Epstein & Michael S. Greve eds., 2007).

答えはノーである。

　製薬会社は、連邦法のもとで新しい医薬品を販売するために食品医薬品局の承認を受けて、その承認に従って十分な製品の情報を医師に伝えなければならない。食品・医薬品・化粧品の規制に関する法律（Federal Food, Drug, and Cosmetic Act）という連邦法は、すべての新規医薬品について、販売前に食品医薬品局の承認を義務づけている[82]。また、食品医薬品局は、販売前の新しい医薬品の安全性と有効性はもちろん、製薬会社が医師に提供しようとするすべての情報についても承認している。そのため、医薬品を販売する製薬会社は、食品医薬品局の承認に従って使用法、禁忌、危険性、そして副作用の十分な情報を医師に提供しなければならない。つまり、連邦法は、消費者を保護する手段として製薬会社が食品医薬品局の承認に従って適切な情報を医師に伝え、医師がその情報と専門的判断に基づいて薬を処方する、という選択をしていることになる。

　このように、医薬品の販売は、連邦法のもとで食品医薬品局によって厳しく規制されている。食品医薬品局は医薬品の安全性、有効性、そして警告まで審査しており、製薬会社は、食品医薬品局の承認を受けなければ新しい医薬品を販売できないのである。

　ところが、包括的な規制であるにもかかわらず、医薬品の販売を規制する連邦法を遵守していれば製品に欠陥なし、ということにはなっていない。裁判所は、製品が医薬品であっても、連邦法の遵守それ自体で製品に欠陥なし、とは評価していない。カリフォルニア州最高裁のスティーヴンス対パーケ・ディヴィス・アンド・カンパニー事件は、そのことを示す好例である[83]。

（1）　Stevens v. Parke, Davis & Co. (1973)　スティーヴンス事件では、食品医薬品局の規則に基づいて販売されていた処方薬（抗生物質）の欠陥が問題となった。長らく肺炎で苦しんでいた婦人は、非常勤講師として元気に働いていたものの、手術後に死亡した。婦人は38歳の時に気管支拡張症と診断され、ある医師の手術を受けた。医師は、手術の2日後から3

82）　21 U. S. C. §393 (d)(1).
83）　Stevens v. Parke, Davis & Co., 507 P. 2d 653 (Cal. 1973).

ヶ月間にわたって感染を防止するために、クロロマイセチンという抗生物質を婦人に処方した。ところが、医師は当該薬品の警告を読んでおらず、その処方は警告に基づくものではなかった。クロロマイセチンは、当時市場に流通していた抗生物質のなかでも最も危険な製品であると、医師らの間では認識されていた。

また、製薬会社は、食品医薬品局の規則に従ってクロロマイセチンという製品の宣伝時には警告文書を添付していたものの、脱法的に警告なしで売り込んでいた。たとえば、製品の長期使用と血液疾患の因果関係について、医学論文や食品医薬品局の調査で指摘されていたにもかかわらず、製品名入りのカレンダーなどを医師に付け届ける際や、医学雑誌上に簡易広告を掲載する際には警告を省略していた。

クロロマイセチンを処方された女性の容態は回復せず、術後10ヶ月には別の医師に骨髄機能不全による再生不良性貧血と診断された。女性は、体内で十分な白血球を生産できなくなった結果、術後1年4ヶ月で肺炎のために死亡した。女性の遺族らは、過失、保証責任、不法行為法上の厳格責任を請求原因として、抗生物質を処方した医師と抗生物質を製造・販売した製薬会社に損害の賠償を求める訴えを提起した。原告は、製薬会社が不合理な危険性を持つ製品を過剰に宣伝し、医師は十分な注意を払わずに製品を処方した、と主張した。

第1審の事実審理裁判所は、製薬会社に対する訴えについては過失のみを陪審審理の対象とした。事実審理裁判所は、原告勝訴、両被告に40万ドルの支払いを命じる陪審評決を受けて、支払い額を約6万5000ドルに減額する判決を言い渡した。原告は賠償額の減額について同意せず、裁判所は賠償額についてのみ再審理を命じた。原告は再審理を認めた点について、被告は評決無視判決の申立てを棄却した点について、事実審理裁判所の判決を不服として上訴した。

カリフォルニア州最高裁のサリヴァン裁判官（Justice Sullivan）は、原告勝訴の陪審評決を支持した。最高裁は、過大な賠償額のみを理由として再審理を命じることはできず、陪審には被告の警告について不適切と判断する合理的な理由があったと認め、被告の過剰な宣伝を理由として、事実上最低限の義務を定めている食品医薬品局の規則を遵守しただけでは、不

適切な警告を理由とする責任の抗弁として十分でない、とした。[84]

「医薬品の処方に関連する事件では、医薬品に潜む危険性について適切な警告が医師に提供されていれば、製薬会社は製品を処方される患者にまで警告が到達することを保証する義務を負わない。しかしながら、警告に関連する食品医薬品局の規則や命令を遵守しただけでは、医薬品の製造販売業者の責任を免責するのに十分ではない。連邦の行政機関によって義務づけられる警告は、事実上最低限のものでしかなく、製造販売業者が警告に含まれていないより重大な製品の危険性を認識している、または、認識すべき理由のある場合、製造販売業者の警告義務は履行されたとはいえない。医薬品の製造販売業者は、医師に製品の危険性について適切に警告する義務を負っているものの、医師に対する適切な警告は、果敢な販促プログラムによる医薬品の過剰な宣伝によって効果が減少、または、無効にさえなり、結果として医師に警告を無視するように促す効果を生むだろう」。

スティーヴンス事件は、極めて厳しい内容とされる食品医薬品局の規則であっても、他の行政機関の規則と同じように、遵守それ自体で製品に欠陥なし（製品の危険が適切に警告された）とは認められない、という大原則を示したものである。カリフォルニア州最高裁は、食品医薬品局の規則が事実上最低限の義務を定めているに過ぎず、過剰な宣伝が行われた場合には警告の効果が減少することをその理由として挙げている。以下、最高裁の理由づけを詳細に検討する。

(2) 知識ある媒介者の法理——製薬会社と医師との間の役割分担　カリフォルニア州最高裁の理由づけは、処方薬の製造販売業者の義務について一般論を述べるところから始まる。すなわち、処方薬の製造販売業者は、完全で適切かつ適宜に認識している、または、認識すべき理由のある医薬品の危険性と禁忌についての警告を処方医に提供していれば、警告義務を履行したことになる。この一般論は、いわゆる「知識ある媒介者の法理」（learned intermediate doctrine）と呼ばれるものである。[85]

知識ある媒介者の法理は、本来ならば製薬会社が患者（最終消費者）に直接適切な警告をするのが製造物責任法の原則であるところ、製品の危険

---

84) Id. at 661.
85) Owen 630-31.

性が非常に大きく、効果が患者によって千差万別となる処方薬については、医師が専門的な判断に基づいて、それぞれの患者に警告できる最善の地位にある、という大前提に基づいている。

　最高裁は、知識ある媒介者の法理のもとで、警告に関連する食品医薬品局の規則や命令を遵守しただけでは、医薬品の製造販売業者の責任を免責するのに十分ではないと明言した。要するに、製造販売業者は、警告に含まれていないより重大な危険性を認識している、または、認識すべき理由のある場合、連邦法の定めにかかわらず危険性について医師に警告する義務を負う、ということである。

【原則が支持される３つの理由】
　スティーヴンス事件では、一般的な製品よりも厳しく規制されている医薬品でさえ、連邦法の遵守それ自体で製品に欠陥なしとは評価されなかった。では、その原則を正当化する理由は何か。カリフォルニア州最高裁は、一般的な製品と同じように連邦法が最低限の義務を定めているに過ぎない点に加えて、過剰な宣伝が警告に及ぼす悪影響を挙げている。他の理由として考えられているのは、規制を担当する食品医薬品局の能力の限界、事故の防止、そして製薬会社による販売手法の変容である。以下、他の理由についてそれぞれ説明する。

　裁判所のなかには、食品医薬品局の規制が十分でない点を指摘するところがある。たとえば、オハイオ州最高裁のワグナー対ロシェ・ラボラトリーズ事件では、食品医薬品局が製薬会社の提出する情報に依存して警告の添付文書を承認していることを主な理由として、被告製薬会社の抗弁が認められなかった。[86]

　(1)　食品医薬品局の能力の限界：Wagner v. Roche Labs. (1996)　ワグナー事件では、ある患者がミノサイクリンという抗生物質と難治性ニキビ治療薬イソトレチノインとを併せて医師から処方され、その服用により偽脳腫瘍を発症した。患者は、過失を請求原因として、医師と製薬会社に損害賠償を求める訴えを提起したものの、医師とは18万5000ドルで和解し

---

86)　Wagner v. Roche Labs., 671 N. E. 2d 252 (Ohio 1996).

た。

　原告は、被告の副作用についての警告が不十分であったために間接置換手術を受けることになった、と主張した。販売当時、イソトレチノインの単独使用による偽脳腫瘍の症例報告や、ミノサイクリンとの併用による偽脳腫瘍の症例報告はなかった。しかしながら、原告側の専門家は、被告が製品構造から当然に偽脳腫瘍の発症を予見できた、と主張した。他方、被告は、食品医薬品局の承認どおりに添付文書で警告しており、それで十分だ、と反論した。

　第１審の事実審理裁判所は、陪審評決どおりに原告勝訴、被告に医師との和解額の分を差し引いて、16万5000ドルの支払いを命じた。被告の上訴を受けた中間上訴裁判所は、症例報告、医学雑誌、その他の科学雑誌でも副作用についての言及がないことから、事実審理裁判所の判決を破棄、被告勝訴の指示評決を下すべき旨の判決を下した。

　オハイオ州最高裁のレズニック裁判官（Justice Resnick）は、警告が適切であったか（被告が製品の危険性を認識していた、または、認識すべき理由があったか）については事実問題であることから、中間上訴裁判所の判決を破棄、審理を差し戻した。最高裁は、食品医薬品局の承認それ自体で当然に被告の警告が適切だったことにはならない理由として、食品医薬品局が製品を独自に審査しているわけではなく、被告の提出する情報に依存して承認している点を挙げている。[87]

　ワグナー事件では、食品医薬品局の審査が実質的には独自に行われておらず、製薬会社の提出する情報に依存している点が強調されているものの、食品医薬品局の能力の限界は情報の点だけにとどまらない。たとえば、食品医薬品局は業界から早期承認の圧力を受けることはもちろん、予算の制約がある。[88] 裁判所は、食品医薬品局の能力の限界から、規制が十分に行われないことを懸念しているのである。

　(2)　事故の防止：Edwards v. Basel Pharmaceuticals (1997)　２つ目の理由は、製造物責任法の目的の１つ、事故の防止である。裁判所は、連邦法の定めにかかわらず、製薬会社が合理的な注意を払って処方薬を製造販

---

87) Id. at 258.
88) Tobias, *supra* note 78, at 1032.

売する義務を負うことを認めている。たとえば、オクラホマ州最高裁のエドワーズ対ベイゼル・ファーマスーティカルズ事件は、市民の健康と安全を守ることが州の正当な関心事であるとし、製薬会社が連邦法のみならず州法上の警告義務も履行しなければならない、と指摘している[89]。

　エドワーズ氏は、禁煙補助貼剤2枚を付けて喫煙中に心臓発作で死亡した。エドワーズ氏の妻は、警告上の欠陥を請求原因として、禁煙補助貼剤の製造業者に損害の賠償を求める訴えを、オクラホマ地区連邦地裁に提起した。原告の訴えは、異なる州の市民間の争訟であることを理由に連邦裁判所に提起されたものである。

　原告は、禁煙補助貼剤に添付されている警告文では喫煙と禁煙補助貼剤の過剰使用に伴う致死的危険の警告としては不十分である、と主張した。他方、被告は、ニコチンの過剰摂取によって致死的な副作用が生じる可能性については、処方する医師に対してのみ警告していた。被告は、消費者に対しては、失神の可能性のみを警告しただけだった。しかしながら、被告は、食品医薬品局の規則を遵守していることを抗弁として主張した。

　第1審の事実審理裁判所が被告勝訴の略式判決を下したため、原告は上訴した。連邦控訴裁判所は、州最高裁に食品医薬品局の規則を遵守して医師に警告していれば、製造業者はそれだけで州の判例法上の消費者に対する警告義務を履行したことになるのか、という法律問題の確認を求めた。

　州最高裁のサマーズ裁判官（Justice Summers）は、食品医薬品局によって定められている最低限の警告義務を履行していても、製造業者が必ずしも州の判例法上の消費者に対する警告義務を履行したことにならない、と回答した[90]。最高裁は、市民の健康と安全を保護するという州の関心を正当なものと認めて、警告が適切であったかを判断するのは連邦法ではなく州法である、と指摘している。そして最高裁は、被告が製品の危険性について明らかに認識していたことから、予見可能で認識している製品の危険性については、医師だけでなく原告にも適切に警告する義務を負う、と認めた。

　エドワーズ事件では、市民の健康と安全を守るという州の目的が強調さ

---

89) Edwards v. Basel Pharmaceuticals, 933 P. 2d 298 (Okla. 1997).
90) Id. at 302-03.

れている。[91]事故の防止を目的とするならば、問題は連邦法を遵守したかどうかではなく、むしろ製造業者が事故を回避できたか、すなわち、販売時に製品の危険性を認識していた、または、認識すべきであったかである。[92]そのため、最高裁は、製造業者は連邦法上の最低限の警告義務を履行しただけでは足りず、州の判例法上の消費者に対する警告義務を履行しなければならない、と指摘した。言い換えれば、連邦法の定めは、個別の事件で警告が十分であったかを判断する基準として不適切な場合もある、ということである。

(3) 製薬会社による販売手法の変容：Perez v. Wyeth Labs. Inc. (1999)

　3つ目の理由は、製薬会社がラジオ、テレビ、インターネット、公共の電子掲示板、そして雑誌で製品を消費者に対して大々的に宣伝していることである。知識ある媒介者の法理は、処方薬については製薬会社ではなく医師が、専門的な判断に基づいてそれぞれの患者に警告できる最善の地位にある、という大前提に基づいている。ところが、現在の医療業界においては、製薬会社が直接消費者に製品を宣伝する傾向が強まっていることから、裁判所のなかには極めて例外的にではあるものの、製薬会社の消費者に対する警告義務違反を理由とする責任を認めたところがある。

　ニュー・ジャージー州最高裁のペレス対ワイエス・ラボラトリーズ社事件は、消費者に対する大々的な宣伝を理由として、製薬会社が食品医薬品局の承認どおりに医師に警告しただけでは義務の履行として十分ではない、と認めた唯一の事件である。[93]

　ペレス事件では、女性の皮下埋め込み型避妊薬ノルプラントが問題となった。ノルプラントは、腕の皮下に埋め込むことによって、約5年間の非常に高い避妊効果を期待できる処方薬で、製薬会社は1991年から、テレビや雑誌を通じ女性に対して大々的に宣伝していた。製薬会社は、医師に対しては食品医薬品局の承認に従って副作用や合併症の警告をしていたものの、女性に対する宣伝には副作用や合併症の警告がなかった。そして、

---

91) Id. at 302.
92) *See* Tobias, *supra* note 78, at 1032.
93) Perez v. Wyeth Labs. Inc., 734 A. 2d 1245 (N. J. 1999).

1995年にはノルプラントを処方された多数の女性が、疼痛、にきび、吐き気、疲労、手足のしびれ、うつ、高血圧を発症した。女性らは、副作用や合併症について十分な警告を怠ったことを理由に、製薬会社に損害の賠償を求める訴えを提起した。

　第1審の事実審理裁判所は、州の制定法の定めに基づいて知識ある媒介者の法理を適用し、被告勝訴の略式判決を下した。要するに、事実審理裁判所は、処方薬の製造業者が医師に十分な情報を提供した場合、製造業者ではなく医師が患者に警告する義務を負う、と認めた。事実審理裁判所は、追加的な警告があっても医師の判断が変化しない場合、処方薬の製造販売業者が医師に提供した警告を適切なものと推定する、という州制定法の規定にもかかわらず、原告が反証していない、と指摘している。中間上訴裁判所も、知識ある媒介者の法理を適用した事実審理裁判所の判決を支持した。中間上訴裁判所は、州の制定法のもとで食品医薬品局の承認によって警告が適切なものと推定されており、処方薬の製造業者が適切な者（医師）に警告している場合に警告上の欠陥はない、と認めた。

　原告の上訴を受けた州最高裁のオーハン裁判官（Justice O' Hern）は、消費者に直接大々的な宣伝をしていた場合には知識ある媒介者の法理の適用が除外されるとして、被告勝訴とする事実審理裁判所の略式判決を破棄、審理を差し戻した。最高裁は、食品医薬品局の承認どおりに医師に警告していれば、追加的な警告義務は処方薬の製造業者ではなく医師が負うという原則を示しながら、本件を例外とした。

　最高裁が本件を例外としたのは、製薬会社の消費者に対する直接的な宣伝など、医薬品の販売手続が大きく変容したからである。最高裁は、製薬会社の宣伝などの影響によって、医師から患者に対する警告の有効性が減少する危険性を考慮し、知識ある媒介者の法理には例外が必要であると認めた。しかも最高裁は、この例外が争われている州制定法の推定規定に反しない、と指摘した。推定は、略式判決を回避する効果にとどまり、警告の適切性については陪審の判断を仰がなければならないことから、知識ある媒介者の法理の例外と州の制定法の推定規定は抵触しない、というのである。最高裁は、知識ある媒介者の法理の例外が、医師と同じように処方について権限を持つ消費者に対する詐欺的な宣伝を控えさせる手段である、

と認めた。[94]

　ペレス事件では、過剰な宣伝の影響が指摘されている。過剰な宣伝が警告の効果を減少させるという問題は、先のスティーヴンス事件でいち早く言及されていたものの、ペレス事件で問題とされたのは医師に対する宣伝ではなく、患者に対するものだった。ニュー・ジャージー州最高裁は、州の制定法のもとで知識ある媒介者の法理が原則であること、すなわち、製薬会社の警告は医師に対するもので足りるという一般論を肯定する一方、例外が必要であることも認めた。すなわち、医薬品についての過剰な宣伝が医師ではなく消費者にまで及んでいる場合、製薬会社は食品医薬品局の承認に従って医師に警告しただけでは十分でなく、消費者にも警告する義務を負う。最高裁は、消費者に対する直接的かつ大々的な宣伝の悪影響を相殺するために、製薬会社の警告義務を、医師だけでなく消費者に対してまで拡大したのである。

　以上のように、一般の製品よりも厳しく規制されている医薬品でさえ、連邦法の遵守それ自体で製品に欠陥なしとは評価されていない。前述したとおり、州のなかには、裁判所の能力の限界や州議会の立法を理由として、連邦法の遵守それ自体で製品に欠陥なしと評価するところがあるものの、それはあくまで例外である。

　このように、ほとんどの州では、陪審と裁判官が州法に基づいて医薬品の欠陥を判断している。裁判所は、以下の4つを理由として、連邦法の遵守それ自体で製品に欠陥なしとは評価していない。
　　①連邦法が最低限の義務を定めているに過ぎないこと
　　②規制を担当する食品医薬品局の能力の限界
　　③事故の防止
　　④製薬会社による販売手法の変容と過剰な宣伝が警告に及ぼす悪影響

II　製造物責任法と連邦法の規制とが整合しない構造

　製造物責任法と連邦法の規制とが整合しない根本的な理由は、製造物責

---

94) Id. at 1263.

任法が事故を防止させるインセンティヴを連邦法の規制に加えてしまう点にある。もし、連邦法を遵守した被告が州法上の製造物責任を負うとするならば、製造業者に事故を防止する余計なインセンティヴを与えかねない。懲罰的賠償が認められる場合には、より一層大きなインセンティヴが働く。[95]

　もちろん、連邦法の規制は、必ずしも十分に機能しない。たとえば、連邦法は、事故を防止するという目的から最適の安全基準を定めているとは限らない。また、連邦の行政機関は、予算の制約などのために、必ずしも連邦法の違反を十分に取り締まることができるわけではない。そのような場合には、製造物責任法は連邦法の執行を補完する意味を持つ。

　しかしながら、製造業者が連邦法に違反していない場合、または、連邦法の規制が十分に機能している場合、話は別である。すなわち、連邦法の安全基準が最適なもので、しかも、連邦法違反の取締りが完璧な場合、製造物責任法は連邦法の規制を歪めてしまう。

　さらに、製造物責任法と連邦法の規制では、製造業者に事故を回避させるインセンティヴの与え方が異なる。ほとんどの連邦法の規制には、被害者を救済する機能がない。連邦法の規制の多くは、違反した製造業者に一定の制裁を与えるだけで、違反を理由として被害者を救済するわけではない。他方、製造物責任法は、欠陥製品を販売した製造業者に被害者の損害を賠償させることによって、製造業者により安全な製品を開発するインセンティヴを与える。そして、被害者を救済する製造物責任法は、まさにこのため、多数の訴訟を誘発することがあり、実際にアメリカでは、そのことが問題となっているのである。

　このように、製造業者は、連邦法の規制だけでなく、各州の製造物責任法が生み出すインセンティヴの影響を受けることになる。そして、数多くの製造物責任訴訟が提起されているアメリカでは、製造物責任法によって連邦法の規制が歪められるおそれがあることから、連邦法の規制との間で調整を図る必要性が高い。

---

95) 以下の分析について、次の文献を参照した。Kyle D. Logue, Coordinating Sanctions in Torts 20-34 (Univ. of Mich. L. & Eco., Olin Working Paper No.09-014), available http://papers.ssrn.com/sol3/papers.cfm? abstract_id=1430596 ; McGarity ch. 8.

第4節　おわりに

　製品の欠陥の基準は各州の製造物責任法によって支配されており、アメリカ国内でばらつきがある。もし、50 州すべてで連邦法よりも州法の基準が低いならば、連邦法を遵守した被告は州法上の責任を負わず、連邦法の規制が製造物責任法によって歪められる心配はあまりない。しかしながら、現実はその逆であった。

　裁判所は、連邦法が最低限の義務を定めるものでしかないことを理由に、連邦法の遵守それ自体が抗弁にならない、すなわち、州法の基準が連邦法のそれを超えることを当然のように認めている。これは、連邦法の規制が州法に基づく製造物責任訴訟によって歪められてもやむを得ない、という裁判所の見解を端的に示すものである。

　では、この問題を解決する法的な手段は残されていないのか。第 5 章では、全米で統一的な規制を実現するための試みについて検討する。

第5章　全米における統一的な規制の試み

　アメリカでは不法行為・製造物責任法が州ごとに異なり、その状況は、連邦法の規制が行われたからといって、ただちに変わるものではない。被告が連邦の制定法と行政規則を遵守しても、それ自体で過失なし、または、製品に欠陥なしということには必ずしもならない。被告の責任は、むしろ各州の不法行為・製造物責任法に基づいて陪審や裁判官に判断されるのが原則である。しかしながら、それでは全米において統一的な規制を実現することができない。アメリカでは年間数万件以上の不法行為・製造物責任訴訟が提起されることから、連邦の行政機関による規制が陪審や裁判官によって覆されるおそれが大きいのである。製造物責任と連邦法の規制との間で整合を図る、または、連邦法の独占的な規制によって全米で統一的な規制を実現することはできないのか。

　以下では、全米で統一的な規制を実現する試みを扱う。結論からいえば、連邦法の規制によって製造物責任を代替し、全米で統一的な規制を実現することは理論上可能であるが、現実には難しい。まず、試みの基礎となる法理、合衆国憲法の最高法規条項に基づく連邦の専占について分析する。そして、連邦の専占が認められる場合、製造業者がその問題では連邦の制定法と行政規則が優先し、かつ独占的に規制しているという抗弁を出して認められると、訴訟自体が棄却されることを示す。次に、合衆国最高裁における専占法理の展開を分析し、製造物責任に関連する裁判例を整理する。そして、合衆国最高裁判所が連邦法と州法との間に実際の抵触があるかを慎重に判断しているため、連邦の専占が簡単には認められていないことを明らかにする。最後に、連邦の専占を妨げる要因について検討する。

第1節　専占という法理の基礎

I　はじめに

　被告が連邦の制定法と行政規則を遵守しても、それ自体で過失なし、または、製品に欠陥なしということには必ずしもならない[1]。この原則は、裁判所によって堅く守られてきた[2]。

　たとえば、1991年にアメリカ法律協会は、法令の遵守を理由とする抗弁（regulatory compliance defense）を支持する見解を公表しているものの[3]、裁判所の判例に影響を及ぼすものではなかった。アメリカ法律協会といえば、各州の裁判所とともに製造物責任法の確立に大きな役割を果たした団体である。アメリカ法律協会は、法令で定められた安全基準を不法行為責任で補完すれば、欠陥の基準が法令と不法行為法とで異なってしまい、製品の製造に高い取引費用が生じることから、原則とは反対の見解を明らかにした。しかしながら、この見解は、第2次リステイトメント402A条の時とは対照的に、裁判所の判例法によって支持されることはなかった。

　欠陥の基準が法令と不法行為法で異なることにより不利益を被ったのは、ほかでもない国民である。たとえば、予防接種ワクチンの製造は、1980年代に多数の訴訟が提起されたために、停止されそうになった。ワクチンの予防接種は、伝染のおそれがある疾病の発生と蔓延を予防し、公衆衛生を向上させるために欠かせない。予防接種とは、疾病の予防に有効であることが確認されているワクチンを、人体に注射し、または接種することを

---

1) Keeton, et al. 233; Dobbs 572; Owen 931.
2) Catherine M. Sharkey, Federalism in Action: FDA Regulatory Preemption in Pharmaceutical Cases in State versus Federal Courts, 15 Brook. J. L. & Pol'y 1013, 1021 (2008).
3) *See* 2 American Law Institute, Reporter's Study, Enterprise Responsibility for Personal Injury ch. 3 (1991).

いう。アメリカでは食品医薬品局が、連邦法に基づいてワクチンの安全性と有効性を確認し、その後ではじめてワクチンが出荷されていたものの、ワクチン製造メーカーには多数の訴訟が提起された。ワクチン製造メーカーとしては、ワクチンの製造を中止せざるを得ない状況に直面したのである[4]。ワクチン製造メーカーは、連邦法を遵守しただけでは免責されないことから、ワクチンの製造を躊躇するようになった。第3節では、このような状況がどうやって改善されているのかを説明する。

　予防接種ワクチンの例は、欠陥の基準が法令と不法行為法とで異なることで生ずる不都合の最たる例というほかない。製造物責任法は、危険な製品から国民を守るための法である。しかしながら、アメリカでは、製造物責任訴訟によって公衆衛生の維持に極めて重要な製品、しかも連邦の行政機関によって安全性が確認されている製品の製造が妨げられ、国民の健康が脅かされた。それは、連邦法の規制が製造物責任法という私法によって補強されたことによる。すなわち、製造物責任法は、私法でありながら公法的な規制と同じように機能することがある。合衆国憲法上の法理は、このような状況を変えるために用いられた。

II　専占法理とは

【専占の根拠──合衆国憲法と連邦法の最高法規性】

　連邦法によってばらつきのある州法を統一するためには、少なくとも連邦法が競合する州法を無効にできる必要がある。第4章で説明したとおり、裁判所は、原則として連邦法にそのような効力を認めていない。しかしながら、州法が連邦法に抵触する場合だけは例外である。合衆国憲法は、有効な連邦法が州法に優越することを第6編2項の最高法規条項（Supremacy Clause）で定めている[5]。

---

4) *See, e.g.,* Paul A. Offit, The Cutter Incident, 50 Years Later, 352 (14) N. Engl. J. Med. 1411, 1412, Apr. 7, 2005.

5) U. S. Const. art. VI, cl. 2. 訳については、田中英夫編集代表『Basic 英米法辞典』（東京大学出版会・1993）229頁を参照した。

「この憲法、これに準拠する合衆国の法、および合衆国の権限に基づいてすでに締結され、また将来締結されるすべての条約は、国の最高法規である。各州の裁判官は、州の憲法または法律中に反対の定めがある場合でも、これらのものに拘束される」。

このように、合衆国憲法によれば、連邦法は州法に優越し、抵触する州法を無効にすることができる。では、合衆国憲法の最高法規条項によって連邦法が州法に優越するのはどのような場合か。合衆国憲法の最高法規条項の意味は、合衆国最高裁が判例を通じて明らかにしてきた。結論を先取りすれば、合衆国最高裁は、連邦法の執行を妨げる州法を違憲・無効としている[6]。

以下では、連邦法が州法に優越し、実際に抵触する州法を無効にするという法理を確立した2つの合衆国最高裁判決を説明する。1つ目のマカロック事件では、連邦の制定法によって設立された銀行の営業を妨げる州の制定法が違憲・無効とされ、2つ目のギボンズ事件では、連邦の制定法によって州際運航業を許可されていた者の航行を、州法上の独占航行権に基づいて差し止めた州裁判所の命令が破棄されている。2つの判決は、どちらも当時の首席裁判官であるジョン・マーシャル（Chief Justice John Marshall）氏が法廷意見を執筆したもので、連邦と州の権限配分について重要な先例となった。

(1) McCulloch v. Maryland (1819)　マカロック事件[7]（1819年）では、そもそも①連邦議会が銀行を設立する権限を持つのか、②州は、連邦議会が合衆国憲法で認められた権限によって設立した銀行（いわゆる国立銀行）の活動に手数料を課す権限を持つのか、の2点が争点となった。

メアリランド州の制定法によれば、銀行券の発券には手数料1万5000ドルの支払いが義務づけられ、州発行紙幣以外の銀行券の発券は禁止されており、違反すると罰金刑が科されていた。ところが、連邦の制定法に基づいて設立された国立銀行ボルチモア支店の行員は、この州法に違反して銀行券を発券した。メアリランド州は、国立銀行の違法行為を理由として

6）　1 Laurence H. Tribe, American Constitutional Law 1179 (3d ed. 2000).
7）　McCulloch v. Maryland, 17 U. S. (4 Wheat.) 316 (1819).

計 2500 ドルの罰金の支払いを求める訴えを提起した。国立銀行は、州の行為の合憲性を争った。もし、連邦議会の銀行設立が合憲であるにもかかわらず、州が連邦法に基づいて設立された銀行の活動を規制できるとすれば、連邦法が州法に優越すると定める合衆国憲法の最高法規条項が有名無実のものになる。これに対して州は、国立銀行を設立する権限がそもそも連邦議会にはないと主張した。合衆国憲法によれば、連邦議会の権限は、第1編8節に限定列挙されているが、そのなかには銀行を設立する権限はどこにも明記されていないからである。

　第1審の州地裁は原告メアリランド州を勝訴とし、上訴を受けた州最高裁も州地裁の判決を支持した。被告の上訴を受けた合衆国最高裁のマーシャル首席裁判官は、州最高裁の判決を破棄、州の制定法を違憲・無効とした。

　マーシャル首席裁判官は、銀行を設立する連邦議会の権限を認める一方、実質的な課税等によって有効な連邦法の執行を妨げる州の権限を否定し、連邦議会が合衆国憲法によって合衆国政府に認められている権限の行使にとって重要なすべての法を立法でき、権限行使のための手段を選択する裁量を持つ、と判示した[8]。すなわち、連邦議会の権限は合衆国憲法で限定されているものの、連邦議会は合衆国憲法の第1編8節の1項から17項までに記載されている権限だけでなく、合衆国憲法によって合衆国政府に付与されたその他の一切の権限を行使するために必要かつ適切な（necessary and proper）法を立法することができる、という。

　さらにマーシャル首席裁判官は、銀行が全米の金融を規制するという正当な目的のために便利で重要な手段であるから、連邦議会は連邦の銀行を設立するための立法権限を持つ、と認めた。具体的にいえば、「必要な」（necessary）という文言は、権限を実行に移すために必要不可欠なものだけでなく、便利で重要なものを意味する、とした。そして連邦議会は、法の目的が正当であるならば目的にとって「適切な」（proper）、合衆国憲法の禁止していないすべての手段を選択する裁量を持つという。

　続けてマーシャル首席裁判官は、合衆国憲法と有効な連邦の制定法が最

---

8) Id. at 412.

高法規であることを理由に、州制定法の規制を違憲・無効にした。合衆国憲法の権限は市民に由来し、州から委譲されたものではないが、それにもかかわらず、問題になっている州の制定法は、連邦議会が適法に設立した国立銀行の活動に実質的に課税するものである、という。そして、州の課税権限には国立銀行の活動を無効にする権限まで含まれることから、この課税が州に優越する連邦議会の権限（銀行を設立する権限）に抵触するという。また、課税について、州の支配下にない市民によって設立された機関・国立銀行に及ぶことが問題である、と指摘した。

　マカロック事件では、連邦議会の立法権限が広く解釈され、有効な連邦の制定法に基づいて設立された銀行の営業を妨げる州の制定法が違憲・無効とされた。もし、有効な連邦の制定法に基づいて設立された銀行の営業が州の制定法で妨げられることになれば、連邦の制定法の執行は州法のせいで不十分なものとなり、ひいては、合衆国憲法の最高法規条項は有名無実なものになってしまう。そのため、マーシャル首席裁判官は、合衆国憲法によって認められている権限を連邦政府が行使するために「必要かつ適切な法」を立法する権限を連邦議会に広く認めた。そして、その権限に基づいて連邦議会が適切に制定した法律の目的を妨げる州の制定法を違憲・無効にすることによって、連邦法が州法に優越するという合衆国憲法の最高法規条項の意味を明らかにした。

　(2)　Gibbons v. Ogden（1824）　ギボンズ事件（1824年）で争われたのは、ニュー・ヨーク州領海内を蒸気船で独占的に航行する権利である。オグデン氏は、同権利をニュー・ヨーク州から付与された者から、その独占的権利を譲り受けた者であった。オグデン氏は、連邦の制定法に基づいてニュー・ヨーク州とニュー・ジャージー州間の運航業を許可されていた、ギボンズ氏の州領海内の航行を差し止める訴えを州地裁に提起した。差止請求の根拠となったのは、オグデン氏に付与されていた州法上の独占権である。ニュー・ヨーク州の裁判所は、いずれも原告勝訴、被告の航行を差し止める判決を下した。被告の上訴を受けた合衆国最高裁のマーシャル首席裁判官は、州裁判所の判決を破棄、州は連邦の制定法と抵触するような

9）　Id. at 431.
10）　Gibbons v. Ogden, 22 U. S.（9 Wheat.）1（1824）.

形で州際通商を規制することができない、と判示している[11]。

　すなわち、課税権限が州と連邦とに分属しているのに対し、州際通商の規制は連邦議会だけが、合衆国憲法第1編8節3項によって認められている。そして連邦議会は、蒸気船の州際航行を許可する立法をしていた。そのため、州は、最高法規である連邦の制定法のもとで航行を許可された蒸気船が連邦議会から付与されたすべての特権を享受するのを妨げてはならない、というわけである[12]。

　ギボンズ事件では、有効な連邦の制定法に抵触する州法または州の行為が無効とされた。連邦議会が、合衆国憲法に基づいて州際通商を規制する立法をしている場合、州は、連邦の制定法に反する規制をすることができない。そして、抵触する州法または州の行為は、連邦の制定法によって代替されることになる。マカロック事件では、連邦の機関が州の課税を免れるという形であるのに対し、ギボンズ事件では、抵触する州法または州の行為が連邦の制定法で代替されるという形で、合衆国憲法と連邦の制定法の最高法規性が明らかにされた。

　マカロック事件とギボンズ事件という2つの判例は、合衆国憲法のもとで有効な連邦の制定法と州法との間に抵触が認められる場合、連邦法が州法に優越するということを示すものである。マーシャル首席裁判官は、合衆国憲法の最高法規条項を解釈して、連邦議会が合衆国憲法に基づいて制定した法律によって抵触する州法が無効になることを認めた。

　このように、合衆国憲法と連邦法が州法に優越するという最高法規性こそ、各州ばらばらの不法行為・製造物責任法を統一するための手段として使われる法理、連邦の専占（federal preemption）の基礎である。では、連邦の専占という法理とはどのようなものなのか。

【専占法理の判断基準】
　連邦の専占とは、有効な連邦の制定法、条約、行政協定、行政規則、そして判例法が、連邦法の条項や一般的な目的に抵触する州法を代替する法

---

11)　Id. at 239-40.
12)　Id. at 221.

理をいう[13]。当然ながら、合衆国憲法の最高法規条項から連邦の専占という法理を生み出したのは、合衆国最高裁である。合衆国最高裁は、ある州法が連邦議会の目的の実現を妨げる場合には、連邦の専占を認めている。以下、連邦の専占を判断するための基準を確立した2つの裁判例を検討する。

(1) 州法が連邦議会の目的の実現を妨げるか：Hines v. Davidowitz (1941)　ハインズ対デイヴィッドウィズ事件（1941年）では、連邦外国人登録法（Federal Alien Registration Act of 1940）によって、ペンシルヴェニア州外国人登録法（Pennsylvania Alien Registration Act of 1936）が専占されている[14]。合衆国最高裁は、ある州法が連邦議会の目的の完全な実現を妨げるものか、という基準を連邦の専占を判断するために利用した。

ペンシルヴェニア州の制定法によれば、18歳以上のすべての外国人は、一部例外を除いて個人情報の登録を毎年義務づけられ、登録料の支払いと身分証明書の携帯を命じられていた。そして、登録すべき情報は、州の厚生省長官が命ずるあらゆる事項に及ぶものとされていた。

ペンシルヴェニア州に居住する外国人と帰化して合衆国民になった者との2人は、州を相手にこの法律の執行を差し止める訴えを提起した。第1審の連邦地裁は、外国人の訴えについてのみ認めている。州は、立法が州の権限の範囲内であると争ったものの、連邦地裁は州の立法が外国人から合衆国憲法上の平等保護（equal protection）を奪うもので、連邦議会の権限によって制限されると判断した。第1審の判決が下された後、連邦議会は、14歳以上のすべての外国人に詳細な情報の登録を義務づける立法をしている。連邦外国人登録法によれば、登録すべき情報は、連邦の司法省長官が許可するあらゆる事項にまで及ぶ。

州の上訴を受けた合衆国最高裁は、連邦地裁の判決を支持、合衆国憲法の最高法規条項を理由に州の制定法が連邦の制定法に専占される、と判断した。多数意見を執筆したブラック裁判官（Justice Black）は、州が外国人を1つの集団として規制できる権限を持つとしても、その権限は連邦の

---

13) John E. Nowak & Ronald D. Rotunda, Constitutional Law §9.1 (6th ed. 2000); James T. O'Reilly, Federal Preemption of State and Local Law : Legislation, Regulation and Litigation 1 (2006).

14) Hines v. Davidowitz, 312 U. S. 52 (1941).

立法権限と条約締結権限に従属するという。そして、ある州法が連邦議会の目的の完全な実現を妨げるものかどうか、を連邦の専占を判断する基準として挙げた[15]。ブラック裁判官は、連邦外国人登録法が入国管理と帰化に関する法律とともに、包括的な外国人登録制度を形成していることから、外国人の登録を規制する州の制定法を専占する、と判断した。

ハインズ事件では、連邦議会の目的の実現を妨げるかが、連邦の専占を判断する基準として利用されている。合衆国最高裁は、外国人の登録については包括的に規制するという連邦法の目的と州法との間に抵触が認められることから、州の制定法が連邦法によって専占されるとした。合衆国最高裁は、ハインズ事件で明らかにした連邦の専占を判断するための基準を、後の事件でさらに洗練させている。

(2) 連邦法による広範な規制と独占の必要性：Pennsylvania v. Nelson (1956)　ペンシルヴェニア州対ネルソン事件で問題となったのは、州の煽動禁止法（Pennsylvania Sedition Act）が合衆国政府に対する煽動罪を規定した法律（Smith Act）によって専占されるかである[16]。合衆国最高裁は、連邦法による規制の広範性、連邦法による独占的な規制の必要性、そして連邦法の執行と州法との抵触の危険性という3つの基準を利用して、連邦の専占を認めた。

ネルソン事件の被告は、合衆国に対する破壊活動の未遂と共産党に加わったことを理由に、ペンシルヴェニア州煽動防止法違反の罪で起訴され、刑罰として20年間の自由刑、1万ドルの罰金、そして訴追費用1万3000ドルの支払いを言い渡された。中間上訴裁判所は、第1審の州カウンティ裁判所の判決を支持した。州最高裁は、連邦の煽動禁止法によって州法が専占されることを理由に、カウンティ裁判所の有罪判決を破棄した。

ペンシルヴェニア州の上訴を受けた合衆国最高裁は、6対3で州最高裁の判決を支持、連邦の専占を認めている。多数意見を執筆したウォーレン首席裁判官（Chief Justice Warren）は、合衆国憲法の最高法規条項により州法が連邦法に専占される、と判断した[17]。その理由として、第1に、連邦

---

15)　Id. at 67.
16)　Pennsylvania v. Nelson, 350 U. S. 497 (1956).
17)　Id. at 502-05.

議会が州に規制を補完する余地を残していないと合理的に推量できるほど、連邦の規制枠組みが広範であること、第2に、煽動の禁止に関連する連邦法は、連邦政府の利益が支配的な分野を規制するものであるから、競合する州法の執行を禁じているものと推定されなければならないこと、第3に、州の煽動防止法の執行は連邦法の執行を妨げ、連邦法と抵触する危険性があること、が挙げられた。ウォーレン首席裁判官によれば、州法に基づいて私人が訴追できる場合、連邦政府の執行計画と諜報活動が妨害される可能性は、さらに高まるという。

ネルソン事件では、連邦法の規制が州法の補完を許さないほど広範で、連邦法が規制分野を独占する理由があり、連邦法の目的と州法との間に抵触があることから、連邦の専占が認められた。合衆国最高裁は、州法が連邦議会の目的の実現を妨げるかというハインズ事件で明らかにされた一応の判断基準をさらに分解して、連邦法と州法との間に実際の抵触が認められるかを以下のように検討している。

　①連邦議会が、連邦にとって重要な分野についてあまねく規制する立法を行っていれば、州法が規制する余地は乏しくなる。
　②連邦法が規制分野を独占するものならば、もはや連邦法と州法との競合は避けられない。
　③州法が連邦法の執行を妨げる場合には、連邦法と州法との間に抵触が認められる。

このように、合衆国最高裁は、ハインズ事件よりも慎重に州法が連邦議会の目的を妨げると認められる場合を判断している[18]。次に、連邦の専占の種類を明らかにする。

III　専占の種類

【連邦議会の明白な意思を中心とする3分類】
　連邦の専占には大きく分けると3つの種類があり[19]、そのうちの1つは明

---

18)　Nowak & Rotunda, *supra* note 13, at 349.
19)　Christopher N. May & Allan Ides, Constitutional Law : National Power and Federalism §6.

示の専占（express preemption）である。明示の専占とは、連邦議会が立法する際に州法を専占すると明白に定める場合をいう。後述するように、連邦議会が明白に定めない場合の専占は、対照的に黙示の専占（implied preemption）と呼ばれる。明示の専占では、連邦の制定法の定めと抵触する州法は、すべて専占されることになる。

残る2つの専占は、どちらも黙示の専占である。2つ目の専占は、抵触を理由とする専占（conflict preemption）である。抵触を理由とする専占とは、州法が連邦法の規制対象者に連邦法と整合しない義務を課している、または、連邦法の目的を妨げている場合をいう。抵触を理由とする専占では、州法のなかでも連邦法と実際に抵触する部分だけが無効になる。

3つ目の専占は、分野を理由とする専占（field preemption）である。分野を理由とする専占は、連邦議会が連邦政府に独占的な権限を付与する分野において州法が規制する場合をいう。以下、それぞれの専占を検討する。

専占の種類は、まず連邦議会の意思によって区別されている。専占する旨の連邦議会の意思が制定法に明白に現れている場合には明示の専占ということになり、そうでない場合には黙示の専占、ということになる。たとえば、2州以上をまたぐ運送業について州の規制を禁ずる連邦の制定法があると仮定する。このとき、州法が運賃などのサーヴィス内容について規制している場合、その州法は連邦の制定法の文言によって明らかに専占される[20]。

逆に、専占する旨の連邦議会の意思が制定法に明白に現れていない黙示の専占の場合、裁判所が連邦議会の意思を状況から推量しなければならない。抵触を理由とする専占の場合には連邦法と州法の直接的な齟齬から、分野を理由とする専占の場合にはそのような手がかりなしに、連邦議会の意思を推量することになる。次に、抵触と分野を理由とする専占について説明する。

---

2 (3d ed. 2004).
20) Id. at 246-47.

【黙示の専占その1：抵触を理由とする専占】

　抵触を理由とする専占には、2つの形式がある。1つは競合する連邦法と州法を同時に遵守することが物理的に不可能な場合で、もう1つは州法が連邦議会の目的の完全な実現を妨げる場合をいう。1つ目の形式は、明らかな抵触である。たとえば、州法がある医薬品を鎮痛剤として処方するように医師に義務づけているのに対し、連邦法がその医薬品の処方を医師に禁じている場合、医師は州法を遵守すれば連邦法に違反せざるを得ない。このように、連邦法と州法を同時に遵守することが物理的に不可能な場合、裁判所は、専占する旨の連邦議会の意思を推量することになる[21]。

　2つ目の形式は、より微妙な抵触といえる。すなわち、州法が連邦法と抵触するといっても、それが文言や条項ではなく目的を妨げるという形で現れる場合である。このような抵触は、連邦法と州法を同時に遵守できるかではなく、州法がどれほど連邦法の目的の実現を妨げるか、によって判断される。

　連邦法の目的が制定法の文言から明らかな場合には、州法との抵触を見つけることは比較的容易である。たとえば、連邦法がより安価で優れた安全技術の開発を製造業者に促すために、新しい自動車の前面衝突時安全装置についてシートベルトやエアバックなどのさまざまな選択肢を製造業者に認めているにもかかわらず、州法がエアバックの装備を製造業者に義務づけていると仮定する。エアバックの装着を義務づける州法は、前面衝突時安全装置の選択について製造業者の裁量を制限しているという点で、連邦法の目的を妨げる。そうすると裁判所は、州法と連邦法との目的の抵触から、連邦議会の専占する旨の意思を推量することになる[22]。

　州法と連邦法との目的の抵触が問題となる場合には、連邦法の目的、州法と連邦法の目的の抵触の程度に加えて、州の利益の大きさが考慮されることもある[23]。裁判所は、伝統的には州法の領域と考えられない場合（たとえば外交など）のほうが、専占する旨の連邦議会の意思を推量しやすい。

---

21) Id. at 247.
22) Id. at 248.
23) *See* McGarity 242-43; Thomas W. Merrill, Preemption and Institutional Choice, 102 NW. U. L. Rev. 727, 749-51 (2008). 連邦の利益だけでなく、州の福祉権能が連邦の専占を判断する際に考慮される。

後述する住宅ローン契約の規制に関連する事件では、合衆国最高裁が州の利益について言及しつつ、その利益が重要ではないとして抵触を理由とする専占を認めた。[24]

(1) Fidelity Federal Saving & Loan Ass'n v. De La Cuesta (1982)　フィデリティ事件では、連邦法によって規制されている住宅ローン契約の期限の利益喪失条項 (due on sale clause) を制限する州法の効力が問題となった。ある住宅購入者は、連邦貯蓄貸付組合から住宅資金の融資を受けた。連邦貯蓄貸付組合とは、連邦の制定法に基づいて設立された金融機関である。この融資契約は、カリフォルニア州法を準拠法として締結されたものであるが、連邦の制定法と行政規則に基づいて期限の利益喪失条項が含まれていた。この条項によれば、貸付債権を担保する財産が貸手の事前承諾なく譲渡された場合、貸手は即時に貸付金の残額を請求することができる。期限の利益喪失条項の挿入を認めている連邦の制定法と行政規則の目的は、貸付金返済の催促について貸手の柔軟な判断を許すことにより、貯蓄貸付業界の健全性を確保することにあった。

住宅購入者は州法に基づいて返済を拒絶し、カリフォルニア州地裁に契約の執行差止めと損害の賠償を求める訴えを提起した。貸手は、担保財産の譲渡によって担保権が実際に毀損されたことを証明しない限り、州法のもとで期限の利益喪失条項の権利を行使できない、というのが原告の主張であった。他方、連邦貯蓄貸付機関は、連邦の専占を理由に被告勝訴の略式判決を求めた。第1審の州地裁は、被告勝訴の略式判決を下したが、中間上訴裁判所は原告の主張をいれて地裁の判決を破棄した。さらに州最高裁も、中間上訴裁判所の判決を支持した。

被告の上訴を受けた合衆国最高裁は、中間上訴裁判所の判決を破棄、期限の利益喪失条項の権限行使を制限するという点で連邦法と抵触する州法が専占される、と判断した。[25]

フィデリティ事件では、不動産に関連する法が州の特別の関心事項であるからといって連邦の専占を必ずしも妨げるものではない、とされている。[26]

---

24) Fidelity Federal Saving & Loan Ass'n v. De La Cuesta, 458 U. S. 141 (1982).
25) Id. at 159.
26) Id. at 153.

合衆国最高裁は、連邦法と州法との間に実際の抵触が認められる場合、たとえ不動産に関連する事項が伝統的に州法の領域だったとしても、抵触を理由とする専占を認めたことになる。

【黙示の専占その2：分野を理由とする専占】

分野を理由とする専占は、抵触を理由とする専占とは対照的に、ある分野に関連する州法一般を無効にする。専占する旨の連邦議会の意思が明白でなくても、連邦議会が州に規制を補完する余地を残していないと合理的に推量できるほどに、連邦の規制枠組みが広範な場合もある。連邦法の規制が広範で、連邦法によって独占的に規制する必要性が大きく、連邦議会の目的が妨げられる場合、裁判所は分野を理由とする専占を認めることになる[27]。先に説明したハインズ事件は、分野を理由とする専占を認めた好例の1つである。合衆国最高裁は、外国人登録については連邦の制定法が包括的に規制していることから、分野を理由とする専占によって競合する州の制定法の執行差止めを命じた連邦地裁の判決を支持している。

連邦が伝統的に規制を独占している稀な例として有名なのは、機関車の安全基準である[28]。合衆国最高裁は、1926年のネーピア対アトランティック・コースト・ライン・レールロード・カンパニー事件で、分野を理由とする専占を認めた[29]。ネーピア事件は、連邦法と州法との間に実際の抵触がなくても潜在的な抵触があれば認められるという点で、分野を理由とする専占が抵触を理由とする専占とは異なることを示している。

(1) Napier v. Atlantic Coast Line Railroad Co. (1926)　ネーピア事件で問題となったのは、機関車ボイラーの検査に関する法律（Locomotive Boiler Inspection Act of 1911）が機関車のボイラー室に障壁と自動扉の装備を義務づける州の制定法を専占するかである。合衆国最高裁は、機関車ボイラーの検査に関する法律とその改正法が州をまたいで運行する機関車の装備分野について包括的に規制していることから、州の規制が許されない

---

27)　May & Ides, *supra* note 19, at 256.
28)　Kiely & Ottley 296. *See also* McGarity 67-69. 古くから州際通商に利用されていた鉄道に関連する連邦法の規制の歴史について記述がある。
29)　Napier v. Atlantic Coast Line Railroad Co., 272 U. S. 605 (1926).

と判断した。

　ジョージア州の制定法は、乗組員の安全のためにすべての機関車に自動扉の装備を義務づけていた。他方、ウィスコンシン州の制定法は、機関車に障壁の装備を義務づけており、州の鉄道委員会は、この州制定法に基づいて障壁の装備について詳細に定めた。州際鉄道会社は、どちらの州でも州の制定法の執行を差し止める申立てをしたものの、ウィスコンシン州最高裁では認められなかった。州最高裁は、差止めの申立てを棄却した中間上訴裁判所の判決を支持した。これに対して、ジョージア地区連邦地裁は、最終的に州際鉄道会社の申立てを認める判決を下した。ウィスコンシン州で差止めを認められなかった鉄道会社と、連邦地裁で法の執行停止を命じられたジョージア州は、合衆国最高裁に上訴した。

　上訴を受けた合衆国最高裁は、連邦の専占を認めたジョージア地区連邦地裁の判決を支持する一方、連邦の専占を認めなかったウィスコンシン州中間上訴裁判所の判決を破棄した。全員一致判決を執筆したブランダイス裁判官（Justice Brandeis）は、まず、州の制定法が州の福祉権能（police power）の適切な行使に該当する場合を認めつつ、州際通商に用いられる機関車の規制の権限は、機関車ボイラーの検査に関する法律に基づいて州際通商委員会（Interstate Commerce Commission）という連邦の機関に委ねられている、と指摘する。そして、州際通商委員会がボイラー室の自動扉や障壁について規則をまだ制定していない段階でも、機関車ボイラーの検査に関する法律によってすべての機関車の装備を対象とする州の規制が専占される、と判断した。[30] 機関車ボイラーの検査に関する法律の目的は、連邦が機関車の規制という分野を独占することにあると解釈できるから、州の規制は許されない、というわけである。

　ネーピア事件では、連邦の制定法が連邦の行政機関に広範な規制権限を委ねており、規制分野を連邦に独占させていることから、たとえ連邦の行政機関が実際に規則を制定していなくても、州の制定法が連邦の制定法によって専占された。連邦の行政機関が権限を行使していないならば、連邦法と州法との間に実際の抵触はないとも考えられる。しかしながら、連邦

---

30) Id. at 613.

の制定法が連邦の行政機関に規制を独占させることを目的としていると解釈できる場合には、実際の抵触がなくても連邦の専占を妨げる理由はない。すなわち、州が何らかの規制をした時点で抵触は現実のものとなり、それだけで連邦の行政機関に規制を独占させるという連邦法の目的は妨げられる。このように、分野を理由とする専占は、連邦法と州法が実際に抵触していることを要件としない点で、抵触を理由とする専占とは異なるのである。

Ⅳ　不法行為・製造物責任訴訟における専占

　連邦の専占とは、もともと州が持つ規制権限を否定するための合衆国憲法上の法理である。では、連邦の専占という法理は、不法行為・製造物責任訴訟においてどのような意味を持つのか。結論からいえば、連邦の専占が認められる場合、少なくとも連邦法を遵守した被告は不法行為・製造物責任を免れる。

　その理由は、不法行為法や製造物責任法の法源にある。不法行為法や製造物責任法の法源は主に州の判例法であるが、州法であることに変わりはない。そして、連邦法が抵触する州法に優越することは、合衆国憲法第6編2項の最高法規条項に規定されている。もし、連邦法を遵守した被告が抵触する州法に基づいて責任を負うことになれば、連邦法の規制がより厳しい内容の州法によって歪められるおそれがある。そのため、州法に基づく損害賠償責任訴訟の被告が、その問題では連邦の制定法と行政規則が独占的に規制している、または、州法に優先するという抗弁を出して認められると、訴訟自体が棄却される、というわけである。[31]

　連邦法の規制で州法に基づく不法行為責任が代替されるということは、被害者の救済が制限されるという重大な影響を及ぼす。ウィッティ対デルタ・エア・ライン社事件は、そのことを示す典型的な事件の1つである。[32]

　(1)　州法に基づく損害賠償の訴えを制限：Witty v. Delta Airlines (2004)

---

31)　Owen 940.
32)　Witty v. Delta Airlines, 366 F. 3d 380 (5th Cir. 2004).

ウィッティ事件では、深部静脈血栓症（いわゆるエコノミークラス症候群）を発症した乗客が航空会社に対して提起した不法行為訴訟が、連邦航空規制緩和法（Airline Deregulation Act of 1978, ADA）による専占を理由として棄却された。デルタ航空のモンロー（ルイジアナ州）発ハートフォード（コネティカット州）行きの便に搭乗した乗客のウィッティ氏は、過失を請求原因として損害の賠償を求める訴えをルイジアナ地区連邦地裁に提起した。この訴えは、異なる州の市民間の争訟であることを理由として、連邦裁判所に提起されたものである。合衆国憲法第3編2節によれば、連邦の司法権は異なる州の市民間の争訟に及ぶとされている。すなわち、異なる州の市民間の争訟は、州裁判所だけでなく連邦裁判所にも提起できる。

原告は、デルタ航空が足の深部静脈血栓症を防ぐために十分な空間を提供せず、深部静脈血栓症の危険性について警告しなかった、と主張した。被告のデルタ航空は、連邦航空規制緩和法に基づいて制定された連邦航空局の規則による専占を理由として、被告勝訴の略式判決を申し立てた。航空規制緩和法の専占に関する条文は、以下のような内容である。

Preemption of authority over prices, routes, and service
　(b)Preemption.—
　　(1)Except as provided in this subsection, a State, political subdivision of a State, or political authority of at least 2 States may not enact or enforce a law, regulation, or other provision having the force and effect of law related to a price, route, or service of an air carrier that may provide air transportation under this subpart. (49 U.S.C. §41713 (b)(1))

第1審の地裁は、被告の申立てを棄却した。地裁は、航空会社のサーヴィスを規制する州法について連邦の専占を認める一方、航空機の運行や整備から生じた人身損害の賠償を求める不法行為訴訟については専占されない、という判決を下した。被告の上訴を受けた第5巡回区連邦控訴裁判所は、地裁の判決を破棄、連邦航空規制緩和法による専占を理由に原告の訴えを棄却している。[33]

---

33) Id. at 385.

連邦控訴裁判所は、州の不法行為法のもとで航空会社に足元の空間を拡大するように求めれば、航空機の座席数の減少を避けられず、1人あたりの運賃上昇を招くことから、結果的に州法に基づく不法行為責任は、連邦法の運賃規制と抵触することになるという。また、裁判所は、連邦航空局の規則が警告について独占的に規制しているとした。そして裁判所は、連邦法のもとでは深部静脈血栓症の警告が義務づけられていないため、原告の訴えが専占されると判断した。さらに、連邦の行政規則で義務づけられていないにもかかわらず、乗客に機内で歩行せよという警告を義務づけるような州法は、連邦法と明らかに抵触することから専占されると認めた。

　ウィッティ事件では、抵触を理由とする専占を理由として州の判例法に基づく損害賠償の訴えが棄却された。この結論は、被害者の救済を著しく制限するものである。航空機の運行に関連する連邦の制定法と行政規則とには、運賃や警告について詳細な定めがあるものの、深部静脈血栓症を発症した乗客を救済する定めはない。原告は、航空会社に損害賠償を求められないことはもちろん、連邦法に基づく補償も受けられないのである。すなわち、専占が認められると、損害が被害者のもとにとどまることになる。

　ウィッティ事件の結論は、全米統一的な規制の実現から正当化されている。もし、航空会社が州の不法行為法に基づいて連邦法に抵触する義務を負うとすれば、航空運行の規制は全米で一律にはならない。連邦議会が制定法によって連邦航空局に委ねたはずの規制は、各州の法によって歪められてしまう。

　さらに問題なのは、深部静脈血栓症を発症した乗客が航空会社に損害の賠償を請求できるとすれば、発症リスクの高い乗客の、または、乗客すべての運賃の上昇を招く。発症リスクの高い乗客を事前に判別できなければ、航空会社は、他の乗客の富を犠牲にして発症リスクの高い人を救済しなければならないからである。[34]

---

34) McGarity 214.

V　まとめ

　このように、連邦の専占という法理は、州法に基づく損害賠償の訴えを制限する機能を持っている。合衆国最高裁によって生み出された連邦の専占という法理は、合衆国憲法の最高法規条項に由来する。すなわち、連邦法が州法に優越し、実際に抵触する州法を無効にするのが、専占法理である。専占には、連邦議会が専占の意思を明らかにする場合（明示の専占）と、そうではない場合（黙示の専占）があるものの、合衆国最高裁は、連邦法と抵触する州法を無効にしてきた。では、合衆国最高裁が不法行為・製造物責任訴訟で連邦の専占を認めたのはいつか。次に、合衆国最高裁における専占法理の歴史を検討する。

第2節　合衆国最高裁における専占法理の展開

　合衆国最高裁は、1992年まで不法行為・製造物責任訴訟で連邦の専占を認めることはなかった[35]。そもそも連邦議会は、19世紀においては州法を専占する旨の立法をほとんどしていない[36]。南北戦争（Civil War、1861～65年）の頃には、州の権限を擁護する見解が強かった。

　州の権限が重視される傾向は、ロクナー時代とニュー・ディール時代の間も基本的に変わらなかった。たとえば、1887年から1937年まで、いわゆるロクナー時代に立法された連邦の制定法には、専占に関連する規定がまったくない。唯一の例外は、専占しない旨の規定を含むクレイトン・反トラスト法（Clayton Anti Trust Act of 1914）である[37]。

　ニュー・ディール時代には、連邦議会は専占しない旨の規定を含む立法をするようになった[38]。1933年の証券法（Securities Act of 1933）、1934年の証券取引法（Securities Exchange Act of 1934）、1935年の社会保障法（Social Security Act of 1935）、1938年の公正労働基準法（Fair Labor Standards Act of 1938）が好例である。連邦議会は、もともと専占に積極的な態度をとっておらず、州の間でもみずからの権限を奪う連邦の専占という法理の発展には強い抵抗があった、ということである[39]。

　そして連邦議会は、1980年以降になってはじめて専占する旨の立法を

---

35) Richard C. Ausness, Preemption of State Tort Law by Federal Safety Statutes: Supreme Court Preemption Jurisprudence Since Cipollone, 62 Ky. L. J. 913, 924-25 (2003).
36) 以下の説明について、次の文献を参照した。O'Reilly, *supra* note 13, at 6.
37) Stephen Gardbaum, The Breadth vs. the Depth of Congress's Commerce Power: The Curious History of Preemption during the Lochner Era in Federal Preemption: States' Powers, National Interests 48, 49-50 (Richard A. Epstein & Michael S. Greve eds., 2007).
38) Id. at 73-74.
39) 興味深いことに、合衆国最高裁が連邦議会の立法権限を広く認めるようになったニュー・ディール時代には、ロクナー時代よりも連邦の専占に反対する立法や専占を慎重に判断する裁判例が増えたといわれている。*See* Viet D. Dinh, Federal Displacement of State Law: The nineteenth century View, in Federal Preemption: States' Powers, National Interests 27, 39-40 (Richard A. Epstein & Michael S. Greve eds., 2007); Gardbaum, *supra* note 37, at 74.

頻繁に行うようになった。専占規定を含む 350 の連邦制定法のうち約半分は、1980 年から 2000 年までに立法されたものである。[40]

このように、連邦議会が専占に積極的になった後、合衆国最高裁は、1992 年のシポロン対リゲット・グループ社事件で、歴史上はじめて、連邦の制定法が州の判例法に基づく損害賠償責任を専占すると認めた。[41]以下では、シポロン事件を分析する。

Ⅰ　シポロン事件による新法理の誕生

【連邦法の規制による州法に基づく損害賠償責任の専占】

(1) Cipollone v. Liggett Group, Inc. (1992)　シポロン事件では、連邦タバコの表示・広告に関する法律（Federal Cigarette Labeling and Advertising Act of 1965）[42]と公衆衛生・タバコの喫煙に関する法律（Public Health Cigarette Smoking Act of 1969）[43]の専占が問題となった。

連邦タバコの表示・広告に関する法律の第 4 条によれば、国内で販売されるすべてのタバコの包装の広告に喫煙に伴う危険性については、明確に警告するように義務づけられており、第 5 条には「タバコの包装または広告において、本法律で義務づけられている以外の喫煙と健康に関連する記載（statements）を義務づけてはならない」という専占の定めがあった（原文は、"No statement relating to smoking and health shall be required in the advertising of any cigarettes the packages of which are labeled in conformity with the provisions of this Act"）。

その後、連邦タバコの表示・広告に関する法律上の専占の定めは、1969 年の公衆衛生・タバコの喫煙に関する法律によって、次のように改正された。

「本法律の規定を遵守して包装に記載されているタバコの広告または宣

---

40) O'Reilly, *supra* note 13, at 2.
41) Cipollone v. Liggett Group, Inc., 505 U. S. 504 (1992).
42) Federal Cigarette Labeling and Advertising Act of 1965, Pub. L. No. 89-92, 79 Stat. 282.
43) Public Health Cigarette Smoking Act of 1969, Pub. L. No. 91-222, 84 Stat. 87 (to be codified as amended at 15 U. S. C. §§1331-40).

伝について、喫煙と健康を理由とする州法上（under state law）の義務または禁止（requirement or prohibition）を設けてはならない」。
　法律の関連する規定は、以下のとおりである。
　　(b)State regulations
　　No requirement or prohibition based on smoking and health shall be imposed under State law with respect to the advertising or promotion of any cigarettes the packages of which are labeled in conformity with the provisions of this chapter.
　　(c)Exception
　　Notwithstanding subsection (b), a State or locality may enact statutes and promulgate regulations, based on smoking and health, that take effect after the effective date of the Family Smoking Prevention and Tobacco Control Act, imposing specific bans or restrictions on the time, place, and manner, but not content, of the advertising or promotion of any cigarettes.（下線—筆者）
　このように、1969年の公衆衛生・タバコの喫煙に関する法律は、州が喫煙と健康を理由とする州法上の義務を設けられないことを明らかにしている。この法律によれば、州は時、場所、方法についてタバコの広告や宣伝を一部禁止または規制する旨の法令を制定することはできるものの、広告や宣伝内容を規制することはできない。
　シポロン事件の原告は、1942年から42年間も喫煙を続けた後に肺がんで死亡した女性の遺族である。原告は、ニュー・ジャージー地区連邦地裁に複数のタバコ製造業者に対して損害賠償を求める訴えを提起した。この訴えは、異なる州の市民間の争訟であることを理由として連邦裁判所に提起されたものである。原告は、①被告が広告に含まれている明示の保証責任に違反した、②消費者に喫煙の危険性を適切に警告しなかった、③喫煙の危険性について消費者に詐欺的な故意の不実表示をした、④喫煙の危険性について医学・科学的な情報を共謀のうえで隠蔽した、と主張した。他方、被告は、2つの連邦の制定法の専占によって免責されると主張した。
　第1審の連邦地裁は、原告の訴えが広告に関連する範囲で1965年と1969年の法律によって専占される、と最終的に判断した（陪審は、1966年

以前の不適切な警告と明示の保証責任違反を理由として、被告に40万ドルの支払いを命じたが、結局のところ原告の80％の寄与過失を理由に、被告の責任は否定された)。第3巡回区連邦控訴裁判所は、専占の部分について連邦地裁の判決を支持した。

　原告の上訴を受けた合衆国最高裁は、連邦議会が州法に基づく損害賠償の訴えを黙示に専占しているという控訴裁判所の判決を一部破棄、1969年の法律によって不適切な警告を理由とする訴え（②の訴え）が明示に専占される、と認めた。相対多数意見を執筆したスティーヴンス裁判官（Justice Stevens）は、1969年の法律によって州の制定法と行政規則だけでなく、判例法に基づく損害賠償の訴えも専占される、と判示した。それは、法改正によってはじめて州法上の義務または禁止という文言（"No requirement or prohibition based on smoking and health shall be imposed under State law"）が挿入され、州法（state law）から判例法が除外されていないからであった。

　ただし、スティーヴンス裁判官は、1969年以降の不適切な警告を理由とする訴えについては専占されるものの、明示の保証責任違反、詐欺的な故意の不実表示と隠蔽、および共謀の訴えについては専占されない、と判断した。明示の保証責任は、広告や宣伝ではなく当事者の合意によって生じた義務に基づく。また、詐欺的な故意の不実表示と隠蔽の訴えは、広告や宣伝に関連するものではなく、故意に相手を欺いてはならないという一般的な義務違反を理由とするため、1969年の法律の専占規定の対象外とされた。共謀の訴えも、結局のところ、詐欺を理由とするもので喫煙と健康に関連する禁止に該当しないという理由で、専占される訴えの対象からは除外された。

【シポロン事件の意義】

　シポロン事件は、州の制定法や行政規則だけでなく判例法に基づく損害賠償の訴えにも連邦の専占が及ぶことをはじめて認めたものの、実に曖昧な判決である。合衆国最高裁は、連邦の制定法上の義務と州の判例法上の

---

44) The Supreme Court, 1991 Term-Leading Cases, 106 Harv. L. Rev. 347, 354 (1992). シポロン事件以降の下級裁判所の判決の意見が分かれており、シポロン事件の曖昧な判決が混乱を

義務が抵触する場合があり、実際に抵触する場合には連邦の専占によって訴えが棄却される、と判断した。

しかも、合衆国最高裁は、連邦の制定法に設けられていた専占規定に州の判例法や判例法に基づく損害賠償の訴えが対象になるとは明記されていないにもかかわらず、明示の専占を認めた。1969年の法律には、州が時、場所、そして方法について制定法と規則を制定した場合のみ、専占の例外とする規定が設けられている。そのため、連邦の制定法上、州の判例法による何らかの規制が許されていない、と推量できないわけではない。しかしながら、州の判例法によるどのような規制が禁止されているのかは、法律の文言には明らかにされていなかった。スティーヴンス裁判官は、法解釈によって一部の規制のみ専占の対象になる、と判示したのである。

アメリカでは、1990年代に入ってから州の判例法に基づく損害賠償の訴えが連邦の専占の対象になると一応考えられるようにはなっていたものの、[45]合衆国最高裁が認めたのははじめてだった。

曖昧なのは、州の判例法に基づく損害賠償の訴えのすべてについて専占が認められたわけではない、という点にある。相対多数意見を執筆したスティーヴンス裁判官は、明示の保証責任違反と詐欺に関連する訴えを専占の対象から除外している。明示の保証責任違反と詐欺に関連する訴えは、州の判例法に基づく損害賠償の訴えであることに変わりはない。しかしながら、保証責任は当事者の合意に基づくことを、詐欺の禁止は喫煙と健康とに関連する禁止から区別されることを理由に、連邦の制定法上の義務とは抵触しないとされた。少なくとも詐欺に関連する訴えは、健康を害するという喫煙の危険性についての表示だとすれば、連邦の制定法上の義務と明らかに抵触するとも考えられるのにもかかわらず、スティーヴンス裁判官は連邦の専占の対象から除外した。

このように、シポロン事件は、州の制定法や行政規則だけでなく判例法に基づく損害賠償の訴えにも連邦の専占が及ぶことを認めた点で画期的な

招いている。See also Robert B. Leflar & Robert S. Adler, The Preemption Pentad: Federal Preemption of Products Liability Claims After Medtronic, 64 Tenn. L. Rev. 691, 698 (1997). シポロン事件の判決は、いついかなる場合に州の判例法に基づく損害賠償の訴えが専占されるのかをまったく明らかにしていない。

45) The Supreme Court, 1991 Term-Leading Cases, *supra* note 44, at 354.

判決であったが、どの請求原因が専占の対象となるのかについては、極めて曖昧に判断されていた。

II 新法理の形成

【シボロン事件後の状況】

　シボロン事件は、連邦の制定法によって州の判例法に基づく損害賠償の訴えが専占されることをはじめて認めた。そして、シボロン事件以降、専占は連邦議会で議論の対象になり、連邦の行政機関の専占に対する態度も変容した[46]。専占の問題は、1990年代以降に連邦政府で重要な議題となった、ということである。

　たとえば、1980年代から90年代半ばまで州議会で進められてきた企業の不法行為責任を制限する法改革（tort reform）は、1995年から96年にかけて議論の場を共和党が多数を占める連邦議会へと移すことになった。そして、第104連邦議会は、すべての州の製造物責任訴訟における懲罰的賠償を制限し、抵触する州の判例法を専占するための法案（Common Sense Product Liability Legal Reform Act of 1996）を可決したものの、この法案はビル・クリントン大統領の拒否権行使によって成立しなかった。クリントン大統領は、連邦の専占に消極的な方針をとっていたからである。

　他方、連邦の行政機関は、2000年以降に専占について、さらに積極的な態度をとるようになった。企業の不法行為責任を制限するというジョージ・W・ブッシュ大統領の意向を受けた連邦の行政機関は、2005年以降に行政規則の前文（preamble）に専占する旨の文言を挿入している[47]。

　たとえば、消費者製品安全委員会は、マットレスの耐火性基準について

---

46) McGarity 112.
47) Catherine M. Sharkey, Preemption By Preamble: Federal Agencies and the Federalization of Tort Law, 56 DePaul L. Rev. 227, 227-28 (2007); Stephen Labaton, 'Silent Tort Reform' is Overriding States' Power, N. Y. Times, Mar. 10, 2006, at C5. *See also* Nina A. Mendelson, A Presumption against Agency Preemption, 102 Nw. U. L. REV. 695, 699-706 (2008). メンデルソン教授は、先に挙げたシャーキー教授の論文やニュー・ヨーク・タイムズの記事とは対照的に、連邦議会ではなく連邦の行政機関が専占を主導することに批判的な立場から分析している。

連邦の行政規則と抵触する（判例法を含む）州法を専占する、という前文を採用した[48]（原文は、"The Commission intends and expects that the new mattress flammability standard will preempt inconsistent state standards and requirements, whether in the form of positive enactments or court created requirements."）。行政規則には、州の判例法が専占の対象になる、逆に言えば、州が判例法によって規制してはならないという明文はなかった。それにもかかわらず、消費者製品安全委員会は、州の判例法も専占の対象とする旨の前文を明らかにした。行政規則は、以下のとおりである[49]。

"whenever a flammability standard or other regulation for a fabric, related material, or product is in effect under this [Act], <u>no State......may establish or continue in effect a flammability standard or other regulation</u> for such fabric, related material, or product if the standard or other regulation is designed to protect against the same risk of occurrence of fire with respect to which the standard or other regulation under this [Act] is in effect unless the State... standard or other regulation is identical to the Federal standard or other regulation."（下線—筆者）

もう1つは、食品医薬品局の例である。食品医薬品局は、処方薬の警告について規則と抵触する表示義務を課す州法を専占する、という見解を前文で明らかにしている[50]（原文は、"FDA believes that under existing preemption principles, FDA approval of labeling under the act, whether it be in the old or new format, preempts conflicting or contrary State law."）。

このように、連邦の専占は、全米で統一的な規制を実現するという名目のもと、実際には不法行為・製造物責任を制限する手段として連邦議会や連邦の行政機関に利用されるようになった。

では、合衆国最高裁は、シボロン事件以降に連邦の専占をどのように判

---

48) Final Rule: Standard for the Flammability (Open Flame) of Mattress Sets, 71 Fed. Reg. 13,472, 13,496 (Mar. 15, 2006) (to be codified at 16 C. F. R. pt. 1633).
49) 15 U. S. C. §1203 (a).
50) Requirements on Content and Format of Labeling for Human Prescription Drug and Biological Products, 71 Fed. Reg. 3922, 3934 (Jan. 24, 2006) (to be codified at 21 C. F. R. pts. 201, 314, 601).

断しているのか。それは、医療機器の安全基準に関連する2つの事件と、自動車の安全基準に関連する事件の計3つの事件から理解することができる[51]。以下、それぞれの事件を検討し、合衆国最高裁の判断枠組みを明らかにする。

【合衆国最高裁の判断枠組み】

(1) その1：Medtronic, Inc. v. Lohr (1996)　メドトロニック対ロール事件 (1996年) で問題となったのは[52]、医療機器について連邦食品・医薬品・化粧品の規制に関する法律を修正する法律 (Medical Device Amendments) と行政規則とである[53]。合衆国最高裁は、簡易な審査手続を経て販売された医療機器の欠陥を理由とする損賠賠償の訴えについて、連邦の専占を否定した。

ロール事件では、被告の製造した新型ペースメーカーの設計上、警告上、そして製造上の欠陥が争われた。このペースメーカーは、食品医薬品局の厳しい承認手続を経ないで販売されていた。連邦食品・医薬品・化粧品の規制に関する法律を修正する法律と行政規則とによれば、1976年以前に販売されていた医療機器と後の製品が実質的に同等 (substantial equivalence) である場合、その後発医療機器は、通常の承認手続 (Pre Market Approval, PMA) を免除され、より簡易な手続 (510 (k) Notification) で販売することができるからである[54]。

連邦食品・医薬品・化粧品の規制に関する法律を修正する法律には、「州は、この法律と異なる、または、追加的な義務を設けることができない」、という専占の定めがあった[55]。法律の規定は、次のようなものである。

(a)General rule

　　Except as provided in subsection (b) of this section, no State or

---

51) この整理について、次の文献を参照した。Robert L. Rabin, Territorial Claims in the Domain of Accidental Harm-Conflicting Conceptions of Tort Preemption, 74 Brook. L. Rev. 987, 994-98 (2009).
52) Medtronic, Inc. v. Lohr, 518 U. S. 470 (1996).
53) *See* Medical Device Amendments of 1976, Pub. L. No. 94-295, 90 Stat. 539 (codified as 21 U. S. C.).
54) 21 U. S. C. §360 (k); 21 C. F. R. 807.92 (a)(3).
55) Id.

political subdivision of a State may establish or continue in effect with respect to a device intended for human use any requirement——
  (1)<u>which is different from, or in addition to, any requirement</u> applicable under this chapter to the device, and
  (2)<u>which relates to the safety or effectiveness of the device or to any other matter</u> included in a requirement applicable to the device under this chapter.（下線―筆者）

　しかしながら、食品医薬品局は、この規定について特別の安全基準を定める行政規則を制定した場合にのみ州法を専占する、と解釈していた[56]。また、食品医薬品局は、専占が及ぶ場合が限定される旨の意見書を裁判所に提出した。

　ロール事件は、当初、フロリダ州地裁に提起されたが、異なる州の市民間の争訟であることを理由とする被告の申立てによって連邦地裁に移送された。第1審のフロリダ地区連邦地裁は、医療機器について連邦食品・医薬品・化粧品の規制に関する法律を修正する法律によって原告のすべての訴えが専占されているという理由で、原告の訴えを棄却した。その判決を一部破棄した第11巡回区連邦控訴裁判所は、設計上の訴えのみが専占されるとした。

　合衆国最高裁は、控訴裁判所の判決を一部破棄、原告の訴えが専占されない、と判示した。相対多数意見を執筆したスティーヴンス裁判官は、医療機器について連邦食品・医薬品・化粧品の規制に関する法律を修正する法律によって専占されるのが、連邦の規制に追加的な、または、規制と異なる義務を課す州の制定法や判例法であるという。そして、規則が一般的な適用性を有するものではなく、医療機器にとって特別の安全基準を定めるものでなければ、連邦の規制に追加的、または、連邦の規制と異なるものとはいえない、と判断した。

　ロール事件で問題となった連邦の行政規則は、特別の安全設計を義務づけていなかったため、規則と原告の訴えとの間に実際の抵触はないとされた[57]。また、スティーヴンス裁判官は、食品医薬品局がガイドラインで一般

---

[56] 21 C. F. R. §808.1(d).
[57] Medtronic, Inc., 518 U. S. at 492-94.

的な適用性を有する安全基準を明らかにしているに過ぎないことから、製造上と警告上の義務違反を理由とする訴えについても、連邦の専占を認めなかった[58]。

(2) ロール事件の分析　ロール事件では、連邦の行政機関が特別の安全基準を定める規則を制定しておらず、ガイドラインでも一般的な安全基準しか示していなかったために、州の判例法に基づく損害賠償の訴えについて連邦の専占が認められなかった。一般的な安全基準というのは、1976年より前と後の製品が実質的に同等 (substantial equivalence) であれば厳しい承認手続を免れる、という基準のことを意味している。

ロール事件で問題となった医療機器は、連邦の制定法と行政規則に基づいて、新型の医療機器のために設けられている承認手続を免除されており、より簡易な規制しか受けていなかった。この場合、食品医薬品局は、医療機器の実質的同等性を判断するだけで、個別に安全性と有効性を審査するわけではない[59]。スティーヴンス裁判官は、このような安全基準を定める行政規則では専占を認めるのに不十分だと指摘した。要するに、新型の製品がかつて承認された旧製品と実質的に同等かという基準では足りず、少なくとも製品の安全性と有効性について個別に審査するような安全基準を定める連邦の制定法と行政規則でなければ、連邦の専占は認められない。行政機関が連邦の制定法に基づいて規則を制定したとしても、その規則と州の判例法に基づく訴えが抵触するとは限らない、ということである[60]。

問題は、いったいどのような連邦法ならば、特別な安全基準を定めたものとして専占が認められるのかである。次の医療機器に関連する事件は、

---

58) Id. at 497-502.
59) 実質的同等性の基準について、次の食品医薬品局のガイドラインを参照した。FDA, Device Regulation and Guidance: Premarket Notification (510k), http://www.fda.gov/MedicalDevices/DeviceRegulationandGuidance/HowtoMarketYourDevice/PremarketSubmissions/PremarketNotification510k/default.htm
60) 医療機器の規制に関連して、州法に基づく損害賠償の訴えが連邦の規制に追加的、または、連邦の規制と異なるものとはいえない場合については、次の論文が参考になる。Mark Harrman, David Booth Alden, & Bradley W. Harrison, The Meaning of The Parallel Requirements Exception Under Lohr And Riegel, 65 N. Y. U. Ann. Surv. Am. L. 545, 583 (2010). 裁判所は、①被告が関連する法令に違反しているか、②州法上の義務が連邦法上の義務と実際に同じであるか、③塡補的賠償に加えて懲罰的賠償を認めた場合に専占を認めなくてよいか、という3つの要素を考慮している。

個々の医療機器が備えるべき安全性と有効性について定める連邦の制定法と規則ならば、特別な安全基準に値することを示している。

(3) その2：Riegel v. Medtronic, Inc. (2008)　リーゲル事件（2008年）は、専占を否定したロール事件とは対照的な判決である[61]。リーゲル事件では、通常の承認手続後に販売された医療機器の欠陥を理由とする損害賠償の訴えの専占について争われた。合衆国最高裁は、食品医薬品局の最も厳しい承認手続を経て販売された医療機器で負傷した場合、医療機器について連邦食品・医薬品・化粧品の規制に関する法律を修正する法律（Medical Device Amendments）によって州の判例法に基づく損害賠償の訴えが専占される、と認めた。

リーゲル事件では、被告の製造したバルーン付きカテーテルを動脈に挿入された原告が、心筋梗塞に陥って緊急バイパス手術を受けた。被告の製造したバルーン付きカテーテルは第3類（Class 3 devices）に該当する、より危険性の高い医療機器の1つで、連邦の制定法と行政規則に基づいて食品医薬品局の承認手続を経て販売されていた。前述したとおり、医療機器について連邦食品・医薬品・化粧品の規制に関する法律を修正する法律には、州はこの法律と異なる、または、追加的な義務を設けることができない、という専占の規定が設けられている。

原告とその妻は、被告の製品がニュー・ヨーク州の判例法に違反して設計、警告、そして製造されていたことを理由に、損害の賠償を求める訴えをニュー・ヨーク地区連邦地裁に提起した。この訴えは、異なる州の市民間の争訟であることを理由として連邦裁判所に提起されたものである。第1審の連邦地裁は、連邦の専占を認めて訴えを棄却し、第2巡回区連邦控訴裁判所もその判決を支持した。

合衆国最高裁は、連邦控訴裁判所の判決を支持した。多数意見を執筆したスカリア裁判官（Justice Scalia）は、食品医薬品局による承認手続が個々の医療機器の安全性と有効性を確認するために連邦の制定法で義務づけられていることに加えて、州の判例法上の義務が連邦の制定法上の義務とは異なる、または、追加的なものであるから専占される、と判示した[62]。

---

61) Riegel v. Medtronic, Inc., 128 S. Ct. 999 (2008).
62) Id. at 1007-08.

食品医薬品局の承認した医療機器に対してより高い安全性を要求する州の制定法と同様に、より高い安全性を要求する判例法上の義務も、連邦の法制度にとっては妨害となる、というのである。

また、スカリア裁判官は、医療機器について連邦食品・医薬品・化粧品の規制に関する法律を修正する法律の意味が専占について明白であるから食品医薬品局の見解に頼る必要がない、と断っているものの、専占についての食品医薬品局の法解釈がリーゲル事件の結論を支持している点に特に言及した。[63]

(4) リーゲル事件の分析　リーゲル事件では、個々の医療機器が備えるべき安全性と有効性について具体的に定める連邦の制定法と規則ならば、州の判例法に基づく訴えを専占すると認められた。リーゲル事件とロール事件には、大きな違いが3つある。

　①審査基準
　②専占に対する食品医薬品局の見解
　③審査の負担

以下では、3つの違いから明示の専占を認めたリーゲル事件を分析する。

第1に、審査基準である。リーゲル事件で問題となった医療機器は、食品医薬品局が個別に安全性と有効性を確認した後に販売されたもので、ロール事件で問題となった医療機器とはまったく異なる。ロール事件で問題となった医療機器は、1976年前と後の製品が実質的に同等であるかを確認された後に販売されていただけである。要するに、合衆国最高裁は、少なくとも個々の医療機器が備えるべき安全性と有効性について具体的に定める連邦の制定法と規則については、特別な安全基準を定める連邦法として専占を認めたことになる。[64]

2つ目は、専占に対する食品医薬品局の見解である。リーゲル事件では、連邦の専占を支持する食品医薬品局の見解が、連邦の専占の正当化事由として挙げられている。ロール事件では、医療機器の安全性と有効性を審査

---

63) Id. at 1009.
64) Id. at 1007. スカリア裁判官は、ロール事件で争われた食品医薬品局の審査が安全性ではなく実質的同等性に着目するのに対し、リーゲル事件で争われた販売前の審査が安全性に着目するものである、と指摘している。

する食品医薬品局が、専占する旨の見解をまったく公表していなかった。つまり、リーゲル事件は、食品医薬品局が医療機器を新たに審査していた上に、連邦の専占について肯定的な見解を公表していたという点で、ロール事件とは区別されることになる[65]。

3つ目は、規制にかかる食品医薬品局の負担である。リーゲル事件とロール事件では、連邦法に基づく食品医薬品局の規制内容だけでなく、規制の負担も異なっている。たとえば、提出される書類や申請数で比較してみよう。リーゲル事件で問題になった通常の販売前承認に関連して1年間に提出された書類の合計は、ロール事件で争われた審査に関連して提出された書類の合計の、わずか約5分の1に過ぎない[66]。

もう少し詳しく分析すると、申請数の差は危険性がより低い医療機器で顕著である。危険性がより高いとされるクラス3の医療機器だけで比べると、通常の販売前承認の申請数（original PMA and supplemental PMA）が5年間で合計1001件に対して、ロール事件で問題になった申請数の合計は342件にとどまる（2003年度から2007年度）[67]。しかしながら、医療機器全体で比べると申請数は逆転し、通常の販売前承認の申請数の合計は、ロール事件で争われた審査の申請数の約7.4％（2008年度）となっている[68]。医療機器全体で比較すると、ロール事件で争われた審査の申請数の多さが際立つことになる。

しかも、食品医薬品局は、リーゲル事件で争われた通常の販売前承認で

---

[65] *See* Catherine M. Sharkey, What Riegel Portends for FDA Preemption, 102 Nw. U. L. Rev. Colloquy, 415, 420-22 (2008). リーゲル事件は、食品医薬品局による規制手法に加えて、連邦の専占についての食品医薬品局の判断がロール事件とはまったく異なるという。すなわち、リーゲル事件では、食品医薬品局は専占を除外する規則を制定しておらず、専占の必要性について裁判所に意見書を提出している。

[66] Center for Devices and Radiological Health in FDA, CDER Preliminary Internal Evaluations Vol.2 : Task Force on the Utilization of Science in Regulatory Decision Making Preliminary Report and Recommendations 22 (Aug. 2010).

[67] Alan M. Garber, Modernizing device Regulation, 362 (13) N. Engl. J. Med. 1161, 1162 (2010).

[68] FDA, Fiscal year 2008 Performance Report to Congress for the Medical Device User Fee Amendments of 2007 (2009); 2009 MedTech Snapshot: Regulatory: In Transition: FDA's Focus Turns to Transparency, 510 (k) s, and User Fees, MDDI Magazine (Dec. 1, 2009), http://www.mddionline.com/article/2009snapshot/regulatory

は、審査により長い時間をかけている。食品医薬品局が判断を下した医療機器のうち、通常の販売前承認の一部（supplemental PMA）では、180日以内で判断が下されたものが95％、210日以内で判断が下されたものが99％とされる（2008年度）。他方、ロール事件で問題になった審査では、90日以内で判断が下されたものが98％、150日以内で判断が下されたものが99％とされる（2008年度）。

このように、ロール事件で争われた食品医薬品局の審査が、リーゲル事件で争われた審査と性質が大きく異なることからも、2つの事件における合衆国最高裁の判断の違いを説明できる。合衆国最高裁は、比較的厳しく、より時間をかけて慎重に行われる食品医薬品局の審査について、連邦の専占を認めているのである。

もう1つ、合衆国最高裁が特別な安全基準を定める連邦法と認めているのは、製造業者に一定の裁量を与えるために制定されたものである。連邦の制定法と行政規則が製造業者に裁量を与えているにもかかわらず、州法上の義務によってその裁量が制限されてしまう場合、連邦法の目的の実現は妨げられてしまう。次の事件は、リーゲル事件で認められたものとは異なる連邦法による専占について、明らかにしている。

(5) その3：Geier v. American Honda Motor Co. (2000)　ガイアー事件で問題となったのは、交通と自動車の安全に関する法律（National Traffic and Motor Vehicle Safety Act）と衝突時の乗員保護（シートベルトと前面衝突）に関連する連邦自動車安全基準・規則208である[69]。交通と自動車の安全に関する法律には、連邦の専占を認める規定と一緒に、連邦の安全基準を遵守したことが州の判例法に基づく訴えを否定するものではない、という但書き（saving clause）が設けられていた[70]。法律の関連する規定は、以下のとおりである[71]。

　　"Whenever a Federal motor vehicle safety standard established

---

69) Geier v. American Honda Motor Co., 529 U. S. 861 (2000).
70) National Traffic and Motor Vehicle Safety Act of 1966, 15 U. S. C. §1392 (d) (current version at 49 U. S. C. §30103 (b)). *See also* 49 C. F. R. §527.208.
71) 15 U. S. C. §1397 (k) (current version at 49 U. S. C. §30103 (e)).

under this subchapter is in effect, no State or political subdivision of a State shall have any authority either to establish, or to continue in effect, with respect to any motor vehicle or item of motor vehicle equipment[,] any safety standard applicable to the same aspect of performance of such vehicle or item of equipment which is not identical to the Federal standard." 15 U. S. C. §1392 (d) (preemption clause).

"[c]ompliance with" a federal safety standard "does not exempt any person from any liability under common law." 15 U. S. C. §1397 (k) (saving clause). (下線—筆者)

運輸省・道路交通安全局が乗用車に前方座席のエアバック装備を義務づける規則を制定したのは、1997年のことである。運輸省・道路交通安全局は、それまで乗用車に前方座席のエアバック装備を義務づけるのを見送っていた。

ガイアー事件の原告は、被告が製造した自動車を運転中に、木に衝突して重傷を負った。原告は、シートベルトを装着していたものの、その自動車にはエアバック等の他の衝突安全装置が装備されていなかった。原告は、運転手席にエアバックを装備していない1987年製の自動車に設計上の欠陥があり、その欠陥によって負傷したと主張して、被告に損害の賠償を求める訴えを連邦地裁に提起した。原告の訴えは、異なる州の市民間の争訟であることを理由としてコロンビア特別区の連邦地裁に提起されている。被告は、当時の安全基準によればエアバックの装備について裁量が認められており、エアバックを装備しない選択肢も認められていた、と主張した。

第1審の連邦地裁は、原告の訴えが明示に専占されることを理由に被告勝訴の略式判決を下した。コロンビア特別区巡回区連邦控訴裁判所は、原告の訴えが安全基準・規則208の目的を妨げることから黙示に専占されるという理由で、連邦地裁の判決を支持した。

合衆国最高裁は、黙示の専占を認めた控訴裁判所の判決を支持している。多数意見を執筆したブライヤー裁判官（Justice Breyer）は、まず、交通と自動車の安全に関する法律の但書きを理由として、連邦の専占に関連する規定が判例法に基づく損害賠償の訴えにまで及ばない、と判断した（明示

の専占の否定)[72]。

　しかしながら、ブライヤー裁判官は、それにもかかわらず原告の訴えが安全基準・規則 208 の目的を妨げることから黙示に専占される、と判示した[73]。その理由として運輸省長官による規則 208 の目的の解釈と見解を挙げた。事故車の販売当時は、エアバック装備が義務づけられるまでの移行期間であったために、装備すべき安全装置に選択の余地を設けていた、というのである。そうすると、エアバック装着義務違反（エアバック未装着）のみを理由とする州の判例法に基づく損害賠償の訴えは、安全基準・規則 208 の目的の実現と執行の妨げになる。

　さらにブライヤー裁判官は、司法省訟務長官から裁判所に提出された意見書が、装備すべき安全装置に選択の余地を設ける、という運輸省・道路交通安全局の公正かつ熟慮された判断を反映していること、道路交通安全局が安全基準・規則 208 を制定する際に専占する旨を明示しなくても裁判所の専占についての法解釈にとって決定的でないこと、そして道路交通安全局の専占についての見解が一貫性を欠いていない点にも言及した。

　ガイアー事件では、自動車の前面衝突安全装置としてエアバックの装備を必ず義務づけるものではない、という連邦法の目的の実現を妨げるものとして、州の判例法に基づく損害賠償の訴えが専占された。合衆国最高裁は、明示の専占については連邦の安全基準を遵守したことが州の判例法に基づく訴えを否定するものではない、という法律上の但書きを理由に否定した。しかしながら、合衆国最高裁は、行政機関が規則制定時に専占する旨を明示したかどうかではなく、行政機関が合理的な理由から州法上の義務と抵触する規制を行っていることを理由に、黙示の専占を認めている。州の判例法が自動車にエアバックの装備を必ず義務づけるならば、連邦法の目的と州法との間に抵触が生じることになるからである。要するに、合衆国最高裁は、安全基準として製造業者に一定の裁量を認める連邦法について専占を認めた。

　(6)　ガイアー事件の分析　　ガイアー事件では、運輸省・道路交通安全局による規則の解釈を根拠として、抵触を理由とする専占を認めている。

---

72)　Geier, 529 U. S. at 868.
73)　Id. at 869 and 874-85.

ガイアー事件は、連邦の安全基準を遵守したことが州の判例法に基づく訴えを否定するものではない、という但書きが問題となっている点で、リーゲル事件やロール事件よりも判断が難しい。

但書きは、明示の専占を否定するために有効とされたものの、黙示の専占を否定するものではないとされた。多数意見を執筆したブライヤー裁判官によれば、但書きは連邦の行政規則による専占を完全に否定するものではない[74]。そして、安全基準を特定せずに製造業者に一定の裁量を認める、という連邦の行政機関の法解釈が公正で、熟慮されたもので、しかも一貫していることから、その見解に沿って抵触を理由とする専占を認めた[75]。要するに、ブライヤー裁判官は、連邦法の意味が曖昧な場合、決定的でないにしても連邦の行政機関の法解釈が専占を判断するために有用である、と認めているのである。

では、裁判所にとって連邦の行政機関の法解釈が有用なのはなぜか。主に3つの理由がある[76]。第1に、所管する連邦法の解釈について連邦の行政機関の能力は小さくないこと、第2に、行政機関は、立法事実を調査する能力に長けていること、第3に、行政機関は、行政立法手続（rule making process）を通じて州を含む利害関係者の意見を考慮することができること、である。すなわち、連邦の行政機関は、裁判所が連邦法と州法との間の抵触を判断するにあたって、重要な情報を提供できる存在といえる。

合衆国最高裁は、行政機関の見解が完全な証拠に基づいていて、その見解の理由づけが正当で、しかもその見解が一貫している場合には、これまでも連邦の行政機関の法解釈を尊重する態度をとっていた[77]。そのため、ブ

---

74) Id. at 869.
75) Id. at 883.
76) Merrill, *supra* note 23, at 755-57. *See also* Catherine M. Sharkey, Products Liability Preemption: An Institutional Approach, 76 Geo. Wash. L. Rev. 449, 485 (2008). 連邦の行政機関は規制する際に必要となる専門的能力を持っており、その判断を尊重すれば全米で統一的な規制を実現できる、という利点がある。
77) Medtronic, Inc. v. Lohr, 518 U. S. 470, 505-06 (1996) (Breyer, J., concurring); Skidmore v. Swift & Co., 323 U. S. 134, 140 (1944). 特別の経験と法解釈の前提となる十分な情報とに基いて下された連邦の行政機関の審決、法解釈、そして意見は、連邦議会が行政機関に規則制定権限を付与していない場合であっても、裁判所と訴訟当事者にとって信頼できる指針となる。連邦の行政機関の法解釈をどの程度信頼すべきかについては、行政機関の証拠の完全性、理由づけの正当性、見解の一貫性、さらに他のすべての要素によって決まる。

ライヤー裁判官は、黙示の専占を判断する際に連邦の行政機関の法解釈を参考にした、というわけである。

(7) 合衆国最高裁の判断枠組み　以上、合衆国最高裁の3つの裁判例によれば、合衆国最高裁は、特別の安全基準を定める連邦法でなければ、州法との間に実際の抵触を認めていない。特別の安全基準を定める連邦法とは、個々の製品が備えるべき安全性と有効性を具体的に定めるもの、または、安全基準として製造業者に一定の裁量を認めるもの（州法の異なる規制を許さないもの）である。

合衆国最高裁は、個々の製品が備えるべき安全性と有効性を定める連邦法の場合には州法との間に抵触を認め、安全基準を特定せず製造業者に一定の裁量を認める連邦法の場合にはその目的と州法との間に抵触を認めて、州の判例法に基づく訴えが専占されると判断している。

他方、合衆国最高裁は、連邦の安全基準を遵守したことが州の判例法に基づく訴えを否定するものではない、という但書きが問題となった場合には、専占を判断するために連邦の行政機関の法解釈を重視している。

III　裁判例の整理

先に検討したシポロン事件と3つの裁判例から抽出した合衆国最高裁の判断枠組みは、他の裁判例でも裏づけられることができる。以下、2008年度までの4つの裁判例を分析する。

(1) シポロン事件の裏づけ：Altria Group, Inc. v. Good (2008)　アルトリア事件で問題となったのは[78]、シポロン事件で争われた連邦の制定法による専占の可能性である。合衆国最高裁は、連邦タバコの表示と広告に関する法律（Federal Cigarette Labeling and Advertising Act）がメイン州不正取引防止法（Maine Unfair Trade Practices Act, MUTPA）上の詐欺を理由とする損害賠償の訴えを専占しない、と判断した。

アルトリア事件の原告は、箱に「ライト」と表記された被告製造のタバ

---

78) Altria Group, Inc. v. Good, 129 S. Ct. 538 (2008).

コを吸っていた。原告は、被告がメイン州不正取引防止法に違反して詐欺的にタバコを宣伝したことを理由に、損害の賠償を求める訴えを連邦地裁に提起した。原告の訴えは、異なる州の市民間の争訟を理由に連邦裁判所に提起された。アルトリア事件で争われたメイン州の不正取引防止法は、詐欺的な行為を禁ずる法律である。この法律によれば、詐欺的な行為によって損害を被った者は、賠償を求める訴えを提起できる。関連する条文は、以下のように規定されていた[79]。

"Unfair methods of competition and unfair or deceptive acts or practices in the conduct of any trade or commerce are declared unlawful."（MUTPA, §207）

"Any person who purchases or leases goods, services or property, real or personal, primarily for personal, family or household purposes and thereby suffers any loss of money or property, real or personal, as a result of the use or employment by another person of a method, act or practice declared unlawful by section 207 or by any rule or regulation issued under section 207, subsection 2 may bring an action either in the Superior Court or District Court for actual damages, restitution and for such other equitable relief, including an injunction, as the court determines to be necessary and proper. There is a right to trial by jury in any action brought in Superior Court under this section."（MUTPA, §213）

他方、1965年の連邦タバコの表示・広告に関する法律には、シポロン事件で説明したとおり、専占の定めが設けられている。専占に関連する規定は、1969年の公衆衛生・タバコの喫煙に関する法律によって、次のように改正された。

「本法律の規定を遵守して包装に記載されているタバコの広告または宣伝について、喫煙と健康を理由とする州法上（under state law）の義務または禁止（requirement or prohibition）を設けてはならない」。

法律の関連する規定は、以下のとおりである。

---

79) 5 Me. Rev. Stat. Ann., §§207 and 213（Supp. 2008）.

(b)State regulations

No requirement or prohibition based on smoking and health shall be imposed under State law with respect to the advertising or promotion of any cigarettes the packages of which are labeled in conformity with the provisions of this chapter.

(c)Exception

Notwithstanding subsection (b), a State or locality may enact statutes and promulgate regulations, based on smoking and health, that take effect after the effective date of the Family Smoking Prevention and Tobacco Control Act, imposing specific bans or restrictions on the time, place, and manner, but not content, of the advertising or promotion of any cigarettes.（下線—筆者）

　原告は、被告が一般的な製品よりもタールとニコチンの量を少ないかのように詐欺的に広告した点で州法に違反する、と主張した。他方、被告は、広告の内容は事実であり、正確である、として争った。

　第1審の連邦地裁は、連邦タバコの表記と広告に関する法律によって州法に基づく訴えが専占されることを理由に、被告勝訴の略式判決を下した。原告の上訴を受けた第1巡回区連邦控訴裁判所は、連邦地裁の判決を破棄、原告の詐欺を理由とする訴えについては明示にも黙示にも専占されないとした。

　被告の上訴を受けた合衆国最高裁は、5対4の僅差で控訴裁判所の判決を支持している。多数意見を執筆したスティーヴンス裁判官（Justice Stevens）は、州の判例法に基づく詐欺の訴えについては連邦の専占が及ばない、というシボロン事件の先例がメイン州不正取引防止法上の詐欺の訴えにも適用される、と判示した[80]。スティーヴンス裁判官は、連邦タバコの表示と広告に関する法律で専占されるのは喫煙と健康を理由とする義務であるのに、メイン州不正取引防止法上の詐欺をしてはならないという義務は喫煙と健康に関係するものではない、と指摘している。

　また、スティーヴンス裁判官は、連邦タバコの表記と広告に関する法律

---

80) Id. at 549.

を執行する連邦取引委員会（FTC: Federal Trade Commission）が、これまでタールとニコチンに関連する表現については喫煙者の損害賠償の訴えを黙示に専占しない、という判断を何度も下していることも理由として付け加えた。

これに対して、反対意見を執筆したトマス裁判官（Justice Thomas）は、多数意見を真っ向から批判している[81]。すなわち、そもそも州法に基づく詐欺の訴えも専占されるべきだ、というのである。また、原告の訴えが「健康に関連する喫煙の影響を理由とする訴え」であるから、連邦タバコの表記と広告に関する法律で専占される、とも指摘した。

アルトリア事件の判旨は、連邦法によって専占される対象が州の制定法違反に基づく損害賠償を求める訴えか、それとも州の判例法に基づく訴えか、という違いはあるものの、基本的にシポロン事件と同じである。すなわち、連邦タバコの表示と広告に関する法律は、詐欺に関連する訴えを専占しない。合衆国最高裁は、アルトリア事件でも詐欺に関連する訴えとそうでない訴えを区別する、というシポロン事件の判断枠組みを採用しているのである。

(2) ロール事件とガイアー事件の裏づけ：Sprietsma v. Mercury Marine (2002)　スプリエツマ事件で問題となったのは[82]、連邦ボートの安全に関する法律（Federal Boat Safety Act of 1971）によって州の判例法に基づく設計上の欠陥を理由とする損害賠償の訴えが専占されるか、である。この法律には、抵触する安全基準を定める州法または規則（a state law or regulation）を専占するという規定と一緒に、連邦の行政規則を遵守したことが州の判例法上の訴えを否定するものではない、という但書き（saving clause）が設けられていた[83]。法律の関連する規定は、以下のとおりである。

"Unless permitted by the Secretary under section 4305 of this title, a State or political subdivision of a State may not establish, continue in effect, or enforce a law or regulation establishing a recreational vessel or associated equipment performance or other safety standard or

---

81) Id. at 561-63 (Thomas, J., dissenting).
82) Sprietsma v. Mercury Marine, 537 U. S. 51 (2002).
83) 46 U. S. C. §§4306 and 4311 (g).

imposing a requirement for associated equipment (except insofar as the State or political subdivision may, in the absence of the Secretary's disapproval, regulate the carrying or use of marine safety articles to meet uniquely hazardous conditions or circumstances within the State) that is not identical to a regulation prescribed under section 4302 of this title." 46 U. S. C. §4306 (Federal preemption)

"(g)Compliance with this chapter or standards, regulations, or orders prescribed under this chapter does not relieve a person from liability at common law or under State law." 46 U. S. C. §4311 (g) (saving clause) (下線―筆者)

　スプリエツマ事件では、原告の妻がボートから転落し、原動スクリューの刃に巻き込まれて死亡した。原告は、スクリュー・ガードを装備していないエンジンに不合理な危険性があると主張して、製造業者に損害の賠償を求める訴えを提起した。被告は、湾岸警備隊が連邦ボートの安全に関する法律に基づいてスクリュー・ガードの装備を義務づけていなかったことに加えて、原告の訴えが連邦法の目的を妨げることから専占される、と主張した。

　湾岸警備隊は、この法律によってボートの設計について安全基準を定める権限を付与されている。事故当時、湾岸警備隊は、ボートにスクリュー・ガードの装備を義務づけていなかったものの、装備を義務づける州の権限行使を許さないという判断までは下していなかった。湾岸警備隊は、娯楽用ボートにスクリュー・ガードの装備を義務づけるべきではない、とする審議会の勧告を1990年に受け入れていただけである。この勧告は、当時の技術水準におけるスクリュー・ガードの事故防止の効果のみならず、外傷の可能性、パワーやスピードの損失、そして莫大な回収・改善費用という問題を考慮してまとめられた。

　第1審のイリノイ州地裁は、連邦ボートの安全に関する法律によって原告の訴えが黙示に専占されているとし、中間上訴裁判所は明示の専占を理由としてではあるが、地裁の判決を支持した。原告の上訴を受けた州最高裁は、中間上訴裁判所の判決を破棄したものの、黙示の専占を理由として原告の訴えを棄却した。

合衆国最高裁は、明示および黙示の専占を否定して州最高裁の判決を破棄、審理を差し戻している。全員一致の意見を執筆したスティーヴンス裁判官は、連邦ボートの安全に関する法律の専占の規定が州の判例法に基づく損害賠償の訴えに及ばない、と判示した。この専占の規定には、州法または規則（a state law or regulation）という文言が採用されており、規則以外のものが州法と併記されていないことから判例法を対象とするものではない、と解釈された。しかも、但書きが州の判例法に基づく責任を認めていたため、明示の専占は認められなかった。

また、スティーヴンス裁判官は、黙示の専占についても原告の訴えには及ばない、と判断した。スティーヴンス裁判官によれば、スクリュー・ガードの装備を義務づけないという1990年の判断は、採用できるスクリュー・ガードの設計がなかったことに基づいているだけで、スクリュー・ガードの装備を禁ずるという判断を意味するものではない、という。しかも、連邦ボートの安全に関する法律と行政規則は、娯楽用ボートの規制分野を支配するものではないことから、黙示の専占も否定した。

スプリエツマ事件の判旨は、ロール事件とガイアー事件と整合するものである。スプリエツマ事件では、詐欺ではなく設計上の欠陥を理由とする訴えが専占の対象になっており、連邦ボートの安全に関する法律には、州の判例法に基づく訴えを認めるための但書きが設けられていた。そうすると、特別の安全基準を定める連邦の行政規則でなければ、州の判例法に基づく訴えを専占できないことになる。

ところが、湾岸警備隊は、娯楽用ボートにスクリュー・ガードの装備を義務づけないという消極的な判断を下しただけで、製造業者に一定の裁量を認めるかについて判断を留保していた。要するに、スプリエツマ事件では、州の異なる規制を許さないという連邦の行政機関の法解釈はなかった。そのため、合衆国最高裁は、抵触を理由とする専占を認めなかったのである。

(3) ガイアー事件の裏づけ：Buckman Co. v. Plaintiffs' Legal Committee (2001)　バックマン事件では、1996年のロール事件と同じように食品

---

84) Sprietsma, 537 U. S. at 63-64.
85) Id. at 65-70.

医薬品局の簡易な審査手続を経て販売された医療機器が問題となった[86]。すなわち、連邦食品・医薬品・化粧品の規制に関する法律を修正する法律と行政規則によれば、1976年以前に販売されていた医療機器と後の製品が実質的に同等（substantial equivalence）である場合、その後発医療機器は、通常の承認手続を免除される。そして、連邦食品・医薬品・化粧品の規制に関する法律を修正する法律には、「州は、この法律と異なる、または、追加的な義務を設けることができない」、という専占の規定があった。ロール事件ですでに参照しているが、専占の規定は下記のような条文である。

(a)General rule

Except as provided in subsection (b) of this section, no State or political subdivision of a State may establish or continue in effect with respect to a device intended for human use any requirement——

(1)<u>which is different from, or in addition to, any requirement</u> applicable under this chapter to the device, and

(2)<u>which relates to the safety or effectiveness of the device or to any other matter</u> included in a requirement applicable to the device under this chapter.（下線—筆者）

バックマン事件では、被告がクラス3に分類される医療機器に適用される承認手続を不法に回避して、脊椎手術に使用される製品を比較的簡易な審査手続を経て販売した[87]。被告は、もともとの製品を骨プレートと骨ねじに分割して承認申請する一方、使用目的を脊椎から腕と脛の長い骨に変更した。ところが、多くの外科医は販売後に被告の製品を脊椎手術に使用し、そのせいで多くの患者が負傷することになった。

原告らは、被告が真の目的を偽って、食品医薬品局から承認を受けて販売した製品によって負傷したことを理由に、州の判例法に基づいて被告に賠償を求めた。要するに、原告はみずからに対する詐欺ではなく、被告の食品医薬品局に対する詐欺のせいで損害を被った、と主張した。食品医薬

---

86) Buckman Co. v. Plaintiffs' Legal Committee, 531 U. S. 341 (2001).
87) 21 C. F. R. §§807.81-100.

品局に対する詐欺を理由に提起された2000件以上の訴えは、事実審理前の手続のためにペンシルヴェニア地区連邦地裁で併合された。

　第1審の連邦地裁は、連邦食品・医薬品・化粧品の規制に関する法律を修正する法律によって原告の訴えが専占されるという理由で、原告の訴えを棄却した。しかしながら、第3巡回区連邦控訴裁判所は、連邦地裁の判決を破棄して原告の訴えが専占されない、と判断した。

　合衆国最高裁は、控訴裁判所の判決を破棄して原告の訴えが黙示に専占される、と判示した。多数意見を執筆したレンキスト首席裁判官（Chief Justice Rehnquist）は、食品医薬品局に対する詐欺を理由とする州法上の訴えが、みずからの判断と目的に照らして詐欺を取り締まる食品医薬品局の責務と必ず抵触するという[88]。食品・医薬品・化粧品の規制に関する法律によれば、承認申請者の詐欺の取り締まり（医療機器について同法律を修正する法律の執行）は、食品医薬品局の判断に委ねられているからである。

　また、レンキスト首席裁判官は、法律によって医療機器の目的外利用が認められている点にも言及した[89]。すなわち、医師らによる医療機器の目的外利用を理由として賠償を求める訴えを提起されるならば、医療機器の製造業者は、比較的簡易な審査手続の申請を躊躇しかねない、というわけである。

　バックマン事件の判旨は、連邦法の目的と州法との間の抵触を理由としている点では、ガイアー事件と変わらない。バックマン事件で問題となったのは、シポロン事件のように詐欺の訴えであるものの、原告に対する詐欺を理由とする訴えが連邦法によって専占されるかではない。連邦の行政機関に対する詐欺を理由とする訴えが専占されるかである。そして、連邦の行政機関に対する詐欺については、取り締まりを行政機関に委ねるという連邦法の目的の実現が、州法に基づく損害賠償の訴えによってどうしても妨げられてしまう。そのため、合衆国最高裁は、比較的簡易な審査手続の申請を認め、食品医薬品局にみずからに対する詐欺の取り締まりを独占させるという連邦法の目的と州法との抵触を理由として、連邦の専占を認

---

88) Buckman Co., 531 U. S. at 350.
89) Id. at 351.

めた[90]。要するに、バックマン事件には、州法の異なる規制を許さないような安全基準を定める連邦法について専占を認める、というガイアー事件の判旨が適用されたことになる。

(4) シポロン事件の裏づけ：Bates v. Dow Agrosciences LLC (2005)

ベイツ事件で問題になったのは[91]、連邦殺虫剤・殺菌剤・殺鼠剤に関する法律 (Federal Insecticide, Fungicide, and Rodenticide Act of 1947, FIFRA) である。この法律によれば、製造業者は、製品を販売するために製品の表示とデータを提出して環境保護局の許可を得る必要があり、誤表示を禁じられていた。また、この法律には、「州は、表示と包装について連邦法上の義務に追加的な、または、異なる規制をすることができない」という専占の規定があった[92]。その条文は、以下のようなものである。

(b)Uniformity

<u>Such State shall not impose or continue in effect any requirements for labeling or packaging in addition to or different from those required under this subchapter.</u>（下線―筆者）

ベイツ事件では、ピーナッツ農場を経営していた29名の原告らが、被告の製造した除草剤によってピーナッツの成長を妨げられたことを理由に、厳格・製造物責任、過失、詐欺、および明示の保証責任を請求原因として、損害の賠償を求めた。原告らの訴えは、異なる州の市民間の争訟であることを理由に連邦裁判所に提起された。原告らは、被告が農場で製品を使用した場合の危険性を認識していた、または、認識すべきであったのに製品の使用を推奨した、と主張した。他方、被告は、原告の訴えが連邦殺虫剤・殺菌剤・殺鼠剤に関する法律によって専占される、と主張した。

テキサス地区連邦地裁は、1つの訴えを棄却し、残りの訴えもこの法律で専占されるとして、被告勝訴の略式判決を下した。第5巡回区連邦控訴

---

90) 合衆国最高裁は、医療機器メーカーに対する詐欺の訴えが含まれている場合には専占を認めていない。巡回区連邦控訴裁判所の間では判断が分かれていたものの、合衆国最高裁は、バックマン事件の判決を食品医薬品局に対する詐欺を請求原因とする訴えに限定した、第2巡回区連邦控訴裁判所の判決を意見なしで支持している。*See* Warner v.-Lambert Co., LLC v. Kent, 128 S. Ct. 1168 (2008).

91) Bates v. Dow Agrosciences LLC, 544 U. S. 431 (2005).

92) 7 U. S. C. §136v (b).

裁判所も、地裁の判決を支持した。連邦控訴裁判所は、被告に不利な結論が製品表示の変更を招くという理由で、州法に基づく訴えが明示に専占されると判断した。

合衆国最高裁は、被告勝訴とする控訴裁判所の判決を破棄、審理を差し戻している。多数意見を執筆したスティーヴンス裁判官は、連邦殺虫剤・殺菌剤・殺鼠剤に関する法律によって専占されるのは、表示と包装について連邦の規制に追加的な、または、異なる義務を課す州の制定法や判例法で、連邦の規制と同等かつ完全に整合する州法に基づく訴えは専占されない、と判示した。[93]すなわち、表示と包装に関係のない設計上の欠陥、製造上や検査上の過失、そして明示の保証責任を理由とする訴えは専占されない。そして、原告の詐欺または警告義務違反の訴えについては、連邦の制定法と整合する可能性を審理すべきであるとして、事件を差し戻した。

ベイツ事件は、表示と包装に関係のない訴えについてはもちろん、詐欺の訴えについても連邦の専占の対象からいったん除外している点で、シポロン事件と整合するものであるが、ベイツ事件のほうが専占に対してより慎重な姿勢を示している。ベイツ事件の本質は、連邦法と州の判例法に基づく訴えが単に競合しているだけでは、連邦法と州法との間に実際の抵触を認めないことを強調している点にある。

多数意見を執筆したスティーヴンス裁判官は、被告が州の判例法に基づく訴えを懸念して、表示と包装を変更するというだけでは、連邦法と州法との間に実際の抵触を認められない、と特に指摘している。[94]すなわち、連邦法上の義務と州の判例法上の義務が同等ならば、被告が両方を同時に遵守できないわけではないため、州の判例法に基づく訴えは専占されない、ということである。

このように、ベイツ事件では、抵触を理由とする専占の場合には連邦法と州法との間に実際の抵触を必要とし、潜在的な抵触では足りないとされた。ベイツ事件は、シポロン事件と整合するように考えられるものの、連邦法と州法との間の実際の抵触についてより慎重に検討する、という合衆

---

93) Bates, 544 U. S. at 444-45.
94) Id. at 443.

国最高裁の見解を示している[95]。

(5) 4つの裁判例の総括　以上、シボロン事件と他の3つの裁判例から抽出した合衆国最高裁の判断枠組みに照らして、4つの裁判例を整理・検討した。合衆国最高裁は、シボロン事件以降、連邦の制定法によって州の判例法に基づく損害賠償の訴えが専占されうるという前提のもとで、連邦法と州法との間に実際の抵触がある場合にのみ専占を認めている。言い換えれば、連邦の専占という法理の中心は、分野を理由とする専占ではなく抵触を理由とする専占である。そして、合衆国最高裁は、特別の安全基準を定める連邦法でなければ、州法との間に実際の抵触を認めていない。特別の安全基準を定める連邦法とは、個々の製品が備えるべき安全性と有効性を具体的に定めるもの、または、安全基準として製造業者に一定の裁量を認めるものである。

最後に、合衆国最高裁における専占の法理の展開を締め括るにあたって、連邦の制定法に専占の規定が設けられていない場合について検討する。

IV　医薬品の規制からみえる法理の限界

連邦の専占のなかで最も注目を集めている問題は、医薬品に関連する製造物責任が連邦法によって専占されるか否かである。医薬品の販売は、連邦法に基づいて食品医薬品局によって規制されている。有用な医薬品の流通と処方が多数の訴訟によって妨げられれば、病気に苦しむ患者にとって大きな損失となる。

また、製薬会社と処方薬で被害を受けた者との利害は、激しく対立している。製薬会社にとっては、多額の資金を投じてようやく食品医薬品局から承認された製品を指示どおりに販売したにもかかわらず、州の判例法に基づいて損害賠償責任を負うとすれば、まったく割に合わない。逆に、処方薬で被害を受けた者とすれば、連邦法上の救済制度がない以上、州の判例法に基づく損害賠償を製薬会社に求めたいと考えるのが自然である。

---

95) Owen 965-66.

このように、医薬品に関連する製造物責任について連邦の専占が認められるのかという問題は、社会的な影響が大きいことから、新聞紙上で何度も取り上げられた。[96]

法学者の間でも、医薬品に関連する製造物責任について連邦の専占が認められるのか、という問題は注目されていた。[97]これまで検討してきた合衆国最高裁の不法行為・製造物責任に関連する裁判例では、少なくとも連邦の制定法に専占の規定が設けられている。ところが、連邦食品・医薬品・化粧品の規制に関する法律（Federal Food, Drug, and Cosmetic Act of 1938）には、[98]医薬品の規制について専占の規定がまったく設けられていない。連邦議会は、医薬品の規制について専占の判断を完全に留保しているのである。そうすると、州の判例法に基づく訴えが連邦法によって専占されるとすれば、黙示の専占に頼るよりほかない。すなわち、連邦の制定法に専占の規定がまったくないという点で、医薬品に関連する製造物責任が連邦法によって専占されるのかという問題は、裁判所にとって極めて判断が難しいのである。

合衆国最高裁は、連邦の制定法に専占の規定がまったくない場合について、2009年のワイエス対レヴィン事件で判断を下している。[99]以下、ワイエス事件を検討する。

(1) Wyeth v. Levine (2009)　ワイエス事件で問題となったのは、医薬品の販売を規制する連邦の制定法と行政規則が州の判例法に基づく損害賠償の訴えを専占するか否か、である。

食品医薬品局は、連邦食品・医薬品・化粧品の規制に関する法律とその

---

[96] *See, e.g.*, Editorial, Accountability on Trial, Wash. Post, Nov. 3, 2008, at A20 ; Alicia Mundy & Shirley S. Wang, In Drug Case, Justices to Weigh Right to Sue, Wall St. J. Oct. 27, 2008, at B1 ; Adam Liptak, Drug Label, Maimed Patient and Crucial Test for Justices, N. Y. Times, Sep. 18, 2008, at A1 ; Marc Kaufman, FDA Tries to Limit Drug Suits in State Courts, Wash. Post, Jan. 19. 2006, at A2.

[97] *See, e.g.*, Richard A. Epstein, The Case for Field Preemption of State Laws in Drug Cases, 103 Nw. U. L. Rev. 463 ; Nw. U. L. Rev. Colloquy 54, 55 (2008) ; Peter Schuck, FDA Preemption of State Tort Law in Drug Regulation : Finding the Sweet Spot, 13 Roger Williams U. L. Rev. 73 (2008).

[98] Federal Food, Drug, and Cosmetic Act, ch 675, 52 Stat. 1040 (1938).

[99] Wyeth v. Levine, 129 S. Ct. 1187 (2009).

行政規則に基づいて、医療機器と同じように医薬品の安全性と有効性を審査している。ただし、先に説明したとおり、連邦の制定法には医療機器について設けてある専占の定めが医薬品にない。食品医薬品局は、連邦食品・医薬品・化粧品の規制に関する法律には専占の定めが設けられていないにもかかわらず、本件に先立つ2006年、行政規則の前文（preamble）に専占に積極的な見解を表明した。[100]すなわち、食品医薬品局は、連邦法と抵触する形で医薬品の表示を規制する州法については連邦法によって専占され、州法に基づく訴えが連邦の制定法の目的を実現する妨げになる旨の文言を行政規則の前文に挿入した。前文の内容は、次のとおりである。

"FDA believes that under existing preemption principles, FDA approval of labeling under the act, whether it be in the old or new format, preempts conflicting or contrary State law."（下線―筆者）

ワイエス事件では、医師の助手から抗嘔吐薬を誤って動脈に注射された原告が、壊疽のために腕の切断を余儀なくされた。原告は、プロのピアニストであった。医師の投薬方法は、食品医薬品局が承認した方法に従ったものであったが、医師は誤って原告の動脈を傷つけてしまった（原告と医師との間には和解が成立している）。食品医薬品局は、動脈を傷つける危険性に注意して急速静注を認める、という抗嘔吐薬の警告表示を承認していた。そして、製薬会社と食品医薬品局は、1976年の承認後に、より安全な投与法（free flow 4 Bag）について警告表示することを検討しなかった。

原告は、医師の用いた投薬法（IV push method）の重大な危険性について十分な警告をしなかったことを理由に、製薬会社に損害の賠償を求める訴えをヴァーモント州地裁に提起した。連邦食品・医薬品・化粧品の規制に関する法律と規則によれば、製薬会社は、例外的に食品医薬品局の許可なしに医薬品の警告表示を変更することができる。それにもかかわらず、製薬会社は警告の強化を検討せず、表示を変更しなかった、というのが原告の主張であった。

陪審は、原告勝訴、被告に総額740万ドルの賠償を命じる評決を下した。

---

100) Requirements on Content and Format of Labeling for Human Prescription Drug and Biological Products, 71 Fed. Reg. 3922, 3934 (Jan. 24, 2006) (to be codified at 21 C. F. R. pts. 201, 314, 601).

被告は、連邦の専占を理由として評決を無視するように求めたが、第1審の州地裁は被告の申立てを認めなかった。州最高裁が州地裁の判決を支持したため、被告は上訴した。被告は、みずからの警告表示が食品医薬品局によって承認されていたことから、原告の州の判例法に基づく警告義務違反の訴えが連邦法によって専占される、と主張した。また、被告は、州法上のより厳しい警告義務を遵守しなければならないとすれば、医薬品の警告表示の規制について食品医薬品局に委ねるという連邦議会の目的の実現が妨げられることになる、とも主張した。

合衆国最高裁は、州最高裁の判決を支持している。多数意見を執筆したスティーヴンス裁判官は、食品・医薬品・化粧品に関する法律では食品医薬品局の許可なしの警告表示の変更が許されていることに加えて[101]、被告が行政規則の冒頭部分に示された食品医薬品局の見解に頼っていることを理由に挙げた。また、連邦法と州法の両方を同時に遵守することが不可能であると十分に証明されていない、と指摘した。食品医薬品局は、事前許可なしの警告表示の変更を最終的に承認しない可能性がある。しかしながら、そうでなければ被告は、連邦法と州法を同時に遵守できないわけではなく[102]、その場合には、連邦法と州法とは抵触しない。

スティーヴンス裁判官によれば、食品・医薬品・化粧品の規制に関する法律は、処方薬の表示規制の上限を定めたものとは解釈できない[103]。同法律の主要な目的は消費者保護にあり、それにもかかわらず同法律には違反を理由とする消費者救済のための定めが設けられていないという。しかも、連邦議会は専占の判断を留保し、同法律に専占する旨の定めを設けていない。これらは、連邦議会が州の不法行為法上の訴えを当然の前提としていることを示すものである。

さらに、スティーヴンス裁判官は、法として強制力を有する制定法や規則ならば州法に基づく訴えを専占できるとしても、規則の前文にそのような効力はないという[104]。すなわち、連邦議会が食品医薬品局に州法を直接専

---

101) 21 U.S.C. §§314. 70 (c) (6) (iii) (A), (C).
102) Wyeth, 129 S. Ct. at 1198.
103) Id. at 1199-1200.
104) Id. at 1201.

占する権限を授権していない場合、裁判所が連邦の行政機関の見解をどこまで重視するかは見解の完全性、一貫性、そして信用力で決まるとする。続けて、食品医薬品局が利害関係者のために意見公募手続（notice and comment process）を設けていないこと、連邦議会の目的と一致しない見解を明らかにしたこと、そして規則が州法と並存するというそれまでのみずからの見解を合理的な理由なしに変更したことから、規則の前文で明らかにされた食品医薬品局の見解については尊重するに値しない、と判断した。

補足意見を執筆したブライヤー裁判官（Justice Breyer）とトマス裁判官（Justice Thomas）は、それぞれワイエス事件では連邦法と州法との間に実際の抵触がない点を強調した。ブライヤー裁判官は、食品医薬品局が規則を制定して専占するという判断を下すことができるものの、ワイエス事件ではそのような規則が制定されていないと指摘した[105]。

他方、トマス裁判官は、現行の規則によれば被告が承認を受けた医薬品の警告表示を事後的に変更できることから、連邦法と州法を同時に遵守することが不可能ではなく、連邦法と州法と間に実際の抵触はないという[106]。また、連邦法と州法を同時に遵守できるかに加えて連邦法の目的を幅広く考慮する多数意見について、裁判所が政治的な判断をすることになるという理由から、厳しく批判した[107]。

反対意見を執筆したアリトー裁判官（Justice Alito）は、食品医薬品局が安全性を確認した医薬品について、陪審が警告義務違反を理由に損害賠償を認めていることから、連邦法と州法との間に実際の抵触があるという[108]。また、連邦議会が医薬品の安全性について判断を陪審ではなく食品医薬品局に委ねていることを強調した。すなわち、意見公募手続を経ていない場合であっても行政行為によって専占の効力が生じる場合があり、たとえ行政規則の前文に専占する旨の見解を明らかにしただけではそのような効力が認められないとしても、処方薬の表示を承認するという行政行為によって専占が認められるという[109]。

---

105) Id. at 1204 (Breyer, J., concurring).
106) Id. at 1009-10 (Thomas, J., concurring).
107) Id. at 1017 (Thomas, J., concurring).
108) Id. at 1127-29 (Alito, J., dissenting).
109) なお、アリトー裁判官は、行政機関が専占について以前とは異なる法解釈を採用した場

このように、合衆国最高裁の裁判官の間では、医薬品の製造物責任が連邦法によって専占されるのかという問題について、意見が分かれている。すなわち、多数意見と補足意見は、連邦法と州法との間の抵触を限定的に解釈するのに対し、反対意見を執筆したアリトー裁判官は、製薬会社が連邦法と州法の両方を遵守できる場合であっても、実際に遵守することが困難な場合には抵触を理由とする専占を認めている。連邦議会が食品医薬品局に医薬品の安全性の判断を委ねているのに、陪審がその判断を覆しても構わないのか、少なくとも製薬会社にとって連邦法と州法を両方とも遵守できる可能性があれば、連邦法と州法との間に実際の抵触を認められないのかという点について、裁判官の意見は一致していない。

(2) ワイエス事件の分析：①曖昧な連邦法と行政機関の法解釈　ワイエス事件は、2008年度開廷期の事件のなかでも最も注目を集めていた判決の1つである。[110] 本件が注目されたのは、いわゆる「静かな不法行為法改革」(silent tort reform) [111] の是非が争われたことに加えて、連邦の専占を曖昧な制定法の解釈問題として扱うべきか、という極めて大きな争点が含まれていたことによる。[112] 本件では、連邦の行政機関が不法行為の被害者の救済を制限し、州の福祉権能（police power）を制限するという問題についても、曖昧な制定法一般を解釈する場合と同じように、適法に規則制定権を授権された連邦の行政機関の法解釈を尊重できるのかが争われた。

合衆国最高裁は、本件では連邦法と州法との間に実際の抵触がなく（潜

　　合であっても、裁判所は行政機関が提出する意見書（amicus brief）を参考にすることができる、と指摘する。Id. at 1229.
110)　*See, e.g.,* Jacob Goldstein, Wyeth v. Levine: The Mother of All Preemption Cases, Wall St. J., Sept. 19, 2008, http://blogs.wsj.com/health/2008/09/19/wyeth-v-levine-the-mother-of-allpreemption-cases/; Editorial, Accountability on Trial, Wash. Post, Nov. 3, 2008, at A20.
111)　「静かな不法行為法改革」とは、不法行為責任を制限するための法改革のなかでも州議会や連邦議会ではなく、連邦の行政機関が主導するものを意味する。本来ならば、国民の代表者から組織される議会の立法によって実現されるはずの不法行為法改革が、直接には民意を反映していない連邦の行政機関の規則または規則の前文の変更という方法で進められていることから、あえて「静かな」という形容詞が使われているのである。Stephen Labaton, 'Silent Tort Reform' is Overriding States' Powers, N.Y. Times, Mar. 10, 2006, at C5.
112)　連邦の専占を曖昧な制定法解釈の問題として整理し、州の利益の保護という点から連邦の行政機関と裁判所の能力を比較分析する枠組みを確立した論文の1つとして有名なのは、ニュー・ヨーク大学ロー・スクール教授のシャーキー氏によるものである。Sharkey, *supra* note 47, at 227.

在的な抵触にとどまる)、規制の根拠となる連邦の制定法に専占する旨の定めがないことから、規則の前文に示された連邦の行政機関の法解釈を尊重に値しないものとして、結論として連邦の専占を認めなかった。要するに、合衆国最高裁の多数意見は、連邦法と州法との間の実際の抵触を従来よりも慎重に検討する、というベイツ事件の判例を踏襲したことになる。

ワイエス事件では、当然ながら連邦議会の意思が重視されている。ワイエス事件では、食品医薬品局が規則の前文を利用して連邦の専占を図っており、州の利益を守るために意見公募手続が設けられていないことから、合衆国最高裁が専占について行政機関の法解釈を尊重するのをためらうのは無理もない[113]。そして連邦の専占は、不法行為の被害者の救済を制限し、州の福祉権能を制限するという点で、高度の政治的な判断を必要とする問題といえる。そうすると、州の利益を代表する議員から構成される連邦議会こそ、三権のなかで専占の判断を下すのに最もふさわしい機関である、という一般論には、誰でも到達するだろう[114]。実際に、本判決も、従来の判例を踏襲して、明白な制定法上の定めがない場合には連邦の専占を望まない旨の連邦議会の意思を推定する (presumption against preemption)、という基準 (canon) を採用している[115]。

しかしながら、本判決の結論は、専占のための基準をあえて持ち出すまでもなく、連邦法解釈の一般法理からも十分に導くことができる[116]。本判決で争われたのは、規則の前文による専占であって、法的拘束力のある規則そのものによる専占ではないからである。

裁判所は、連邦法の解釈一般については行政機関の見解をある程度尊重する判決を下している。これまで合衆国最高裁は、連邦議会がある制定法の文言の意味を明らかにしなかった場合には、適法に委任を受けた連邦の行政機関の法解釈を尊重してきた。これは、シェヴロン事件の敬譲

---

113) The Supreme Court, 2008 Term-Leading Cases, 123 Harv. L. Rev. 153, 269-70 (2009).
114) *See* Sharkey, *supra* note 47, at 251.
115) Wyeth, 129 S. Ct. at 1194 and n.3.
116) The Supreme Court, 2008 Term-Leading Cases, *supra* note 113, at 270-71. *See also* Peter L. Strauss, Administrative Justice in the United States 371-75 (2d ed. 2002). 本件を扱った文献ではないものの、シェヴロン事件の敬譲が認められる要素として政策的な判断が含まれ、全米で統一的に運用されるような法的拘束力のある行政行為を挙げる。

(Chevron deference)[117]と呼ばれている。問題は、規則の前文上に明らかにされた行政機関の法解釈を裁判所が尊重すべきか、である。

ワイエス事件についていえば、連邦の制定法に専占に関連する規定はなく、食品医薬品局の法解釈が規則の前文上に明らかにされたに過ぎない。この点だけでも、ワイエス事件は、制定法の定めに基づいて連邦の専占が認められた医療機器の製造物責任に関する事件とは一線を画する[118]。そして、規則の前文がそれ自体では法的拘束力を持たず、告知、意見公募、そして意見に対する回答という行政立法のための通常の手続を省略して変更できるということから、行政機関が規則で専占する旨の見解を明らかにした場合よりも、裁判所がシェヴロン事件の敬譲を認める理由は比較的乏しい[119]。

このように、単に専占という問題だからという理由で、連邦議会の意思を特別に重視する必要性は必ずしもなく、本判決の結論は連邦法解釈の一般法理からも十分に導くことができる[120]。しかしながら残念なことに、本判決後も、裁判所が専占の法解釈について連邦の行政機関の見解をどの程度尊重すべきか、という論点は、いまだ十分に解決されていない[121]。

(3) ワイエス事件の分析：②連邦法の目的の完全な実現を妨げることを理由とする専占　また、ワイエス事件では、州の判例法に基づく訴えが

---

117) Chevron U.S.A. Inc. v. Natural Res. Def. Council, Inc., 467 U. S. 837 (1984).
118) *See* Riegel v. Medtronic, Inc., 128 S. Ct. 999 (2008). 前述したリーゲル事件のこと。通常の承認手続（Pre Market Approval, PMA）後に販売された医療機器の欠陥を理由とする損害賠償の訴えの専占について争われた事件で、合衆国最高裁は、食品医薬品局の最も厳しい承認手続を経て販売された医療機器で負傷した場合、医療機器について連邦食品・医薬品・化粧品の規制に関する法律を修正する法律（Medical Device Amendments）によって州の判例法に基づく損害賠償の訴えが専占される、と認めた。
119) ワイエス事件では法的拘束力のない規則の前文が問題となったものの、合衆国最高裁は、シェヴロン事件の敬譲を認めるための判断基準として、連邦議会が法的拘束力について行政機関に見解を明らかにさせたかどうかを挙げている（United States v. Mead Corp., 533 U. S. 218, 226-27 (2001))。また、かつてブライヤー裁判官は、連邦議会が判断を留保している場合には、裁判所が専占について行政機関の判断を検討するにあたって、十分な情報に基づいて制定された規則、規則の前文、解釈指針、そして意見に対する回答のような行政行為を参照することができる、と判示している。Medtronic, Inc. v. Lohr, 518 U. S. 470, 505-06 (1996).
120) 連邦の行政機関がみずからの規制管轄を拡大する法解釈を採用しているという傾向が実証されれば、話は別である。The Supreme Court, 2008 Term-Leading Cases, *supra* note 113, at 270.
121) *See, e.g.,* Catherine M. Sharkey, Federalism Accountability: "Agency-Forcing" Measures, 58 Duke L. J. 2125, 2126-27 (2009).

連邦法の目的の完全な実現を妨げることを理由とする専占(連邦法の目的と州法との抵触を理由とする専占)が認められなかった点も、極めて重要である。連邦食品・医薬品・化粧品の規制に関する法律は、食品医薬品局に医薬品の警告表示の審査と承認を委ねている。もし、陪審が後から警告表示の変更を義務づけることができる場合、言い換えれば、承認された警告表示を不十分なものと自由に判断できる場合、製薬会社は、州ごとにすべての医薬品について警告表示が十分であるかを常に検討する必要に迫られる。これは、全米で統一的な医薬品の販売規制を目的とする連邦法にとっては、明らかにおそるべき事態といえる。

しかしながら、ワイエス事件には、ガイアー事件と比較すると連邦法の目的と州法との抵触を理由とする専占が認められなくても致し方ない事情がある。まず、問題となった連邦の制定法には専占の規定がなく、争われた行政規則は、州法の規制を許さないような特別の安全基準を定めるものではなかった。しかも、食品医薬品局は、より安全な投与法の警告表示を義務づける州法が連邦法の目的に及ぼす影響について、個別には検討していなかった。食品医薬品局は、行政規則の前文で州法に基づく訴えが連邦の制定法の目的を実現する妨げになる、という一般的な見解を表明していたに過ぎない。そうすると、ワイエス事件では、ガイアー事件で挙げられていた連邦の専占を認めるための条件が満たされていない可能性がある。

(4) 残された問題　ワイエス事件は、医薬品に関連する製造物責任について少なくとも2つの問題を残している。1つは、連邦の制定法に専占の規定がない場合の行政規則による専占の可能性である。ワイエス事件では、厳密な意味で連邦法と州法との間に実際の抵触がない場合には抵触を理由とする専占を認めない、というベイツ事件の合衆国最高裁の意見が踏襲された。しかしながら、多数意見は、連邦の制定法に専占の規定がなくても連邦の行政規則によって専占が認められる可能性を残している[122]。では、どのような連邦の行政規則ならば、抵触を理由とする専占が認められるのか。そして、どのような行為があれば、ガイアー事件のように連邦の行政機関の法解釈に沿って抵触を理由とする専占が認められるのか。この問題

---

122) Id. at 2179.

は、今後の合衆国最高裁の判決によって解決されることになった[123]。

　もう1つの問題は、日々の医療に及ぼす影響である。ワイエス事件では連邦の専占が否定され、製薬会社は、必要があればみずからの判断で食品医薬品局の事前承認なしに警告文書の変更を求められることになった。しかしながら、これは、他の患者や社会にとって本当に望ましいのか。

　患者の自己決定権の批判的研究でよく知られているミシガン大学ロー・スクールのカール・シュナイダー教授は、より多くの情報を医師や患者に提供することが必ずしも望ましい結果につながらない、という前提を多数意見が無視していると指摘する[124]。

　シュナイダー教授によれば、製薬会社が医薬品のありとあらゆる副作用について添付文書に記載すれば、医師はその文書を読まなければならない。そして医師は、極めて重要な副作用とそうでない副作用があるのに、その優先順位には関係なくすべての副作用情報に注意を払うことになる。そうすると、当然ながら最も注意すべき副作用に払うべき注意は他の副作用にも分散され、被害を防ぐための警告の効力は低下してしまう。警告が医師ではなく、患者に直接提供される場合も基本的に同様である。患者は、より多くの情報を提供されても、治療の危険性と効用を十分に理解できない場合がある。それにもかかわらず、製薬会社に製造物責任によって医薬品のありとあらゆる副作用について開示させても、患者の安全を実現することはできないのではないか。

　ワイエス事件は、不幸にも医薬品で被害を被った者が州法に基づいて製薬会社に損害賠償を請求する可能性を認めたものとして、患者の保護に手厚い判決のようにみえる[125]。しかしながら、ワイエス事件は、製薬会社にあらゆる副作用情報を予防的に開示させることによって、医薬品を処方する医師に負担をかけ、結局のところ、患者の福祉を害するおそれがある。ワイエス事件が今後の訴訟や日々の医療に及ぼす影響については、追跡調査

---

123)　Id. at 2186-91.
124)　メールによる聞き取り調査（2009年8月19日）。*See also* Carl E. Schneider, Two Masters, 40 (1) Hastings Center Report 9 (Jan. Feb., 2010).
125)　*See* Thomas O. McGarity, A rare win for consumers, Dallas Morning News, Mar. 9, 2009.

を必要とする。[126]

(5) ワイエス事件の判決に対する評価　訴訟の両当事者の弁護士の評価は、当然ながら真っ二つに分かれた。[127]原告側の弁護士は、被告に損害を塡補させて消費者の安全を促進するという州法の重要な役割を合衆国最高裁が今回も認めた、という談話を発表した。他方、被告側の弁護士は、医薬品の危険性と効用を評価し、どのように製品に警告表示すべきかを判断するのに最も適切な立場にあるのは食品医薬品局で働く医学者や科学者であるとして、合衆国最高裁の判決には失望する、という談話を公表した。

　他方、報道機関の間では、ワイエス事件の判決に対する評価が微妙に分かれた。代表的な新聞各社は、おおむねワイエス事件の判決が製薬会社にとって厳しい内容であると報道している。たとえば、ニュー・ヨーク・タイムズは、ワイエス事件が製薬会社以外の企業にとっても重要な意味を持つ可能性を指摘している。[128]同紙によれば、近年多くの企業が訴訟からみずからを守るために連邦の規制を強化するように求めていたものの、ワイエス事件ではこのような企業の期待は裏切られたことになるという。ワシントン・ポストは、原告に起きたことは悲劇だが、製薬会社が結果を回避できる手段をもっていたのか、という疑問を提起している。[129]

　他方、ウォール・ストリート・ジャーナルには、ワイエス事件について先の2紙よりも批判的な内容の記事が掲載された。[130]すなわち、製薬会社はすべての医薬品について州ごとに50の警告表示を用意しなければならず、その表示は陪審の手でよって常に最新のものにされることになる、というのである。ウォール・ストリート・ジャーナルの別の記事は、ワイエス事

---

126) ワイエス事件以降、リーゲル事件に対する批判が強まっている。*See, e.g.*, Gregory D. Curfman, Stephen Morrissey, & Jeffrey M. Drazen, Editorial : The Medical Device Safety Act of 2009, 360 (15) N. Engl. J. Med. 1550-51 (Apr. 2009); Editorial, Patients in the crossfire, The Washington Times, May 14, 2009, at A18.
127) Jacob Goldstein, Supreme Court Rules in Wyeth v. Levine, Wall St. J., http://blogs.wsj.com/health/2009/03/04/supreme-court-rules-in-wyeth-v-levine/
128) Adam Liptak, No Legal Shield in Drug Labeling, Justices Rule, N. Y. Times, Mar. 5, 2009, at A1.
129) Michael Kinsley, Drug Regulators in the Jury Box, Wash. Post, Mar. 13, 2009, at A17.
130) L. Gordon Crovitz, The Supreme Court and the Tyranny of Lawyers, Wall St. J., Mar. 9, 2009, at A17.

件が新薬の研究開発を減少させ、医薬品の価格を高騰させるおそれがあると指摘している。[131]このように、報道機関における微妙な評価の相異は、合衆国最高裁によって判決が下されたばかりの段階では、ワイエス事件が日々の医療や医薬品の開発に及ぼす影響は正直なところ計りしれない、という各機関の見解を示すものといえる。

V　まとめ

　合衆国最高裁は、連邦の制定法によって州の判例法に基づく損害賠償の訴えが専占され得るという前提のもとで、連邦法と州法との間に実際の抵触がある場合にのみ専占を認めている。問題は、専占の前提となる抵触が、連邦法の解釈に大きく依存することである。連邦議会が専占する旨の規定を制定法に設けている場合はともかく、専占の判断を留保している場合には、合衆国最高裁は、専占の判断を含む連邦法の解釈について、連邦の行政機関の法解釈や行政行為を参照せざるを得ない。連邦の専占は、曖昧な連邦法の解釈一般の問題としても捉えることができる。しかしながら、裁判所が専占の法解釈について連邦の行政機関の見解をどの程度尊重すべきか、という論点は、いまだ十分に解決されていない。

---

131) Mundy Avery, Alicia, & Bravin, Jess, Ruling Ripples Beyond Drug Firms, Wall. St. J., Mar. 5, 2009, at A2 ; Pre-empting Drug Innovation : So much for the 'pro-business Court, Wall St. J., Mar. 5, 2009, at A16.

第3節　連邦の専占を妨げる4つの要因

　連邦の専占は、全米で統一的な規制を実現するための法理であり、実際に利用されてはいるものの、その影響は連邦法の規制分野ごとに異なっている。それは、合衆国最高裁の裁判例の傾向からも明らかである。

　合衆国最高裁は、連邦の専占の判断について中立の態度をとっている[132]。具体的に言えば、合衆国最高裁は、1981年から2006年までの間、約46％の確率（60/131）で専占を認めている（一部のみ認めたのは7％（9/131））。不法行為訴訟に関連する事件に限っていえば、専占を認めた事件は50％である（4/8）[133]。このように、少なくとも合衆国最高裁は、連邦の専占を認める傾向が特別に強いわけではない。

　合衆国最高裁が専占を積極的に認めているわけでも、専占に消極的なわけでもないということは、以下のように、事件の性質とそれ以外の理由とから説明できる。

I　各事件の性質

　連邦の専占の判断は、それぞれの事件の性質に左右されざるを得ない。事故の効果的な予防を目的とする場合には、裁判所が連邦の専占を認めるべきかは一律には決まらない、ということである。

　たとえば、事故の効果的な予防を目的とする場合、連邦法の安全基準が適切に定められており、しかも連邦法の違反の取り締まりが完全でない限り、製造業者が事故を防止するインセンティヴは不十分になる[134]。なぜなら

---

132)　William N. Eskridge, Jr., Vetogates, Chevron, Preemption, 83 Notre Dame L. Rev. 1441, 1484 (2008).

133)　Id. at 1487-94. 1984年度から2005年度開廷期までの専占に関連する合衆国最高裁の判例を集計した付録を参照した。

134)　以下の分析について、次の文献を参照した。Kyle D. Logue, Coordinating Sanctions in

ば、連邦の専占を認めるということは、被告の不法行為・製造物責任を否定し、被告が連邦の制定法と行政規則上の制裁しか負わないことを意味するからである。

　より具体的にいえば、連邦の専占を認めるべきかどうかは、連邦法の安全基準と連邦の行政機関による違反の取り締まりの状況に照らして、以下のように決まることになる。
　　①連邦法が最低限の安全基準を定めているだけならば、連邦の専占を認めず、違反それ自体で過失または欠陥ありと評価する法理を認めるほうが、効果的な予防を実現できる。
　　②連邦法が最低限度と最高限度の安全基準を定めていても、行政機関が違反を完全に取り締まることができない場合には、連邦の専占を認めないほうが理論上は望ましい。
　　③連邦法が最低限度と最高限度の安全基準を定めており、最も安価な執行費用で事故を防止する事前のインセンティヴ（optimal *ex ante* accident-avoidance incentives at the lowest administrative cost）を生み出しているならば、連邦の専占を認めないと、州法に基づく不法行為責任によって余計なインセンティヴが働くことになる。

　このように、連邦の専占の判断は、それぞれの事件の性質に左右される。すなわち、少なくとも連邦法の安全基準が適切に定められ、しかも連邦の行政機関の法令違反の取り締まりが完全に行われる場合を除けば、連邦の専占は認められるべきではない。

　もちろん、連邦の専占の判断は、それぞれの事件の性質だけで決まるわけではない。全米で統一的な規制を実現するための手段である連邦の専占には、このほかにも合衆国最高裁の判断を左右する3つの大きな要因がある。それは、ⅰ連邦議会の機能不全、ⅱ連邦の行政機関の能力不足、そしてⅲ大統領の方針である。

Torts 20-34 (Univ. of Mich. L. & Eco., Olin Working Paper No. 09-014); Keith N. Hylton, Preemption and Product Liability: A Positive Theory 16 Sup. Ct. Econ. Rev. 205, 211-18 (2008). 連邦の行政機関によって設定される安全基準が、最適と仮定する州の判例法の安全基準と等しくなる場合、連邦の専占が認められる傾向にあるという実証研究。この研究結果は、ロウグ氏の研究と整合する。

II 連邦の政府機関に関連する3つの要因

　事件の性質以上に専占の判断に影響を及ぼすのは、裁判所以外の連邦の政府機関の行為である。連邦議会についていえば、連邦の政府機関において、専占について判断を下すのに最もふさわしい機関であるのにもかかわらず、実際には専占するか否かの判断を立法の形で明らかにすることが極めて難しい。また、連邦の行政機関は、予算の制約や規制対象業界からの圧力のせいで効果的な規制をすることができないおそれがあり、各州の利益を十分に考慮する能力も乏しい。さらに、連邦の専占は、大統領の方針の影響を大きく受ける。以下、それぞれについて説明する。

【連邦議会の機能不全】
　専占は、1990年代以降に連邦議会で重要な議題となったものの、立法によって解決された例は数少ない[135]。連邦議会の両院において、専占の問題について過半数の賛成を獲得することは極めて難しい、ということである。その例外の1つは、第104連邦議会の不法行為法改革法案である[136]。前述したとおり、1980年代から90年代半ばまで州議会で進められてきた企業の不法行為責任を制限する法改革（tort reform）は、1995年から1996年にかけて、議論の場を共和党が多数を占める連邦議会へと移すことになった。そして、第104連邦議会は、すべての州の製造物責任訴訟における懲罰的賠償を制限し、抵触する州の判例法を専占するための法案を可決した。もっとも、この法案は、ビル・クリントン大統領の拒否権行使によって成立しなかった。
　この後に連邦議会で専占の試みが成功したのは、インプラント生体材料の供給規制、銃規制、予防接種規制などにとどまる。これらの立法の発端

---

135) Henry Cohen & Vanessa K. Burrows, Federal Tort Reform Legislation: Constitutionality and Summaries of Selected Statutes 19-29, CRS Report, RS95-797, updated Jul. 7, 2008. 不法行為責任を制限するために連邦議会で審議され、実際に成立した26の法律について要約されている。

136) *See* McGarity 112.

は、一部の製造業者に損害賠償を求める無数の訴訟が提起されたことにある。連邦議会は、その悪影響を緩和するために専占の規定を含む立法をした。以下、それぞれの例について検討する。

(1) インプラント医療機器向け生体材料の供給に関する連邦の専占

インプラント医療機器向け生体材料の供給に関する法案は、生体材料の供給業者に対する不法行為・製造物責任訴訟が多数提起され、材料の供給が停止されかねない状況を打開するために、1998年の第105連邦議会で可決成立している。[137]

アメリカでは、州法で部材メーカーの製造物責任が限定されていたにもかかわらず、インプラント医療機器の部材メーカーに多数の不法行為訴訟が提起された。ほとんどの裁判所によれば、部材メーカーは、最終製品の製造には実質的に関与せず、合理的に安全な部材を供給している限り責任を負うことがない。そして、部材メーカーは、部材を組み合わせた最終製品に不合理な危険性があると認識している場合には、最終製品メーカーに十分に警告して部材を供給すればよい。[138]しかしながら、インプラント医療機器向けに生体材料を供給している一部のメーカーは、ディープ・ポケットとして多数の訴訟を提起され、応訴しなければならなかった。

部材メーカーの負担は、極めて大きい。部材メーカーにしてみれば、1つの医療機器あたりの微々たる利益のために多数の訴訟に対応すれば、大きな負担を被ることになる。[139]そして、開示手続（discovery）や訴訟費用に

---

137) Biomaterials Access Assurance Act of 1998, Pub. L. No. 105-230, 112 Stat. 1519 (to be codified at 21 U. S. C. §§1601-1606).

138) Owen 1023. *See, e.g.*, In re TMJ Implants Products Liability Litigation, 872 F. Supp. 1019, 1025-33 (D. Minn. 1995). 側頭下顎骨のインプラント製品にテフロンという部材を供給した業者の製造物責任が否定された事件。ミネソタ地区連邦地裁は、主に次の3つの事実に基づいて部材メーカーの責任を否定した。まず、テフロンという部材を供給した業者は、最終製品の製造にまったく関与しておらず、欠陥のない部材を医療機器メーカーに供給していた。第2に、部材メーカーは、汎用性のある部材を医療機器メーカーに提供するにあたって、医療目的で使用する場合の部材の安全性について確認できていない旨を書面で警告し、医療機器メーカーとの間で責任免除特約を締結していた。そして第3に、一般的な部材メーカーが医療機器メーカーだけでなく最終製品の消費者である医師にまで直接警告することは極めて難しい。

139) *See, e.g.*, Biomaterials Access Assurance Act of 1997 : Hearing Before the Subcomm. on the Commercial and Admin. Law of the H. Comm. on the Judiciary, 105th Cong. 183 (1997)

代表されるそのような負担は、最終的に訴訟に勝訴しても消えるものではない。したがって、部材メーカーのなかには、部材の供給を停止するところが出てきた、というわけである。[140]

インプラント医療機器向けの生体材料供給を確保するための法律（Biomaterials Access Assurance Act of 1998）は、以上のような状況を打開すべく立法された。この法律には専占の規定が含まれていて、生体材料の供給業者（biomaterial suppliers）のために、州法上の免責に加えて、比較的容易に勝訴の略式判決を受けられる等の特別な手続を認めている。[141]

具体的にいえば、生体材料の供給業者は、インプラント医療機器メーカーの仕様どおりに欠陥のない部材を供給していれば、製造物責任を負わない。また、生体材料の供給業者は、①最終製品の製造業者ではないこと、②最終製品の販売業者ではないこと、③契約上の仕様から逸脱する部材を供給していないこと、または、④製造業者が訴訟の当事者ではないこと（a named party to the action）のいずれかの理由に基づいて、訴訟の棄却を申し立てることができる。さらに、生体材料の供給業者は、原則として訴訟の棄却を申し立てることによって、開示手続の負担から解放される。そのうえこの法律には、インプラント製品によって生じた損害の賠償、および、そのような損害賠償の訴えに適用されるすべての訴訟規則について、本法律に抵触する範囲で無効になる、という専占の規定が含まれていた。[142]

このように、インプラント医療機器向けの生体材料供給を確保するための法律は、州法上の免責事由に加えて、インプラント医療機器向け生体材

　　（statement of Mr. Mark A. Behrens）。デュポン社の例を挙げれば、少なくとも98％の訴訟に勝訴したものの訴訟費用は、年間当たり800万ドルに上るという。その一方で、デュポン社は、テフロンという部材をヴァイテック社に供給していたものの、インプラント製品1つ当たりから享受した利益は0.05ドルにとどまる。

140) Biomaterials Access Assurance Act of 1997: Hearing Before the Subcomm. on the Commercial and Admin. Law of the H. Comm. on the Judiciary, 105th Cong. 153 (1997) (statement of Ronald J. Green). 75％の業者がインプラント製品の製造業者に部材の供給を停止し、1994年以降には部材を供給する業者が40％も減少した。もっとも、クラス・アクションと大量の不法行為訴訟に伴う部材供給の減少については疑義も提起されている。See e.g., Public Citizen, Biomaterials Shortage: Where's the Evidence? (May 5, 1998).

141) 以下の説明については、次の論文を参照した。Katherine L. Frazier, Drug and Medical Device What?, The Biomaterials Access Assurance Act, For the Defense, Jul. 2009, at 53.

142) 21 U. S. C. §1603 (c).

料の供給業者が連邦法上の特別の保護、簡易迅速な略式判決を獲得できる手続を定めている。合衆国最高裁は、これまで、インプラント医療機器向けの生体材料供給を確保するための法律について解釈していない(2010年12月現在)。しかしながら、インプラント医療機器向けの生体材料の供給業者は、データベース上でアクセスできる2件の連邦地裁の事件において、同法に基づいて被告勝訴の略式判決を獲得している。[143]この法律は、あらゆる場合に生体材料メーカーを免責するものではないものの、一定の効果を挙げていることになる。[144]

(2) 銃規制に関する連邦の専占　銃規制に関する法案は、自治体が領域内で銃関連の犯罪によって被った費用の償還請求訴訟を頻繁に提起していたことを受けて、可決成立している。[145]同法律案は、2001年の第107連邦議会下院で可決されていたものの、ワシントン特別区で発生した一連の狙撃事件の影響を受けて、上院では否決された。しかしながら、この法律案は、共和党が多数を占める2005年の第109連邦議会で再度審理され、今度は両院で圧倒的多数の賛成によって可決された。

適法な銃の通商を保護するための法律(Protection of Lawful Commerce in Arms Act, PLCAA)は、銃の製造業者(販売業者も含む)対して提起することができる民事訴訟を制限するものである。[146]同法によれば、第三者の過失または刑事法上の違法な銃の誤使用を理由として銃の製造業者を相手に提起するすべての訴訟が禁じられている。しかも、この法律では遡及効が認められているため、係属中の訴訟も禁じられることになった。もっとも、これによれば、6つの訴えは例外的に提起することができる。

---

143) *See* Whaley v. Morgan Advanced Ceramics, Ltd., 2008 WL 901523 (D. Colo. Mar. 31, 2008) (hip implant); Marshall v. Zimmer, Inc., 1999 WL 34996711 (S. D. Cal. Nov. 5, 1999) (hip implant).

144) Frazier, *supra* note 141, at 55-56. フラジール氏の指摘と整合するように、インプラント医療機器に関連する最近の訴訟では、生体材料メーカーが被告になっておらず、医療機器メーカーのみが被告とされている。*See, e.g.,* Lewkut v. Stryker Corp., 2010 WL 1544275 (S. D. Tex. 2010); Phillips v. Stryker Corp., 2010 WL 2270683 (E. D. Tenn. 2010).

145) 以下の記述について、McGarity 121-23. *See also* Recent Developments: The Protection of Lawful Commerce in Arms Act, 41 Harv. J. on Legis., 517, 522-25 (2004). 銃産業界が自治体から提起される訴訟を懸念していたことを指摘。

146) Protection of Lawful Commerce in Arms Act, Pub. L. No. 109-92, 119 Stat. 2095 (2005) (to be codified at 15 U. S. C. §§7901-7903, 18 U. S. C. §§922, 924).

①薬物の輸送または暴力的な犯罪のために使用されることを認識している銃の輸送者に対する負傷者からの訴え
②誤って銃を販売した者に対する訴え
③銃の販売に関連する連邦と州の制定法に違反した者に対する負傷者からの訴え
④契約または保証責任違反を請求原因とする訴え
⑤設計上の欠陥を請求原因とする訴え（故意の犯罪行為の結果から生じた負傷または損害を除く）
⑥司法長官が、連邦法違反を理由に課徴金の支払いを求めるための民事訴訟を提起する場合

　合衆国最高裁は、適法な銃の通商を保護するための法律について、後述するように第2巡回区連邦控訴裁判所の判決に対する不服申立てを受理しない旨の決定をした。[147]そして、第2巡回区連邦控訴裁判所は、すでに専占の効果を認めている。

　第2巡回区連邦控訴裁判所は、適法な銃の通商を保護するための法律が合衆国憲法上合憲であると認めて、ニュー・ヨーク州のニューサンス（生活妨害）に関する刑事法（criminal nuisance statute）に基く訴訟が、2つ目の適用除外規定（誤って銃を販売した者に対する訴え）に該当しない、と判断した。[148]

　このニュー・ヨーク州の制定法には「銃」という語がまったく存在せず、銃の販売を規制するための法律ではない。すなわち、この制定法は、一般的適用性を有する法律である。そして、このような一般的適用性を有する法律のすべてを連邦法の適用除外規定に該当すると認めてしまえば、例外が例外として機能しなくなる。[149]そのため、第2巡回区連邦控訴裁判所は、銃という語がない制定法でも連邦法上の例外に該当する可能性を残しつつ、本事件で争われた州の刑事法については適法な銃の通商を保護するための法律の適用除外規定に該当すると認めた連邦地裁の判決を破棄、審理を差

---

147) U. S. A., Corp., 524 F.3d 384 (2d Cir. 2008), cert. denied, 129. S. Ct. 1579 (2009). *See also* David Stout, Justices Decline New York Gun Suit, N. Y. Times, Mar. 10, 2009 at A0.
148) City of New York v. Beretta U. S. A. Corp., 524 F. 3d 384 (2d Cir. 2008).
149) Id. at 400-404.

し戻した。

　専占の適用除外規定を限定的に解釈する、という第2巡回区連邦控訴裁判所の見解は、第9巡回区連邦控訴裁判所にも支持されている。第9巡回区連邦控訴裁判所は、カリフォルニア州の不法行為法に基づく損害賠償の訴えが連邦法の適用除外規定に該当せず、銃犯罪の負傷者が連邦法を遵守している銃販売業者を提訴することはできない、と判示した。[150]

　第9巡回区連邦控訴裁判所は、法典化されているカリフォルニア州の不法行為法の違反を請求原因とする損害賠償の訴えが2つ目の適用除外規定（誤って銃を販売した者に対する訴え）に該当するかは、法律の文言だけでは不分明であるという。[151]そして、第9巡回区連邦控訴裁判所は、立法過程を参照して、一般的な不法行為を理由とする損害賠償の訴えを専占するというのが連邦議会の意思である、と認めた。[152]連邦議会議員の委員会質疑によれば、銃規制に関する連邦法に違反した場合でなければ適用除外規定に該当しないという想定のもとで立法されており、しかも一般的な不法行為に基づく損害賠償の訴えは、まさに専占の対象であった。そのため、第9巡回区連邦控訴裁判所は、連邦法を遵守している銃の製造・販売業者に対する訴えを棄却し、連邦法によって製造・販売を許可されていない外国の製造販売業者に対する訴えを認めた連邦地裁の判決を支持した。

　このように、適法な銃の通商を保護するための法律は、巡回区連邦控訴裁判所によって専占の効果を認められている。2つの裁判所の判決は、専占の例外を認める規定について曖昧であることを認めつつ、その規定を限定的に解釈している点で一致している。

　(3) 予防接種に関する連邦の専占　　予防接種関連では、2005年の第109連邦議会で公的準備と緊急事態対策のための法律（Public Readiness and Emergency Preparedness Act）が可決成立している。[153]同法は、2006年度国防歳出法案の一部として挿入されたもので、内容についてまったく審

---

150)　Ileto v. Glock, Inc., 565 F. 3d 1126 (9th Cir. 2009).
151)　Id. at 1135.
152)　Id. at 1136-38.
153)　Public Readiness and Emergency Preparedness Act, Pub. L. No. 109-148, div. C, 119 Stat. 2680, 2818-32 (2005) (to be codified at 42 U. S. C. §§247d-6d and-6e).

理されないまま両院で可決された。[154]

　同法は、公衆衛生上の緊急事態対策から生じた負傷について製薬会社の責任を制限することによって、バイオテロと感染症の集団発生に備えることを目的としている。[155]当時、アメリカではバイオテロの発生と鳥インフルエンザの流行の危険性が高まっていたため、ワクチン不足が心配されていた。そのため、連邦議会は、製薬会社の製造物責任の懸念を払拭することで、緊急事態にワクチンの製造を強力に支援しようと試みたのである。

　この法律は、パンデミック・エピデミック製品の処方、流通、または製造を行う者および国に対して、当該製品の処方、使用等に関連する不法行為を理由とするあらゆる損害賠償について免責を認めるものである。そして、その代わりに、請求先を連邦保健省とする公費による補償プログラムが設けられている。

　連邦保健省長官は、不法行為責任を制限するために、公衆衛生に関する緊急事態宣言をする権限を認められている。緊急事態が宣言され、緊急事態宣言によって特定された免責条件を満たしている場合、ワクチンなどの製造業者、販売業者、緊急事態対策の立案者、そして連邦政府とその職員は、あらゆる損害について、いかなる不法行為責任も負わない。主な例外は、未必の故意による行為（willful conduct）の場合である。未必の故意の不正行為を行い、重大な身体障害または死亡を引き起こした者は、免責の対象外とされている。

　要するに、公的準備と緊急事態対策のための法律は、連邦保健省長官によって特別な緊急事態が宣言され、その宣言によって特定された条件が満たされた場合にのみ、連邦の専占を認めているのである。

　しかしながら、緊急事態宣言はすでに発動されているものの、この法律の専占規定を解釈した裁判例はない。しかも、同法では被害者救済のための基金の創設が規定されているにもかかわらず、実際の予算措置は別の法

---

154) McGarity 125-26.
155) 法律の内容について、連邦保健省のウェッブサイトを参照した。U. S. Department of Health and Human Services, PREP Act Questions and Answers, http://www.hhs.gov/disasters/emergency/manmadedisasters/bioterrorism/medication-vaccine-qa.html (last visited Aug. 27, 2009).

律に委ねられていて、いまだ十分に進んでいるわけではない。たとえば、同法に基づく緊急事態宣言は、2009年3月までに8回発令されているものの、2010年度に無過失補償プログラムのために予算計上されたのは、500万ドル程度であるしかない。[156)]

(4) 予防接種の健康被害に関する無過失補償プログラムをめぐる争い

公的準備と緊急事態対策のための法律は、予防接種ワクチンの製造業者が連邦の専占によって享受している免責を、さらに拡大するものである。すでに連邦議会は、予防接種ワクチン製造業者を支援するために、州法に基づく予防接種関連の損害賠償の訴えを制限する立法をしていた。[157)]

1986年の全米子どもの予防接種の健康被害に関する法律（National Childhood Vaccination Injury Act, NCVIA）[158)]は、指定ワクチンに係る接種後副作用被害を対象とする連邦のプログラムを設けたものである。被害者は、連邦の基金による無過失補償を申請し、連邦請求裁判所（Federal Claim Court）による補償なしの決定、または、補償される額に不服がある場合でなければ、州法に基づく損害賠償の訴えを提起できない（1000ドル未満の請求を除く[159)]）。しかも、被害者が判決を受け入れない場合でも、損害が回避できない副作用から生じた場合（ワクチンが適切に製造され、予防接種にあたる医師に対して適切な指示・警告をしている場合）には、ワクチン製造業者は責任を負わないものとされた。[160)]

ところが、設計上の欠陥を請求原因とする州法に基づく損害賠償の訴え

---

156) U. S. Department of Health and Human Services, Fiscal Year 2010 Budget in Brief, May 7, 2009, at 24-25 ; Balances of Budget Authority Budget of the U. S. Government, Fiscal Year 2011, Feb. 1, 2010, at 23. ちなみに、後述する予防接種の健康被害に関する法律に基づく無過失補償プログラムには、700万ドルが予算計上され、基金（Vaccine Injury Compensation Program Trust Fund）の規模はすでに約29億ドルに上る。

157) See U. S. Department of Health and Human Services, A Comprehensive Review of Federal Vaccine Safety Programs and Public Health Activities 32-33 (2008). 法律の目的として、無過失補償制度によって政府が推奨する予防接種ワクチンの被害者を迅速かつ円滑に救済することはもちろん、1980年代に数少ない予防接種ワクチン製造業者に損害賠償を求める大量の訴訟が提起されたことを受けて、不法行為・製造物責任から製造業者を保護し、ワクチンの製造を支援することが挙げられている。

158) National Childhood Vaccine Injury Act, Pub. L. No. 99-660, 100 Stat. 3756 (to be codified amended as at 42 U.S.C. §§300aa-1 to aa-34 (2000)).

159) 42 U. S. C. §300aa-21 (a).

160) 42 U. S. C. §300aa-22 (b)(1).

が専占されるかについては、裁判所の間で見解が分かれていた[161]。すなわち、設計上の欠陥を請求原因とする訴えが類型的にすべて棄却されるのか、それとも、予防接種の副作用が不可避であったと裁判所によって認定された場合にのみ棄却されるのかについて、裁判所の法解釈は一致していなかった[162]。

法解釈が争われていた条文は、以下のとおりである。

"No vaccine manufacturer shall be liable in a civil action for damages arising from a vaccine-related injury or death associated with the administration of a vaccine after October 1, 1988, if the injury or death resulted from side effects that were unavoidable even though the vaccine was properly prepared and was accompanied by proper directions and warnings." 42 U. S. C. §300aa-22 (b) (1).

この条文の解釈については、連邦巡回区控訴裁判所の間で見解が分かれていたものの、2011年2月22日に合衆国最高裁は、被害者が設計上の欠陥を理由にしてワクチンメーカーに損害賠償の訴えを提起することができない、と判示した (Bruesewitz et al. v. Wyeth LLC, 562 U. S. (2011))。法廷意見を執筆したスカリア裁判官（ロバーツ首席裁判官、ケネディ裁判官、トーマス裁判官、ブライヤー裁判官、アリトー裁判官の同調）は、条文のなかで設計上の欠陥がまったく言及されていないのは議会の意思によるもので偶然ではなく、被害者に設計上の欠陥を争える余地を認めれば、「たとえ……でも」（even though）以下の文言の意味がなくなる、と指摘している。

他方、反対意見を執筆したソトマイヤー裁判官は（ギンズバーグ裁判官の同調）、法律の文言をたよりにしたスカリア裁判官とは対照的な見解を明らかにした。すなわち、法律の構造や立法事実によれば、ワクチンの費用対効果を減少させることなく、副反応を回避できる利用可能な代替設計がない場合のみ、ワクチンメーカーが設計上の欠陥を理由とする州法上の

---

161) Nitin Shah, When Injury is Unavoidable: The Vaccine Act's Limited Preemption of Design Defect Claims, 96 Va. L. Rev. 199, 204-08 (2010).

162) See e.g., Bruesewitz v. Wyeth Inc., No. 07-3794 (3d Cir. Mar. 27, 2009). 連邦の専占を理由に設計上の欠陥を請求原因とする訴えを類型的に棄却する。Am. Home Prods. Corp. v. Ferrari, 668 S. E. 2d 236 (Ga. 2008). 不可避的な副作用について裁判所の認定がなければ請求は棄却されない。

損害賠償責任を免責される、というのがソトマイヤー裁判官の法解釈である。

こうして、予防接種の健康被害に関する法律の法解釈をめぐる争いは、2011年2月の合衆国最高裁の判決によって、ようやく終結することになった。

公的準備と緊急事態対策のための法律は、従前の予防接種の健康被害に関する法律のもとで、ワクチン製造業者の免責範囲が争われるという特殊な事情があったために、実質的な委員会質疑なしに連邦議会で可決された。製薬会社は、全米子どもの予防接種の健康被害に関する法律による保護だけでは不十分であるとして、不法行為責任を制限するより強力な法律を求めた、というわけである。[163]

このように、専占の問題は、1990年代以降に連邦議会で重要な議題となったものの、審理が立法の形で実を結んだ例は少ない。

【連邦の行政機関の能力不足】

連邦の行政機関は、事故の防止を担う機関として、規制に必要な医学などの専門的知識に加えて、政策決定に必要な経済学などの社会科学に習熟し、日々の政策決定に実際に携わっている職員を擁している点では裁判所にまさっている。しかしながら、連邦の行政機関は、少なくとも3つの点で裁判所の能力に劣る。[164]

第1に、連邦の行政機関は、予算の制約や規制対象業界の圧力の影響を受ける。たとえば、食品医薬品局の高級官僚は、損傷した膝の関節組織を修復するための医療機器について、ニュー・ジャージー州の医療機器メーカーや州選出の連邦議会議員から数回にわたる要請を受けて、科学者の承認拒絶決定を理由なしに覆した、と報じられている。この医療機器は、通常の承認手続よりも薬の安全性と有効性に関連する証拠提出の要件が緩和される優先審査の適用を求められていたものの、食品医薬品局の科学者らは、副作用の可能性や有効性の不十分さを理由に承認を3度見送っていた。

---

163) Wendy E. Parment, Pandemic Vaccines-The Legal Landscape, 362 (21) N. Engl. J. Med. 1949 (May, 27, 2010).

164) 本節の分析について、次の文献を要約した。McGarity 185-207.

しかしながら、食品医薬品局長は、科学者らの判断を理由なく覆し、承認の決定をした。[165]

　これはあくまで一例に過ぎないが、政治任用される高級職員は、規制対象の業界から大きな影響を受けるだけでなく、業界の企業と官庁の間を行き来して活躍しているために、一定の利益相反の状態にある。

　第2に、連邦の行政機関は、予算の制約と煩雑な事務手続のせいで、新たな業界慣行の誕生やより安全な技術の革新に対応することができない。連邦の専占は、規制を受ける業界の影響力や予算の制約によって連邦の行政機関が事故を効果的に防止できない場合でも、被害者の一切の救済を否定し、企業の不正な行為を隠蔽するおそれがある。

　第3に、連邦の行政機関は、地方の実情を十分に知り得ない。地方の実情に即して個別の安全基準を定めたほうが望ましい場合でも、連邦の行政機関にはそれを知る術がないのである。連邦の専占は、連邦の行政機関が十分に知り得ない地方の実情に応じて、各州が法的な実験を試みる可能性を奪ってしまう。

　連邦の専占は、不法行為・製造物責任による過剰な事故防止のインセンティヴを減少させ、技術革新の促進と連邦の行政機関による連邦法の円滑な執行を可能とし、さらには全米でより統一的な規制を実現するための法理である。しかしながら、それはあくまで連邦の行政機関が有効な安全基準を定めることができ、しかも連邦法の違反を完全に取り締まることができるという前提を必要とする。もし、連邦の行政機関がこの前提を満たす十分な能力を持っていないならば、連邦の専占は絵に描いた餅になる。

　実際のところ、医薬品と医療機器の行政規制については十分に機能していない、という評価報告書がすでに公表されている。まず、食品医薬品局は、心臓病の危険性を高めるという鎮痛薬の副作用について、製薬会社から報告を受けた後でさえ警告表示の変更に踏み切ることができなかった、

---

165)　*See, e.g.,* Lyndsey Layton, FDA Reports Political Pressure Over Implant Approved Knee Device Will Be Reviewed, Wash. Post, Sep. 25, 2009, at A21. *See also* Alicia Mundy, Political Lobbying Drove FDA Process, Wall St. J., Mar. 6, 2009, at A1. ワシントン・ポストが報じた事件について、医療機器メーカや連邦議会議員による働きかけと食品医薬品局内部の承認手続の詳細が記載されている。

と批判されている。[166] 全米科学アカデミー・医療部会（Institute of Medicine）は、承認後の医薬品の監督について不十分であるとして、食品医薬品局に改善を勧告した。[167]

また、アメリカ会計検査院（U. S. GAO：United States Government Accountability Office）は、有用であるが生命や身体にとって危険な医療機器など（いわゆるクラス３の医療機器）について、食品医薬品局の規制を強化すべきである、という調査報告書を公表している。[168] このように、少なくとも食品医薬品局による医薬品や医療機器の規制については十分でない、という批判がある。

(1) 食品医薬品局による医薬品規制をめぐる論争　食品医薬品局による医薬品の安全性と有効性の審査は、連邦の行政機関の能力に関連して最も大きな論争の対象になっている。食品医薬品局がいったん製品の販売を承認し、製造業者がその承認に従って製品を販売している限り、もはや製造業者はその製品から生じた損害について損害賠償責任を負わなくてよいのか。食品医薬品局の審査は、それだけの信頼に足るものなのか。

元食品医薬品局の局長を務めたディヴィド・A・ケスラー氏とジョージタウン大学教授のディヴィド・C・ヴァラデック氏は、食品医薬品局の規制のための資源が十分でなく、不合理な危険性を持つ医薬品を誤って市場に流通させている、と主張する急先鋒である。[169] 両者は、食品医薬品局の不完全な審査手続を後から補完する法制度として、不法行為訴訟に期待している。とりわけ両者が強調しているのは、販売された後にはじめて判明する副作用や有効性の情報については、食品医薬品局だけでなく不法行為訴訟による陪審や裁判官の事後審査が重要だ、という点である。

他方、連邦の専占に好意的なシカゴ大学のエプスティン教授は、食品医

---

166)　McGarity 239.
167)　Institute of Medicine of the Nat'l Academies, The Future of Drug Safety : Promoting and Protecting the Health of the Public Board on Population Health and Public Health Practice 167 (Alina Baciu, Kathleen Stratton & Sheila P. Burke eds. 2007).
168)　U. S. Gov. Accountability Office, Medical Devices : FDA Should Take Steps to Ensure That High-Risk Device Types Are Approved through the Most Stringent Premarket Review Process 27-28 (2009).
169)　David A. Kessler & David C. Vladeck, A Critical Examination of the FDA's Efforts To Preempt Failure-To-Warn Claims, 96 Geo. L. J. 461, 476 (2008).

薬品局が本来承認すべき医薬品を誤って承認しないという可能性から、ケスラー・ヴァラデック両教授の見解に異を唱える[170]。製薬会社に対する不法行為訴訟は、有効で安全な医薬品の流通を著しく妨げる一方で、食品医薬品局によって誤って承認されない医薬品を市場に流通させるものではない。要するに、不法行為訴訟にも社会的な費用を伴うということである。

しかも、不法行為・製造物責任訴訟は、不合理な危険性を持ちながら、有効性に乏しい医薬品を市場から追放するためにも、十分に機能しないおそれがある。エプスティン教授は、ほとんどの不法行為訴訟が企業による製品の自主回収後に提起されているが、それでは遅すぎるという。また、不法行為訴訟では、複雑な因果関係の判断を必要とすることも問題だという。服用された複数の医薬品のうちどれが原告の損害を引き起こしたのか、それとも警告を強化していれば原告がその医薬品を使用しなかったのか、という判断は陪審にとって簡単ではない。エプスティン教授の指摘は、たとえ連邦の行政機関の能力が不足していても、不法行為訴訟の限界や裁判所の能力不足と比較衡量しなければ、連邦の専占を認めるべきかについての判断はできないことを示すものである。

【大統領の方針】

大統領の方針とそれに対応する連邦の行政機関の見解は、連邦議会が立法によって連邦の専占をめぐる争いを解決できない状況では、極めて重要である。大統領と連邦の行政機関が連邦の専占に消極的ならば、実際のところ専占は進行しない。

合衆国最高裁は、専占について連邦の行政機関の見解を重視している。専占が争われた合衆国最高裁の事件一般のうち71.8％は、行政機関の見解と整合する結論を下しているという調査結果がある[171]。

そして、ジョージ・W・ブッシュ大統領が就任した2000年以降、連邦の行政機関は専占に積極的な姿勢をとるようになった。ブッシュ大統領は、クリントン大統領とは対照的に連邦の専占に積極的な方針を採用し、連邦

---

170) Richard A. Epstein, The Case for Field Preemption of State Laws in Drug Cases, 103 Nw. U. L. Rev. 463 ; Nw. U. L. Rev. Colloquy 54, 58-62 (2008).

171) Eskridge, *supra* note 132, at 1442.

の行政機関の一部もそれに呼応した。連邦の行政機関のなかには、連邦の行政機関による規制と州法に基づく不法行為訴訟とが並存するという従来の伝統的な法政策を、2005年のはじめに突然変更するところがあった。[172] このように、連邦の専占をめぐる争いでは、大統領と連邦の行政機関の姿勢が重要な役割を果たしている。

ところが、さらに注目すべきことに、これまで専占に積極的だった連邦の行政機関の姿勢は、大統領バラク・オバマ氏によって改められることになった。2009年1月20日に就任したオバマ大統領は、就任から4ヶ月後に覚書(memorandum)を公表している。オバマ大統領は、専占を目的として施行された過去10年間の連邦の行政規則の前文や規則そのものの適法性を再調査し、適法でないと判断されるものについては規則の変更などの対応をとるように連邦の行政機関の長に命じた。アメリカの代表的な新聞紙であるウォール・ストリート・ジャーナルによれば、この覚書で消費者にとって州法に基づく不法行為訴訟が容易になるものと予想されている。[173]

オバマ大統領の覚書の影響は、現時点では計りしれず、その姿勢には強い批判がある。たとえば、ジョージ・W・ブッシュ政権下で行政管理予算局の法務顧問 (OMB: general counsel of the Office of Management and Budget) を務めたジェフ・ローゼン氏とジェイ・レフコヴィッツ氏は、次のようにオバマ大統領の方針に異を唱えた。[174]

「連邦法の規制の核心は、どの州でもあまねく遵守されなければならない統一的な基準を全米の専門家が定める、ということにある。……オバマ大統領は、ある1つの州の不法行為法が全米の基準を陪審に覆させ、その基準を全米の基準にすることを認める場合には、明白な危険が他のすべての州に及ぶことを見落としている。大統領の覚書の姿勢は、原告側弁護士がこれまで要求してきたものである。しかしながら、法的実験を試みる州

---

172) Sharkey, *supra* note 47, at 227-28.
173) Alicia Mundy & Brent Kendall, Shift Toward State Rules on Product Liability, Wall Sr. J., May 21, 2009, at A3. ワシントン・ポストには、各界からの賛否両論のコメントが掲載されている。 Philip Rucker, Obama Curtails Bush's Policy of 'Preemption', Wash. Post, May 22, 2009, at A03.
174) Jeff Rosen & Jay Lefkowitz, Obama vs. the Regulators: A Little-Noticed Decision Undercuts Health and Safety Rules, Wash. Post, Aug. 6, 2009, at A17.

の権限というのは、連邦の役割を排除するために、そして、連邦の規制を州に委ねさせるために求められたものではなく、連邦の規制監督者の数を維持または増加させる一方で、規制をより非効果的で、信頼性の乏しい、そして各州の陪審に従属的なものにするために求められている。連邦の専占についてのオバマ大統領の覚書は、合理性に乏しく、法的拘束力を持つものではない。……このように極めて異例で根拠薄弱なホワイトハウスの行為が公に認識されないのは、驚くべきことである」。

　こうした強い批判はあるものの、オバマ大統領による政策の大転換は、連邦議会や裁判所における専占をめぐる争いをも大いに変化させる可能性がある。今後、連邦議会、連邦の行政機関、そして裁判所は、あらたな環境のもとで権力分立（separation of powers）と、立法、行政、司法という三権の間における相互の抑制・均衡（check and balance）とを実現することになる。とりわけ大統領の方針は、連邦の専占の行方を大きく左右するだろう。

第4節　おわりに

　製造物責任と連邦法の規制との間で整合を図るために利用された手段は、合衆国憲法の最高法規条項に基づく連邦の専占である。連邦の専占は、ある分野について州の権限を奪うための法理のことをいう。そして、合衆国最高裁は、連邦法と州法との間に抵触を認めた場合には、連邦の専占を理由に州の判例法に基づく製造物責任の訴えを棄却している。すなわち、連邦の専占が認められれば、連邦法上の義務と異なる州法上の義務を課すような製造物責任は否定されるため、連邦法によって全米で統一的な規制を実現することが可能になる。しかしながら、連邦の専占という法理は、あらゆる場面で利用されているわけではない。合衆国最高裁が連邦法と州法との間の抵触を慎重に判断していることに加えて、専占について立法的な解決を図る連邦議会の機能不全、独占的に規制を委ねられることになる連邦の行政機関の能力不足、さらには連邦の専占が大統領の方針に左右されやすいことが複合的な要因となって、連邦の専占はあまり進んでいない。

結びにかえて

　本書では、これまで注目されていなかったアメリカ製造物責任法の姿、すなわち、私法的な側面と公法的な規制の交錯について概説した。アメリカ製造物責任法の特色は、製品の安全性確保と推進のために、州レベルの製造物責任法と連邦政府を中心とする行政規制とが、互いに競争し、協調するというダイナミズムにある。そして、アメリカ製造物責任法では事故防止こそが最重要課題であり、被害者の救済は二次的なものにとどまるというのが、その本質といえる。

　アメリカでは、製品の安全性を高めるために、州の裁判所主導の製造物責任法と連邦政府主導のリコールという制度とが、アメリカ特有の連邦制度のなかで一定の役割分担を行っている。もともと、アメリカ製造物責任法の発展は、危険な製品によって負傷した者が、製造業者との間の契約関係がなくとも、過失を証明すれば救済が得られるように、州の判例法が積み重ねられてきたことによっていた。州の判例法はさらに進展し、1960年代には、過失を証明することなく損害賠償の訴えを提起できるようになった。いわゆる、不法行為法上の厳格責任という請求原因の確立である。ところが、その請求原因が発展するなかで、訴訟をおそれて有用な製品の供給が妨げられたり、あるいは問題のある製品の迅速なリコールがためらわれるという状況が出現した。そのような事態を受けて、州と連邦の裁判所のみならず、州議会、連邦議会、連邦の行政機関のもとで改革が進められた。製造物責任法の改革は、州の判例法はもちろんのこと、連邦法と合衆国憲法をも巻き込んだ形で現在もなお進行中である。

　以下では終章として、私法上の判断と公法的な規制との間、そしてアメリカの連邦制度のもとで州と連邦との間で繰り広げられる制度間競争のダイナミズムという視点から、アメリカ製造物責任法の姿を要約する。まず、本書の内容を振り返って、製造物責任法分野で進められた法改革の内容をまとめる。次に、そこから提示されるアメリカ製造物責任法の本質を指摘する。最後に日本法への示唆として、不合理な危険性を持つ製品から消費

者を守るために機能する私法と公法的な規制のうち、公法的な規制ばかり強化される傾向があり、しかも、それが十分に機能しているかについて訴訟を通じてチェックされる機会に乏しいことを指摘する。

第1節　州と連邦における法改革

I　製品販売後の是正措置

　アメリカ製造物責任法における第1の法改革は、製品販売後の是正措置、いわゆるリコールの促進である。リコールの促進は、裁判所がウェイド・キートン・あと知恵テストを利用したことがそもそものきっかけになっている。かつて裁判所は、製品が市場に流通した後の科学技術の水準、いわばあと知恵を利用して製品の危険性を判断していたが、学者らの批判を受けて態度を改めた。裁判所としては、製品には販売時の科学技術水準では除去できない危険性があるものの、過失を要件としない不法行為法上の厳格責任という請求原因のもとでは至極当然に、その危険性から生じる損害を消費者ではなく製造業者に負担させるべきである、という見解を採用していた。ところが、その結果、多数の訴訟が提起されて、賠償責任保険の保険料の高騰も問題となった。そこで、徐々にルールを変更し、あと知恵の利用を制限することになった。あと知恵の代わりに消費者を守るために裁判所が導入したのが、製品販売後の是正措置なのである。
　製品販売後の是正措置が発展する過程では、裁判所はもちろんのこと、それ以外の機関の役割分担を見逃すことができない。裁判所、州議会、そして連邦の行政機関は、それぞれ協同して製品販売後の是正措置を製造業者に促している。まず裁判所は、より製造時に近い時点の科学技術の水準で製品の安全性を評価するようになった。これは、あと知恵の利用によって訴訟を誘発しないためである。州議会も、あと知恵の利用を制限する立法を行った。裁判所と州議会の改革は、実体法だけでなく証拠法も対象としている点で包括的なものである。さらに、裁判所と州議会は、あと知恵の利用を制限するだけでなく、製造業者に製品販売後の警告義務を負わせ

るようになった。この警告義務は、製品販売後の是正措置を怠った場合に認められる懲罰的賠償と相まって、製造業者に販売後も危険な製品から消費者を守るように強力なインセンティヴを与えている。他方で裁判所は、製品販売後の義務のなかでも製品の回収・修繕については、社会経済に及ぼす影響が大きいことから、連邦の行政機関に規制を委ねた。

このように、アメリカでは製造業者に製品販売後の是正措置を促すために、州の判例法の改革がまず先行し、これを州議会が支援した。そして、その後に、州の判例法と制定法によって製品販売後の警告義務が、連邦法によって製品の回収・修繕義務が生み出されたことになる。裁判所と州議会は、リコールのなかでも製品の回収・修繕義務については、連邦法の役割に期待し、具体的な規制を連邦の行政機関に任せているのである。

これらが示すことは、アメリカでは州の判例法を中心とする不法行為法もまた、製品の安全を主要な目的として存在するということである。不法行為法の第1の目的は、個別の被害者の救済ではない[1]。それはあくまで副次的な目的にとどまり、私法である不法行為法もまた、より安全な製品を供給するための手段と捉えられている。だからこそ、行政的な規制との競合や役割分担が行われ、議論されることになる。

II 全米で統一的な規制の試み

製造物責任に関して、全米で統一的な規制の試みが行われるようになってきたのも、アメリカ製造物責任法について見逃せない特色である。主に州の判例法からなるアメリカの製造物責任法は、当然ながら、州ごとに異なる。しかしながら、製品は州を越えて流通するのが通常であり、製品のなかには本来安全性がばらばらであっては困るものも多い。そのような製品は、連邦法の規制の対象となっている。たとえば、医薬品や医療機器のように人の生命に関わるような製品は、食品医薬品局という連邦の行政機関が市販前に安全性と有効性を確認してからでなければ、全米で流通する

---

1) アメリカ不法行為法のこのような特色を指摘するものとして、樋口範雄『アメリカ不法行為法』(弘文堂・2009) 3-5頁がある。

ことはない。そのような製品について、消費者から製造業者に対してさまざまな州で多数の訴訟が提起され、州の裁判所がそれぞれ独自に製品の安全性を判断することは、連邦制の規制と抵触する。製造業者が、連邦の行政機関による市販前の規制を信頼して新しい製品を市場に投入できなくなれば、結局のところ、より優れた製品の恩恵を受けられないという、国民の利益にとって大きなマイナスとなる事態を招く可能性もある。

　全米で統一的な規制を実現するためには、州の権限を縮小して、連邦法の規制と製造物責任訴訟との間で齟齬が起こりにくくすることが大前提となる。全米で統一的な規制の試みには、合衆国憲法の最高法規条項に基づく連邦の専占、という法理が利用された。連邦の専占は、ある分野について州の権限を奪うための法理のことをいう。ほとんどの州裁判所は、連邦法の遵守を理由とする抗弁を認めない一方、連邦法の違反がある場合にはそれ自体で過失の証拠と認めている。このため、連邦法を遵守しても州法上の免責を認められない企業としては、州の規制権限を奪うための別の手段、連邦の専占に頼らざるを得なかった。

　連邦の専占という法理では、連邦制定法を立法する連邦議会の役割が最初に重要となるが、それに加えて、専占に対する大統領の方針、連邦の行政機関による規制、そして裁判所による連邦法の解釈がすべて影響してくる。そして最終的には、合衆国最高裁が連邦の専占を認めなければ、全米統一的な規制は実現されないことになる。

　合衆国最高裁は、製造物責任訴訟において連邦の専占という法理を慎重に適用している。合衆国最高裁は、連邦法と州法との間に実際の抵触を認めた場合にのみ、州の判例法に基づく製造物責任の訴えを棄却しているからである。より具体的にいえば、州法上の義務によって連邦法の遵守が困難になるというだけでは足りないとの法解釈から、合衆国最高裁が「抵触」を慎重に判断していることがわかる。それでも、連邦の専占という法理の存在は大きなことである。すなわち、連邦法上の義務と異なる州法上の義務を課すような製造物責任は否定されるため、合衆国憲法と連邦法によって、全米で統一的な規制を実現することが理論上は可能になった。

　もっとも、連邦の専占という法理は、実際に利用されてはいるものの、その影響は連邦法の規制分野ごとに異なっている。

第2節　アメリカ製造物責任法の本質

　本書は、現代アメリカ製造物責任法の特色を探ることを課題とした。アメリカの製造物責任法は、連邦法の規制と相まって、より安全で有効な製品を市場に流通させるための法である。そして、事故防止こそが最重要課題であり、被害者の救済は二次的なものにとどまるというのが、アメリカ製造物責任法の本質といえる。

　アメリカ製造物責任法において、被害者の救済は重要と考えられているものの、決して不可侵のものではない。本来、製造物責任法において被害者の救済を第1の目的にするのであれば、その手段として製造業者に多数の訴訟が提起され、そのせいで有用な製品が市場から追放されてしまっても、やむを得ないとされるだろう。ところが、アメリカ製造物責任法では、むしろ製造業者に事故を防止する十分なインセンティヴを与えるために、そして、より安全で有効な製品を販売させるために、事故の被害者の救済を制限する試みがさまざまに行われ、そのための試行錯誤が続けられている。

　たとえば、連邦の専占は、全米統一的な規制によって事故を防止するために、被害者の救済を犠牲にする試みの最たる例である。何しろ、専占が認められれば、被害者は訴訟を提起することすらできなくなる。その正当化は、次のような形で行われている。

　アメリカの製造物責任法は、製造業者に製品の安全性を向上させ、事故を防止するインセンティヴを与えるための法である。ところが、アメリカでは少なくとも年間約5万件の訴訟が提起されるうえ、懲罰的賠償によって製造業者にはさらに大きな圧力がかかる。その結果、製造物責任訴訟は、予防接種ワクチンのような有用な製品を市場から追放してしまうことさえある。多数の製造物責任訴訟は劇薬で、皮肉なことに、国民を危険な製品から守るという美名のもとに、かえって国民にとって重要な製品の製造を困難にするほどの影響を生み出しかねない。それゆえ、連邦の専占法理は、

被害者の救済を代償として、このような事故防止の過剰なインセンティヴを減らし、必要な製品の流通を確保する意味を持つというのである。

　製品販売後の是正措置についての法改革でも、過去の被害者の救済よりも将来の事故防止が重視されている。裁判所は、あと知恵の利用を制限する一方で、製造業者に製品販売後の警告義務を課した。あと知恵を利用すると訴訟が誘発される一方、あと知恵の利用を完全に制限すると、販売後にはじめて危険性があると判明した製品については、製造業者に事故を防止するインセンティヴが小さくなる。そのため、裁判所は、事故防止の適切なインセンティヴを生み出すために、あと知恵の利用と製品販売後の警告義務との間にトレード・オフの関係を認めるようになった。言い換えれば、あと知恵を利用した賠償責任を負わせない代わりに、後に判明した危険性については、直ちに消費者に警告する義務を課したのである。過去の被害者の救済を第1にするならば、裁判所は、あと知恵の利用を制限しなかったはずである。

　製品の回収・修繕の場面でも、同じことがいえる。すなわち、裁判所は、製造業者に製品販売後の回収・修繕義務を課すことに慎重な態度を崩していない。それは、裁判所の能力不足（どの程度の回収が必要であるか、回収後いかなる修繕が可能であり、また適切かの判断についての能力不足）に加えて、製造業者の負担が過大になり、より優れた製品の開発が妨げられるおそれがあるためである。被害者の救済だけを考えるならば、製造業者の負担には目をつぶり、今後の技術革新（イノヴェーション）を犠牲にすることもできたのに、アメリカの裁判所はそうしなかった。

　このように、アメリカの製造物責任法では、事故で被害を受けた者を救済するためというよりも、むしろどうやって事故自体を減らすのか、より安全で有効な製品を市場に流通させるのか、という点に主眼が置かれている。

第3節　製造物責任法の将来とわが国における課題

I　製造物責任法の将来

　アメリカ製造物責任法では、製品関連の事故から国民を守るという目的のために、より有効な手段の模索が続くものと考えられる。かつてオリヴァー・ウェンデル・ホームズ裁判官（Justice Holmes）は、著書『ザ・コモン・ロー』のなかで、国家権力の介入に警鐘を鳴らした。ホームズ裁判官の警鐘は、実は製造物責任法にもあてはまる。すなわち、主に州の判例法からなる製造物責任法と連邦法の規制は、どちらも国家権力の介入（規制）であることに変わりはないため、より少ない規制で製品安全を実現できるのならば、そのほうが望ましい。今度の課題は、危険な製品から国民を守るために国家権力の介入を一応許すとしても、どうやって、より効果的に製品を規制するのか、ということである。

　ホームズ裁判官が指摘するように、国家権力に対する不信は、アメリカ法において見過ごすことができない。これまでアメリカでは、国家権力に対する不信から、公法的な規制よりも訴訟手続に頼る傾向がある、と認識されてきた。不法行為・製造物責任訴訟には、私人の行為を萎縮させることはもちろん、過小または過大な賠償の可能性などの無駄が伴うものの、それでも公法的な規制よりは甘受しやすい、というのである。

　しかしながら、製品安全を促進するという目的の手段としては、訴訟を中心とする製造物責任法の有効性に疑問を提起することができる。たとえ

---

2) Oliver Wendell Holmes, Jr., The Common Law 76-78 (1881 Howe ed. 1963). ホームズ裁判官の著書の分析については、樋口・前掲注1) 3-5頁を参照した。
3) *See, e.g.,* Robert A. Kagan, Adversarial Legalism and American Government, 10 J. Pol'y Analysis & Mgmt. 369 (1991).

ば、スタンフォード大学ロー・スクールのポリンスキー教授とハーヴァード・ロー・スクールのシャヴェル教授は、公法的な規制の存在を前提にして、製造物責任を導入するメリットが小さいと指摘している[4]。その具体的な理由は、以下の4つにまとめることができる[5]。

①製造物責任は、製品の安全性の向上や危険性の低下に必ずしも寄与しない。不合理な危険性を持つ製品を大量に販売したことが判明すれば、消費者はその製品を購入しなくなって、企業はより多くの利益を失う。そのため、企業にはもともと安全な製品を設計開発するインセンティヴがある。

②公法的な規制もまた、企業にとって安全な製品を設計開発するインセンティヴとなる。行政機関は、大量に販売される危険な製品については消費者から事故の報告を受けて調査し、法令違反を取り締まる。例外は、販売される製品が少ないなどの理由から、消費者がメディアの報道を通じて製品のリスクを認識できない場合や、行政機関が十分に規制できない場合である。

③製造物責任は、事故が発生する危険性を価格に適切に反映させることによって、社会的に望ましい量の製品を消費者に購入するように仕向ける。しかしながら、このようなメリットは、消費者がどれだけ製品の危険性について誤認しているかに依存する。

④ほとんどの消費者は、傷害保険に加入していることから、製造物責任訴訟が損害の賠償に寄与する度合いは必ずしも大きくない。製造物責任訴訟によって獲得した賠償の一部は、損害保険会社から求償される。また、訴訟には弁護士費用がかかるうえに、時間もかかる。しかも、製造物責任訴訟で精神的苦痛の賠償が認められる場合には、

---

4) A. Mitchell Polinsky & Steven Shavell, A Skeptical Attitude About Product Liability Is Justified: A Reply to Professors Goldberg and Zipursky, 123 Harv. L. Rev. 1949 (2010); A. Mitchell Polinsky & Steven Shavell, The Uneasy Case for Product Liability, 123 Harv. L. Rev. 1437 (2010).

5) ポリンスキー教授とシャヴェル教授の論文には、根拠となるデータが十分でなく、市場メカニズムから生み出される事故防止インセンティヴと連邦の行政機関の規制を信頼しすぎている旨の強い批判がある。John C. P. Goldberg & Benjamin C. Zipursky, The Easy Case for Products Liability Law: A Response to Professors Polinsky and Shavell, 123 Harv. L. Rev. 1919 (2010).

企業としては賠償のために保険を契約することになるが、その賠償は人損・物損などの現実損害の賠償ほどの重要性に乏しい。それにもかかわらず、企業は過大な賠償責任をおそれて、物理的な損害額を超える和解に応じる可能性がある。

シャヴェル教授とポリンスキー教授が指摘するように、製造物責任法は、単独で事故防止や被害者の救済を実現するわけではない。それと並んで公法的な規制も存在する。本書で何度も説明しているとおり、アメリカの製造物責任法と連邦法の規制は、製造業者に事故防止のインセンティヴを与えるという点でその目的に変わりはなく、2つの規制が組み合わさって機能している。そして、製造物責任法と公法的な規制の役割分担は、危険な製品から国民を守るために、今後の企業活動や科学技術に応じて変容することになるだろう。事故を効果的に防止するためには、両方の規制を加重あるいは減少すべき場合はもちろん、どちらか一方の規制を加重し、他方を減少すべき場合もある[6]。たとえば、医療機器分野では、連邦の専占に関する合衆国最高裁の判決が下された後も、製造物責任法と連邦法の規制の役割分担について、今なお議論が続いているのである[7]。

II　わが国における課題

わが国における課題は、アメリカ合衆国と比較して少ない訴訟の代償を認識することである。われわれは、訴訟の数が比較的少ないせいで、実は製造物責任法を再検討する貴重な機会を失っている。訴訟が少ないことは、わが国の国民がより優れた製品の恩恵に与っていることを必ずしも意味す

---

6) Id. at 1928-30. 連邦法の規制が、製品安全を促すための手段として十分に機能しておらず、製造物責任法によって製造業者に事故防止のインセンティヴを与える必要がないとは認められない、と論ずる。

7) *See, e.g.,* Gregory D. Curfman, Stephen Morrissey, & Jeffrey M. Drazen, Editorial: The Medical Device Safety Act of 2009, 360 (15) N. Engl. J. Med. 1550-51 (Apr. 2009). *See also* Medical Device Safety Act of 2009, S.540, 111th Cong. (2009); Medical Device Safety Act of 2009, H. R. 1346, 111th Cong (2009). これらは、合衆国最高裁のリーゲル事件の判例変更のために提出された法案。

るものではない[8]。以下では、簡単にそのことを指摘して結びとする。

　本書で述べてきたとおり、アメリカ合衆国では製造物責任法の誕生以来、数多くの訴訟が提起され、それらの訴訟を通じてリコール制度が生み出された。リコール制度は、私法と公法的な規制の両方からなるが、優れた製品が市場から追放されないように、その有効性については、訴訟を通じて今なおチェックが続けられている。多くの訴訟を通じて製造物責任法と公法的な規制の有効性を再検討しているのが、アメリカ合衆国なのである。

　わが国では、1995年に製造物責任法が施行されてからこれまでに、約120件の訴訟が提起されているものの、どちらかと言えば公法的な規制を拡充する動きが目立っている[9]。一般消費製品に関するリコール制度は、国会の立法によって構築されたが[10]、個別の事件に基づいて規制を強化すべき旨の声は強まる一方[11]、その有効性が議論される機会はほとんどない。訴訟が比較的少ないことで、われわれは製造物責任法と公法的な規制の有効性について再検討する機会を喪失していることになる。

　いかなる法制度もこれで完璧ということはなく、それは、当然ながらわが国の製造物責任法にも当てはまる。わが国では、アメリカ合衆国よりも訴訟が比較的少ないことから、公法的な規制に頼ること自体は、程度の問題はあるものの致し方ない。しかしながら、その結果として公法的な規制が、製品安全のための規制を、いわば独占し、それに対する反省がなされることが少なくなる可能性がある。過剰な規制がなされて、しかも製品の安全に結びつかない場合もある。その結果、より優れた製品の流通が遅れ

8）　たとえば、問題の1つとして、リコールの遅れが報道されている。「重大製品事故、再発24件　リコールまで長期化」朝日新聞（2010年12月30日朝刊第1面では、独立行政法人・製品評価技術基盤機構が事故の原因調査を終えてから、リコールが始まるまでに平均57日かかり、その間に24件の事故が再発、とある。

9）　たとえば、2009年9月1日には消費者庁が設置され、消費者安全法（平成21年6月5日法律第50号）が施行された。内閣府国民生活局消費者安全課『内外の製品安全法制を巡る動向』（2009年2月25日）によれば、今後は製品のみならず、製品の使用を伴うサーヴィスの安全性やソフトウェアの安全性をめぐって、規制のあり方が検討される予定である。

10）　消費生活用製品安全法の改正などを挙げることができる。改正法の概要については、安達奈緒子「流通段階も含めた製品安全文化の醸成に向けて——消費生活用製品安全法改正を受けて望まれる実務対応」NBL881号（2008）23頁。

11）　たとえば、食品による窒息事故をめぐる対応がある。消費者庁『こんにゃく入りゼリー等による窒息事故の再発防止に係る周知徹底及び改善要請について』（2010年7月26日）。

たり、あるいは市場になかなか流通しなくなるといったよりひどい事態が生じるなら、明らかに問題がある。国民を危険な製品から守るという大義名分のために、有用と思われる製品へのアクセスが著しく制限されてしまうのは、本末転倒であろう。医薬品や医療機器のように人の生命に関わるような製品については、このような問題がすでに認識されつつあるが[12]、すべての製品に関して、今後の改善が望まれる[13]。

---

12) たとえば、林良造「経済教室：イノベーション医療を軸に」日経新聞（2007年3月9日朝刊）；「人工臓器、日本のギャップ」朝日新聞グローブ36号（2010年3月22日G1-G5面）。
13) すでに進められている改革の例として、革新的創薬等のための官民対話「革新的医薬品・医療機器創出のための5か年戦略（改定）」（2009年2月12日）。

あ と が き

　本書のもとになった博士論文を執筆するきっかけは、2008年の秋にさかのぼる。私は、医薬品のリコールに関するニュー・ヨーク・タイムズの記事を発見して衝撃を受けた。安全に万全を期すためにある医薬品を自主回収した製薬会社に対して、2万7000件を超える訴訟が提起されたという内容の記事は、アメリカ製造物責任法への関心を高めるのに十分過ぎるものであった。リコールと製造物責任訴訟によって、新しく、より有効とされていた医薬品が市場から追放されたのである。ところが、さらに驚くべきことにアメリカでは、医薬品や自動車の例にあるように、リコール後に多数の訴訟を提起される可能性があるにもかかわらず、より安全で優れた製品の開発が進められていて、それが市場で流通している。それはなぜなのか。多数の訴訟のせいで製品開発が妨げられてしまうというのが普通の感覚であろうに、それを是正する何らかの対応がとられているのか、とられているのだとすれば、アメリカでは医薬品を含むさまざまな製品の開発と流通について、製造物責任法がどのように機能しているのか、という素朴な疑問から私の博士論文の執筆がはじまった。

　多数の訴訟が提起される可能性があるにもかかわらず、アメリカにおいてより安全で優れた製品の開発が続けられていることは、われわれにとって驚きであるが、実はそこに、新製品から恩恵を受けるためのヒントがある。

　たとえば、予防接種ワクチンの製造が滞るなど、頻発する製造物責任訴訟に害がないわけではないが、司法、立法、行政のもとで、製品安全のために法改革が進められている。アメリカでは訴訟も行政機関による規制と並んで製品安全のために働く余地が十分にあるという前提に立って、訴訟のせいで製品開発や流通が妨げられる場合には、一部の訴えを制限する試みがとられた。逆に行政機関による規制が働かない場合には、製造物責任訴訟による規制の補強や行政規制そのものの強化策が導入されている。当然ながら、いかなる法も完璧なものではなく、訴訟にも行政機関による規

制にも問題はある。アメリカでは、そのような問題を放置するのではなくより一層の製品安全を図るために、合衆国最高裁をはじめとする州や連邦の裁判所、州議会、連邦議会、そして連邦の行政機関の間で試行錯誤が今なお続けられている。なぜならば、あくまでも製造物責任法、より具体的には訴訟と行政機関による規制は、より安全で有用な製品を生み出すための手段であり、それらの効果を比較し競争させて、ある製品について十分に機能しない場合には必要に応じて改善すればよい、と考えられているからである。目的を実現できない言い訳として手段の機能不全を挙げるだけでは、より安全で優れた製品はいつまでたっても市場で流通することはない。アメリカ製造物責任法は、積み重ねられた改革によってそのことをわれわれに教えてくれるのである。

　本書は、「はしがき」で触れた「事故から生じた損害は、たとえ製品事故の場合であっても、それが降りかかったところにとどまるべきなのか」という問いに対して、あえて明確に答えなかった。それは、本書を読まれた方ならば、製品に欠陥がなく、販売後に新たに判明した製品の危険性が消費者に適切に警告されている場合には、事故から生じた損害は、それが降りかかったところにとどまるということを、きっと容易に理解してくれるものと信じているからである。その代わり、新たに判明した危険性に対しては素早い対応が求められる。そうでなければ、場合によっては懲罰賠償も含む訴訟による損害賠償や、行政による強い規制が働く。それによって、製品の安全を図ろうとするのがアメリカ法だということである。

　本書には、さまざまな課題が残されてはいるものの、1冊の本としてまとめることができたのには、指導教授である樋口範雄教授の適切な助言や家族と友人の温かい支援、そしてさまざまな出会いが欠かせなかった。以下に、感謝を込めて記したい。

　樋口範雄教授は、ときに厳しく、ときに親身になって研究の指針を与えて下さった。博士論文の執筆は予想以上に険しく、実は方向性を見失いかけた時期もある。それでも、樋口教授からいただいた直接または間接の助言はもちろん、担当されている英米法の講義などから、光明の一筋を見いだすことができた。樋口教授から受けた指導には、お礼の言葉が見つからない。

指導教授ではないが、岩田太教授と安部圭介教授から受けた度重なる助言にも、心からお礼申し上げたい。両教授は、私の執筆が止まりそうになったのを救ってくれた。

　また、家族と友人の支援がなければ、博士論文の提出から本書の刊行に至ることはなかった。父、母、弟、そして今は亡き祖母は、私が元気な時だけでなく苦悩の時も、変わらず優しい言葉をかけてくれた。博士号取得までの長期にわたり、寛大な心で故郷から離れるのを許してくれたことも、心から感謝したい。

　多くの友人たちは、家族とは異なる形で大きな支えとなった。後輩で同じく英米法を専攻する高橋脩一氏は、博士論文の構想段階から私の議論に真剣に付き合ってくれた。また、オランダのライデンで開催されたコロンビア・ロー・スクールのサマー・スクール（2006年度）で知り合った友人は、折に触れて私の研究を励ましてくれた。斉藤真琴氏は、いつでも気軽に悩みを聞いてくれた。森村佳奈氏は要約について助言を、関葉子氏は私の疑問について率直なコメントをくれることがあった。加藤知子氏も同様である。深く感謝申し上げたい。

　友人のなかには、ワシントン大学ロー・スクール（Washington University in St. Louis）に1年間留学した際に知り合った人もいる。関睦史氏、谷澤満氏、そして岡田洋隆氏からは、カリフォルニア大学ディヴィス校サマー・スクール（2007年度）において、勉強だけでなく海外生活の術を教わった。彼らと過ごした約1ヶ月半の楽しい日々は、今でも私の研究の糧となっているが、特に岡田洋隆氏には、論文執筆がなかなか進まなかったときに助けていただいた。

　法学修士号取得のためにロー・スクールで過ごした1年間では、同期の方々を中心にお世話になった。あの1年間なしに、本書を執筆することはできなかった。母校のワシントン大学は、セントルイス（St. Louis）というアメリカ中西部の美しい都市（"gateway to the west"と呼ばれる）にあるが、自動車を持たなければ日用品の購入もままならず、研究に支障をきたす。林欣寛・直子夫妻、塩野誠・明子夫妻、内田貴宏・龍子夫妻は、自動車を持たない私をやさしく助けてくれただけでなく、修士課程での勉強を励ましてくれた。また、同じくワシントン大学から奨学金プログラム

（Fellowship from the McDonnell International Scholars Academy）を授与された加藤良太朗氏とは、ワシントン特別区などで一緒に調査を行い、医療関連のさまざまな問題について検討した。1年間にわたってセントルイスでの生活をともにした友人たちに、心からお礼申し上げる。

他の多くの人との出会いも、本書の執筆において重要な意味がある。まず、ワシントン大学でお世話になった法学部長補佐のピーター・ジョイ教授、医事法の講座を担当するレベッカ・ドレッサー教授、総長補佐のジェームズ・ウェルシュ教授、そして医学部長兼総長補佐のラリー・シャピーロ教授に感謝申し上げたい。マクドネル・フェローとして過ごした1年間は、アメリカ社会における法の役割のなかでも、特に医療分野における製品安全をどうやって実現するのか、という問題を気づかせてくれた

アメリカ合衆国から帰国後、医療機器に関する製造物責任とイノヴェーションという、学際的な研究分野へと私を導き、その研究を支援してくれたのは、ほかでもない林良造教授である。本書において、抽象的な法理論だけでなく実務的な面を一部扱っているのは、林教授の影響が大きい。

所属している東京大学政策ビジョン研究センターでは、特に学術顧問の森田朗教授、小林範子助手（事務）、そしてかつての同僚だった佐橋亮氏と小塩篤史氏に、本書刊行まで多大な支援を受けた。

弘文堂の北川陽子さんに対する感謝は、言葉では言い表すことができない。多忙な毎日にもかかわらず、本書の刊行のために尽力して下さった。研究者として日の浅い私が、アメリカ法ベーシックスのような書籍の執筆に携わることができたのは、北川さんの協力があったからである。

当然ながら、これまで東京やその他の場所で、寛大にも貴重な時間を割いて研究に協力してくれた数多くの人々がいなければ、本書は完成しなかった。そのことも付記しなければならない。ここで名前を挙げられなかったが、彼らは私がどれほど感謝しているかをきっと知っていると思う。

事項・人名索引（和文・欧文）

あ

あと知恵　25
アメリカ会計検査院　282
アメリカ機械工学会　180
アメリカ規格協会　139, 177
アメリカ農業工業会　178
アメリカ法律家協会　83
アメリカ法律協会　15, 16

い

意見公募手続　261
意見書　262
一応有利な証拠　162, 170
インプラント医療機器向けの生体材料供給を確保するための法律　274

う

ウェイド・キートン・あと知恵テスト　27, 289

か

カードウゾ裁判官（Justice Cardozo）　12, 13, 162
開示手続　47
隠れた危険・欠陥　109
過失　5, 11
　　不法行為法上の——　11
　　——の基準　169
　　——の推定と——の一証拠　165
過失責任　23
　　不法行為法上の——　8
課徴金　42
　　——の徴収　41
合衆国憲法第14修正デュー・プロセス条項　40
患者の自己決定権　266

き

危険性を帯びることが避けられない製品　21
危険の分散　32
期限の利益喪失条項　223

技
技術革新　192
技術水準　9, 26
　　——の抗弁　31
業界慣行　94
業界の自主基準　175
行政管理予算局　284
行政立法手続　246
共謀　233
寄与過失　162
許認可の取消し　41
禁忌　200
緊急事態　166
緊急事態宣言　277

く

クラス・アクション　44

け

警告上の欠陥　18, 20
契約法上の保証責任　8, 24
欠陥　9
厳格・製造物責任法理　13
厳格責任　23, 24
　　不法行為法上の——　8, 13, 15, 16, 17, 21, 22, 24
権力分立　285

こ

行為無能力　166
公衆衛生　212
公的準備と緊急事態対策のための法律　276, 280
合理的な代替設計の証明　99
国家道路交通安全局　38
異なる州の市民間の争訟　62, 180

さ

最高法規条項　211, 213
再審理　173
裁判所侮辱罪　41
差止め　39

し

シェヴロン事件の敬譲　263
事故の防止　32
事実認定手続　32
事実問題　195
指示評決　28
静かな不法行為法改革　262
実質的に同等　239
州際通商　217
州際通商委員会　225
証言録取書　180
消費者製品安全委員会　236
消費者の期待テスト　17
商品性の黙示的保証責任　115
職業安全衛生管理局　139
食品医薬品局　36
処方薬　200
ジョン・マーシャル首席裁判官（Chief Justice John Marshall）　214
深部静脈血栓症　228

せ

製造上の欠陥　18, 19, 20
製品の回収・修繕義務　135
製品の欠陥　5
製品のリコール　1, 2
製品販売後の警告義務　107
設計上の欠陥　18, 19, 20
専占法理　211
全米科学アカデミー・医療部会　282
専門家証人　19, 173

そ

相対多数意見　233
訴答不十分の抗弁　108
それ自体で当然に不法行為法上の過失　160

た

第一当事者保険　24
第三者保険　24

ち

知識ある媒介者の法理　202
注意義務の水準　169

懲

懲罰的賠償　39, 153, 209
直接の契約関係　9, 12, 15, 17

て

抵触を理由とする専占　221
適法な銃の通商を保護するための法律　274
デュー・プロセス　179
添付文書　49
塡補的損害の賠償　39

と

統一州法委員全国会議　7, 83
統一商事法典　7
トレイナー裁判官（Justice Traynor）　14, 15

に

ニュー・ディール時代　230
ニューサンス（生活妨害）　275

は

バーカー事件テスト　102
ハンド裁判官（Judge Hand）　176

ひ

比較過失法　155
比較過失法理　121
非処方薬　198
必要かつ適切な　215
費用・便益分析　154
評決無視判決　26
平等保護　218
ピント（Pinto）事件　154

ふ

副作用情報　266
福祉権能　225
　州の――　183
不法行為・製造物責任訴訟　211
不法行為上の不実表示　8
不法行為法上の過失　11
不法行為法上の過失責任　8
不法行為法上の厳格責任　8, 13, 15, 16, 17, 21, 22, 24
不法行為法第2次リステイトメント402A条　15

不法行為法第3次リステイトメント（製造物責任）　*iii*
ブランダイス裁判官（Justice Brandeis）　*225*
分野を理由とする専占　*221*

　　　　　　　ほ

法的因果関係　*116*
ホームズ（Oliver Wendell Holmes, Jr.）　*iii*
法律問題の確認　*63, 205*
法令の遵守を理由とする抗弁　*212*
保証責任　*10*
ポズナー裁判官（Judge Posner）　*44, 77*

　　　　　　　み

未必の故意による行為　*277*
未必の故意による故殺　*154*

　　　　　　　む

無資格者の医療行為　*170*

　　　　　　　め

明示の専占　*220*

　　　　　　　も

黙示の専占　*221*
黙示の保証責任　*10*

　　　　　　　よ

抑制・均衡　*285*
より安全な代替設計　*73*

　　　　　　　り

リコール　*1*
　製品の――　*1, 2*
リスク効用基準　*68, 69*
リステイトメント　*16*
立法権の委任　*197*

　　　　　　　れ

連邦議会調査部　*147*
連邦航空法　*183*
連邦自動車安全基準・規則　*193*
連邦制　*2*
連邦取引委員会　*249*

連邦の専占　*217*

　　　　　　　ろ

ロクナー時代　*230*

A

accident avoidance 32
American Bar Association, ABA 83
American Law Institute, ALI 15
American National Standards Institute, ANSI 139, 177
American Society of Agricultural Engineers, ASAE 178
American Society of Mechanical Engineers, ASME 180
amicus brief 262

B

Barker test 102

C

Cardozo 162
certification 63
check and balance 285
Chevron deference 264
civil penalty 42
conflict preemption 221
Congressional Research Service 147
contempt of court 41
coordination problem 48

D

defects 9
demurrer 108
design defects 18
directed verdict 28
discovery 47
diversity cases 62
due on sale clause 223
due process clause 40

E

equal protection 218
expert witness 19
express preemption 221

F

fact-finding process 32
Federal Trade Commission, FTC 249

federal preemption 217
field preemption 221

H

hindsight 45

I

implied preemption 221
information or warning defects 18
inherent danger and latent defect 109
injunction 39
Institute of Medicine 282
Interstate Commerce Commission 225

J

judgement notwithstanding of the verdict 26
judgement proof 44

L

learned intermediate doctrine 202

M

manufacturing defects 18

N

National Conference of Commissioners on Uniform State Laws, NCCUSL 83
National Highway Traffic Safety Administration, NHTSA 38
necessary and proper 215
negligence 8
negligence per se 160
notice and comment process 261

P

police power 183, 225
post-accident repair evidence 75
preamble 235
presumption against preemption 263
prima facie evidence 170
Protection of Lawful Commerce in Arms Act, PLCAA 274
Public Readiness and Emergency Preparedness Act 276

R

reckless homicide *154*
regulatory compliance defense *212*
risk spreading *32*
risk utility test *68*
rule of strict products liability *13*

S

saving clause *243*
separation of powers *285*
silent tort reform *262*
spillover problem *48*
state of the art *9*
state of the art defense *31*
strict liability in tort *8*

substantial equivalence *239*

T

tort reform *235*
tortious misrepresentation *8*

U

unavoidably dangerous product *21*
United States Government Accountability Office, U. S. GAO *282*

W

Wade-Keeton hindsight or constructive knowledge test *27*
warranty *8*
willful conduct *277*

判例・法令索引

【判例】

Allen v. Long Mfg. NC Inc.（S. C. App. 1998） ············· *178, 179*
Altria Group, Inc. v. Good（2008） ············· *247, 249, 250*
Am. Home Prods. Corp. v. Ferrari（Ga. 2008） ············· *279*
Anderson v. Owens-Corning Fiberglas Corp.（Cal. 1991） ············· *59*
Ault v. Int'l. Harvester Co.（Cal. 1975） ············· *81, 82*
Austin v. Will-Burt Co.（5th Cir. 2004） ············· *97, 98*
Banks v. ICI Americas, Inc.（Ga. 1994） ············· *73*
Bates v. Dow Agrosciences LLC（2005） ············· *255, 256*
Bell Helicopter Co. v. Bradshaw（Tex. Civ. App. 1979） ············· *141, 142*
Beshada v. Johns Manville Products Co.（N. J. 1982） ············· *30, 31, 32, 52*
Boatland of Houston Inc. v. Bailey（Tex. 1980） ············· *66, 67*
Braniff Airways, Inc. v. Curtiss-Wright Corp.（2d Cir. 1969） ············· *140, 141*
Brown v. Shyne（N. Y. 1926） ············· *168, 169*
Brown v. Superior Court（Cal. 1988） ············· *58, 74*
Bruesewitz v. Wyeth Inc.（3d Cir. Mar. 27, 2009） ············· *279*
Bruesewitz et al v. Wyeth LLC（2011） ············· *279*
Buckman Co. v. Plaintiffs' Legal Committee（2001） ············· *252, 253, 254*
Calles v. Scripto Tokai Corp.（Ill. 2007） ············· *101, 102*
Chevron U. S. A. Inc. v. Natural Res. Def. Council, Inc.（1984） ············· *264*
Cipollone v. Liggett Group, Inc.（1992） ············· *231, 247*
City of New York v. Beretta U. S. A. Corp.（2d Cir. 2008） ············· *275*
Clarke v. L. R. Systems（E. D. N. Y. 2002） ············· *179, 181*
Columbia & Puget Sound R. R. v. Hawthorne（1892） ············· *75*
Comstock v. General Motors Corp.（Mich. 1959） ············· *108, 109*
Cover v. Cohen（N. Y. 1984） ············· *110*
Dart v. Wiebe Mfg., Inc.（Ariz. 1985） ············· *29, 30*
DeSantis v. Frick Co.（Pa. Super. Ct. 1999） ············· *131, 132*
Edwards v. Basel Pharmaceuticals（Okla. 1997） ············· *204, 205, 206*
Egbert v. Nissan N. Am. Inc.（Utah 2007） ············· *193*
Ellis v. K-Lan Co., Inc.（5th Cir. 1983） ············· *186*
Elsworth v. Beech Aircraft Corp.（Cal. 1984） ············· *183, 184*
Evans v. Evans（N. C. App. 2002） ············· *116*
Feldman v. Lederle Laboratories Labs.（N. J. 1984） ············· *56, 57*
Fidelity Federal Saving & Loan Ass'n v. De La Cuesta（1982） ············· *223*
First Premier Bank v. Kolcraft Enter.（S. D. 2004） ············· *79, 80*
Flaminio v. Honda Motor Co., Ltd.（7th Cir. 1984） ············· *76*
Geier v. American Honda Motor Co.（2000） ············· *243, 245, 246, 250, 252*
Gibbons v. Ogden（1824） ············· *216, 217*
Green v. Smith & Nephew AHP, Inc.（Wis. 2001） ············· *64*

Greenman v. Yuba Power Products, Inc. (Cal. 1963) ················· 7, 13, 14, 15
Gregory v. Cincinnati Inc. (Mich. 1995) ····························· 137, 138
Grimshaw v. Ford Motor Co. (Ct. App. 1981) ·························· 154
Hammes v. Yamaha Motor Corp. U. S. A., Inc. (D. Minn. 2006) ········ 124, 125
Hayes v. Ariens Co. (Mass. 1984) ·······································60
Henningsen v. Bloomfield Motors, Inc. (N. J. 1960) ··················· 7, 13, 14
Hines v. Davidwitz (1941) ··· 218, 219
Holmes v. Wegman Oil Co. (S. D. 1992) ····························· 156, 157
Hubbard-Hall Chemical Co. v. Silverman (1st Cir. 1965) ············· 189, 190
Huntwork v. Voss (Neb. 1995) ······································ 171, 172
Ileto v. Glock, Inc. (9th Cir. 2009) ······································ 276
Kansas Oklahoma & Gulf Ry. Co. v. Keirsey (Okla. 1954) ············· 167, 168
Leisy v. Northern Pac. Ry. Co. (Minn. 1950) ························ 174, 175
Lewis v. Ariens Co. (Mass. 2001) ·································· 122, 123
Lewis v. Sea Ray Boats, Inc. (Nev. 2003) ····························· 96, 97
Lewkut v. Stryker Corp. (S. D. Tex. 2010) ······························ 274
Liriano v. Hobart Corp. (N. Y. 1998) ······························· 120, 121
Lovick v. Wil-Rich (Iowa 1999) ···································· 119, 120
MacPherson v. Buick Motor Co. (N. Y. 1916) ························· 7, 9, 12
Marshall v. Zimmer, Inc. (S. D. Cal. Nov. 5, 1999) ························ 274
Martin v. Herzog (N. Y. 1920) ····································· 161, 162
McCulloch v. Maryland (1819) ······························· 214, 215, 216
McGee v. Cessna Aircraft Co. (Cal. App. 1983) ····················· 187, 188
McGraw v. Furon Co. (Ala. 2001) ·······································92
Medtronic, Inc. v. Lohr (1996) ······················ 237, 238, 239, 246, 250, 264
Miller v. Warren (W. Va. 1990) ·· 173
Napier v. Atlantic Coast Line Railroad Co. (1926) ··················· 224, 225
Olson v. Prosoco, Inc. (Iowa 1994) ····································· 92, 93
O'Neill v. Novartis Consumer Health, Inc. (Cal. App. 2007) ··········· 190, 191
Osborne v. McMasters (Minn. 1889) ······························· 160, 161
Ostendorf v. Clark Equipment Co. (Ky. 2003) ······················· 139, 143
Owens-Illinois, Inc. v. Zenobia (Md. 1992) ·························· 127, 128
Patton v. Hutchinson Wil-Rich Mfg. Co. (Kan. 1993) ················· 126, 137
Patton v. TIC United Corp. (D. Kan. 1994) ······························ 155
Pennsylvania v. Nelson (1956) ·· 219
Perez v. Wyeth Labs. Inc. (N. J. 1999) ····························· 206, 208
Phillip Morris U. S. A. v. Williams (2007) ································40
Phillips v. Kimwood Machine Co. (Or. 1974) ·····························28
Phillips v. Stryker Corp. (E. D. Tenn. 2010) ····························· 274
Ramirez v. Plough, Inc. (Cal. 1993) ································ 195, 196
Riegel v. Medtronic, Inc. (2008) ······························ 240, 241, 264
Skidmore v. Swift & Co. (1944) ······································· 246
Smith v. Black & Decker, Inc. (Ill. 1995) ······························ 80, 81
Sperry-New Holland v. Prestage (Miss. 1993) ····························69
Sprietsma v. Mercury Marine (2002) ······························· 250, 252

State v. Ford Motor Co. (1980) ·········· 154
Sternhagen v. Dow Co. (Mont. 1997) ·········· 62, 63
Stevens v. Parke, Davis & Co. (Cal. 1973) ·········· 200, 202
Straley v. United States (D. N. J. 1995) ·········· 111, 112
T. H. S. Northstar Associates v. W. R. Grace and Co. (8th Cir. 1995) ·········· 123
Taylor v. Smithkline Beecham Corp. (Mich. 2003) ·········· 197
Tedla v. Ellman (N. Y. 1939) ·········· 164, 165
The T. J. Hooper (2d Cir. 1932) ·········· 176
Toyota Motor Corp. v. Gregory (Ky. 2004) ·········· 99
United States v. General Motors Corp. (D. C. Cir. 1977) ·········· 145
United States v. Lopez (1995) ·········· 35
United States v. Mead Corp. (2001) ·········· 264
Vassalo v. Baxter Healthcare Corp. (Mass. 1998) ·········· 61, 114, 115
Vautour v. Body Masters Sports Industries, Inc. (N. H. 2001) ·········· 100
Voss v. Black & Decker Mfg. Co. (N. Y. 1983) ·········· 70, 71
Wagner v. Coronet Hotel (Ariz. App. Div. 1 1969) ·········· 25, 26
Wagner v. Roche Labs. (Ohio 1996) ·········· 203, 204
Warner v.-Lambert Co., LLC v. Kent (2008) ·········· 255
Whaley v. Morgan Advanced Ceramics, Ltd. (D. Colo. Mar. 31, 2008) ·········· 274
Wilson v. Piper Aircraft Corp. (Or. 1978) ·········· 72
Wilson v. United States Elevator Corp. (Ariz. Ct. App. 1998) ·········· 129, 130, 133
Winterbottom v. Wright (Ex. 1842) ·········· 11
Witty v. Delta Airlines (5th Cir. 2004) ·········· 226, 227
Wooderson v. Ortho Pharmaceutical Corp. (Kan. 1984) ·········· 113
Wright v. Brooke Group Ltd. (Iowa 2002) ·········· 98, 99
Wyeth v. Levine (2009) ·········· 258, 260, 261, 262, 263

【法令等】
16 C. F. R. pt. 1633 ·········· 236
21 C. F. R. §§7. 1, 7. 40 ·········· 148
21 C. F. R. §7. 40(b) ·········· 149
21 C. F. R. §7. 40(c) ·········· 148
21 C. F. R. §7. 46 ·········· 148
21 C. F. R. §§807. 81-100 ·········· 253
21 C. F. R. §807. 92(a)(3) ·········· 237
21 C. F. R. §808. 1(d) ·········· 238
49 C. F. R. §527. 208 ·········· 243
5 Me. Rev. Stat. Ann. §§207 and 213 (Supp. 2008) ·········· 248
7 U. S. C. §136v(b) ·········· 255
15 U. S. C. §1203(a) ·········· 236
15 U. S. C. §1397(k) (current version at 49 U. S. C. §30103(e)) ·········· 243
21 U. S. C. §314. 70(c)(6)(iii)(A),(C) ·········· 260
21 U. S. C. §360(h)(e) ·········· 148
21 U. S. C. §360(k) ·········· 237

21 U. S. C. §375(b) ··· *148*
21 U. S. C. §393(d)(1) ··· *200*
21 U. S. C. §§1603(c) ··· *273*
42 U. S. C. §262(d) ··· *148*
42 U. S. C. §300aa-21(a) ·· *278*
42 U. S. C. §300aa-22(b)(1) ·· *278*
42 U. S. C. §7420 ··· *42*
46 U. S. C. §4306 ··· *250, 251*
46 U. S. C. §4311(g) ·· *250, 251*
49 U. S. C. §30118-21 ·· *144*
49 U. S. C. §41713(b)(1) ··· *227*
Airline Deregulation Act of 1978, ADA ·· *227*
Ariz. Rev. Stat. §12-681(10)(2008) ·· *95*
Biomaterials Access Assurance Act of 1998, Pub. L. No.105-230, 112 Stat. 1519 (to be
　codified at 21 U. S. C. §§1601-1606) ··· *8, 272*
Clayton Anti Trust Act of 1914 ·· *230*
Colo. Rev. Stat. Ann. §13-21-403(2)(2009) ··· *187*
Fair Labor Standards Act of 1938 ··· *230*
FDA Amendments Act of 2007, Pub. L. No.110-85, 121 Stat. 823 (2007) ············ *147*
Federal Alien Registration Act of 1940 ·· *218*
Federal Aviation Act, FAA ·· *183*
Federal Boat Safety Act of 1971 ··· *250*
Federal Cigarette Labeling and Advertising Act of 1965, Pub. L. No.89-92, 79 Stat. 282 ······· *231*
Federal Food and Drug Act of 1906 ·· *35*
Federal Food, Drug, and Cosmetic Act, ch 675, 52 Stat. 1040 (1938) ··········· *36, 37, 200, 258*
Federal Insecticide, Fungicide, and Rodenticide Act of 1947 ····························· *255*
Federal Motor Vehicle Safety Standards and Regulations ·························· *38, 193*
Federal Rules of Evidence 407 (1975) (replaced 1997) ································ *76, 78*
Highway Safety Act ··· *38*
Idaho Code Ann. §6-1406 (2009) ··· *86*
Iowa Code Ann. §668. 12 (2009) ·· *85*
Kan. Stat. Ann. §60-3304(b) ·· *187*
Medical Device Amendments of 1976, Pub. L. No.94-295, 90 Stat. 539 ········ *8, 36, 237*
Mich. Comp. Laws Ann. §600. 2946(5)(2009) ·· *196*
Mich. Comp. Laws Ann. §600. 2948(3)(2009) ·· *85*
Mo. Ann. Stat. §537. 764 (2008) ··· *95*
National Childhood Vaccination Injury Act, Pub. L. No.99-660, 100 Stat. 3756 (codified
　amended as at 42 U. S. C. §§300aa-1 to aa-34 (2000)) ······························ *8, 278*
National Traffic and Motor Vehicle Safety Act of 1966, 15 U. S. C. §1392(d) (current
　version at 49 U. S. C. §30103(b)) ··· *243*
Neb. Rev. Stat. §25-21, 182 (1995) ··· *94*
New Drug Amendments ·· *36*
N. H. Rev. Stat. §507 : 8-g (2009) ··· *86*
N. Y. C. P. L. R. §4504(d) ·· *170*
N. C. Gen. Ann. §99B-5(a)(2)(2009) ·· *116*

Pennsylvania Alien Registration Act of 1936 ... 218
Protection of Lawful Commerce in Arms Act, Pub. L. No.109-92, 119 Stat. 2095 (2005) (to be codified at 15 U. S. C. §§7901-7903, 18 U. S. C. §§922, 924) ... 8, 274
Public Health Cigarette Smoking Act of 1969, Pub. L. No.91-222, 84 Stat. 87 (codified as amended at 15 U. S. C. §§1331-1340) ... 231
Public Readiness and Emergency Preparedness Act, Pub. L. No. 109-148, div. C, 119 Stat. 2680, 2818-32 (2005) (to be codified at 42 U. S. C. §§247d-6d and-6e) ... 276
RESTATEMENT (SECOND) OF TORTS §284 (1965) ... 166
RESTATEMENT (SECOND) OF TORTS §288C (1965) ... 194
RESTATEMENT (SECOND) OF TORTS §402A (1965) ... 15, 17, 20, 21, 89
RESTATEMENT (THIRD) OF TORTS: PRODUCT LIABILITY §1 (1998) ... 88
RESTATEMENT (THIRD) OF TORTS: PRODUCT LIABILITY §2 (1998) ... 18, 19, 20, 88, 90, 91
RESTATEMENT (THIRD) OF TORTS: PRODUCT LIABILITY §3 (1998) ... 125
RESTATEMENT (THIRD) OF TORTS: PRODUCT LIABILITY §4(a) (1998) ... 185
RESTATEMENT (THIRD) OF TORTS: PRODUCT LIABILITY §4(b) (1998) ... 194
RESTATEMENT (THIRD) OF TORTS: PRODUCT LIABILITY §10 (1998) ... 117, 118, 125
RESTATEMENT (THIRD) OF TORTS: PRODUCT LIABILITY §11 (1998) ... 150, 151
Securities Act of 1933 ... 230
Securities Exchange Act of 1934 ... 230
Social Security Act of 1935 ... 230
Uniform Commercial Code §2-607(3) ... 14
Uniform Rules of Evidence Act 407 (amended Mar. 8, 2005) ... 84
U. S. Const. art. I, §8 ... 35
U. S. Const. art. VI, cl. 2 ... 213
Utah Code Ann. §78-15-6(3) (2009) ... 193

佐藤智晶（さとう　ちあき）
　1981 年　秋田県生まれ
　2003 年　東北大学法学部卒業
　2005 年　一橋大学大学院法学研究科　修士課程修了
　2008 年　Washington University in St. Louis LL. M. 修了（Fellowship from the McDonnell International Scholars Academy）
　2009 年　東京大学大学院法学政治学研究科博士課程単位取得退学
　2010 年　東京大学博士（法学）
　現　在　東京大学政策ビジョン研究センター特任助教
　専　攻　英米法
　主要論文　「商事判例研究　議決権の代理行使の勧誘に関する内閣府令違反と決議の取消し」ジュリスト 1329 号（2007 年）、「統一信託法典のその後」信託 235 号（共著、2008 年）

アメリカ製造物責任法【アメリカ法ベーシックス 9】

平成 23 年 6 月 15 日　初版 1 刷発行

著　者	佐　藤　智　晶
発行者	鯉　渕　友　南
発行所	株式会社 弘　文　堂　101-0062 東京都千代田区神田駿河台 1 の 7　TEL 03(3294)4801　振替 00120-6-53909　http://www.koubundou.co.jp
装　丁	笠井亞子
印　刷	三　陽　社
製　本	牧製本印刷

Ⓒ 2011 Chiaki Sato. Printed in Japan

JCOPY 〈(社)出版者著作権管理機構　委託出版物〉
本書の無断複写は著作権法上での例外を除き禁じられています。複写される場合は、そのつど事前に、(社)出版者著作権管理機構（電話 03-3513-6969、FAX 03-3513-6979、e-mail: info@jcopy.or.jp）の許諾を得てください。
また本書を代行業者等の第三者に依頼してスキャンやデジタル化することは、たとえ個人や家庭内での利用であっても一切認められておりません。

ISBN 978-4-335-30374-6

アメリカ法ベーシックス

●アメリカ法の正確な基本知識を提供する実務にも役立つシリーズ！

　現在、アメリカ法への関心の裾野は広がり、わが国の法解釈の参考とされるだけでなく、関連企業や個人が直接アメリカ法の適用をうける可能性も多くなりました。
　このようにアメリカ法が身近な存在となり、また日本法との違いが両国の関係にとって大きな壁となるなか、一方でアメリカ法研究の発展のために、他方で実務的にアメリカ法の基本的な知識を必要とする人たちのために、主要な法領域における依拠すべき信頼できる基本書が求められています。
　本シリーズは、アメリカ法の各分野における本格的な概説書として、正確な基本的知識を提供し、具体的事例を用いてアメリカ法の特色を明示します。長く基本書として引用・参照されるシリーズを目指しています。

＊現代アメリカ法の歴史	ホーウィッツ著 樋口範雄訳	4600円
＊アメリカ契約法[第2版]	樋口範雄	3800円
＊アメリカ労働法[第2版]	中窪裕也	3700円
＊アメリカ独占禁止法[第2版]	村上政博	4000円
＊アメリカ証券取引法[第2版]	黒沼悦郎	2900円
＊アメリカ民事手続法[第2版]	浅香吉幹	2400円
＊アメリカ代理法	樋口範雄	2800円
＊アメリカ不法行為法	樋口範雄	3700円
＊アメリカ製造物責任法	佐藤智晶	3000円
アメリカ憲法	樋口範雄	
アメリカ租税法	水野忠恒	
アメリカ行政法	中川丈久	
アメリカ地方自治法	寺尾美子	
アメリカ会社法	吉原和志	
アメリカ商取引法	藤田友敬	
アメリカ銀行法	川口恭弘	
アメリカ倒産法	松下淳一	
アメリカ医事法	丸山英二	
アメリカ環境法	大塚　直	

弘文堂

表示価格は2011年5月現在の本体価格です。＊は既刊